# Wörterbuch der Psychologie

information

ht

*Von demselben Verfasser sind bisher erschienen:*

| | |
|---|---|
| Traumbuch | ht 226 |
| Psi – rätselhafte Kräfte des Menschen? | ht 244 |
| Angst erkennen – Angst überwinden | ht 276 |
| Taschenbuch der Astrologie | ht 284 |

*Weitere interessante Titel zu diesem Thema in unserer Reihe:*

| | |
|---|---|
| Wörterbuch der Philosophie | ht 43 |
| Psychoanalyse | ht 168 |
| Taschenbuch der Psychologie | ht 238 |
| Handschriften deuten | ht 274 |
| Erkenne dich – erkenne andere! | ht 283 |
| Partnerwahl – Partnerschaft | ht 312 |

# Wörterbuch der Psychologie

Von Günter Pössiger

Humboldt-Taschenbuchverlag

humboldt-taschenbuch 416

Umschlaggestaltung: B. Werzinger KG, München


Druck: Presse-Druck Augsburg
Printed in Germany
ISBN 3-581-66416-X

1 2 3 * 84 83 82

# Vorwort

In den letzten Jahrzehnten hat das Interesse an psychologischen Fragestellungen und Erklärungen im gleichen Maße zugenommen, wie sich die Achtung des Menschen vor dem Menschen verringert hat. Aus dem für unsere Zeit und Gesellschaft symptomatischen Mangel an ethischem Selbstverständnis und zwischenmenschlicher Anteilnahme und Rücksichtnahme ergeben sich immer dringlichere Fragen nach den Ursachen. Gewiß sind Sachverhalte und Zustände allein durch Erklärungen nicht veränderbar, aber für zielgerichtete Veränderungen sind Einsichten und Erkenntnisse eine notwendige Voraussetzung. Somit ist die wachsende Popularität der Psychologie ein zeittypisches Phänomen, und es hat tiefgreifende Bedeutung, daß ihre Begriffe, Theorien und Methoden zunehmend zum allgemeinen Wissensgut werden. Da sich jedoch die Aussagen der Psychologie weitgehend auf unanschauliche Sachverhalte beziehen, zu deren Beschreibung Begriffe aus der anschaulich-physischen Welt herangezogen werden müssen, die nur bildhaft-vergleichend verstanden werden dürfen, sind bei der Popularisierung Mißverständnisse nahezu unvermeidbar. Vor allem durch diese besondere Schwierigkeit der sprachlichen Darstellung ist das allgemeine Verständnis psychologischer Erklärungen noch immer sehr unzureichend, obwohl viele Begriffe der Psychologie längst zu Schlagwörtern geworden sind.

Das vorliegende Wörterbuch der Psychologie sieht seine Hauptaufgabe darin, die Begriffe so verständlich wie möglich zu erläutern, ohne auf die erforderliche Genauigkeit der Differenzierung zu verzichten. Die Popularisierung wissenschaftlicher Erkenntnisse und Verfahrensweisen ist nur dann sinnvoll, wenn die Vereinfachungen sachlich vertretbar sind und nicht zu Entstellungen führen.

Das vorliegende Buch enthält alle psychologischen Begriffe, die für das Verständnis der modernen Psychologie Bedeutung haben und heute mehr oder weniger allgemein gebräuchlich sind. Dabei sind spezielle Begriffe der medizinischen Psychologie, Psychiatrie, Neurologie und Soziologie nur soweit berücksichtigt, wie es zum Verständnis der Sachzusammenhänge erforderlich ist. Ebenso wurden nur Kurzbiographien der Psychologen aufgenommen, die grundlegenden Anteil an der Entwicklung der modernen Psychologie haben und deren Forschungen und Erkenntnisse einen unmittelbaren Zusammenhang mit den Stichwörtern des vorliegenden Buches ergeben. Sie stehen stellvertretend für alle international wirksamen Psychologen älterer und neuester Zeit.

Soweit es sich nicht um spezielle Begriffe einer bestimmten psychologischen Schule handelt, sind die Begriffserklärungen des vorliegenden Buches darum bemüht, allen wichtigen psychologischen Denkrichtungen gerecht zu werden und besonders die Gemeinsamkeiten zu betonen.

Die Stichworterklärungen beschränken sich weitgehend auf die psychologische Wortbedeutung und geben in der Regel keine Auskunft über die

oft sehr unterschiedlichen Begriffsinhalte außerhalb der psychologischen Vorstellungswelt.
Die Möglichkeiten eines populärwissenschaftlichen Taschenwörterbuchs, das in keinem Falle Spezialwerke und umfangreiche Fachlexika ersetzen kann, sind umfangmäßig begrenzt. Deshalb sind die Stichworterklärungen knapp gehalten, zugleich aber so angelegt, daß direkte und indirekte Verweise dennoch eine umfassende Information ermöglichen. Das Zeichen → bedeutet einen direkten Verweis auf ein Stichwort mit einem die Aussage vervollständigenden Sinnzusammenhang. Das Zeichen Vergl. → verweist auf Informationen, die komplizierte Sachverhalte zusätzlich erhellen und die jeweilige Erklärung ergänzen. Erst bei Berücksichtigung dieser umfangreichen Verweise erschließen sich inhaltliche Aussage und Verständlichkeit der Erklärungen vollständig.
Im Interesse der Lesbarkeit werden nur allgemein übliche Abkürzungen wie d.h. für das heißt, z.B. für zum Beispiel, u.a. für unter anderem, usw. für und so weiter und o.ä. für oder ähnlich verwendet. Außerdem wird das jeweilige Stichwort im erklärenden Text nur mit dem Anfangsbuchstaben oder mit den beiden ersten Buchstaben wiedergegeben.
Zu besonderem Dank bin ich meinem redaktionellen Mitarbeiter Peter Weizsaecker verpflichtet, der mir unermüdlich zur Verfügung stand und mich während der jahrelangen Arbeit immer wieder mit einfühlsamer Geduld ermunterte.

Als ich mit der Arbeit an diesem Wörterbuch der Psychologie in München begann, legte mein Sohn Manuel an der Universität in Dresden sein Psychologie-Examen ab. Deshalb sei ihm dieses Buch gewidmet. Mögen die Söhne mit den Unzulänglichkeiten und Fehlern der Väter nachsichtig sein und deren Arbeit fortsetzen und verbessern.
München

Günter Pössiger

# A

**Abasie** (Dysbasie): Psychisch bedingte Gehstörung, deren Ursache die Basophobie (Gehangst) ist, eine motorische Bewegungshemmung aus Angst vor dem Alleingehen. Ebenso beruht die Astasie (Stehunfähigkeit) auf psychogener Grundlage.
Vergl. → Phobie.

**Aberglaube:** Im Widerspruch zu wissenschaftlichen Erkenntnissen oder zur vorherrschenden religiösen Überzeugung stehende Auffassung sowie die sich daraus ergebenden Verhaltensweisen. Falscher Glaube. Im Gegensatz zum Glauben, der für fehlendes Wissen steht, richtet sich der A. gegen vorhandenes Wissen oder gegen die offizielle religiöse Lehrmeinung. Er wurzelt in heidnischen Religionen und in den Lebens- und Weltvorstellungen früherer Kulturstufen. Heute ist A. vor allem Ausdruck von Lebensunsicherheit und Erwartungsangst. Er wird dadurch verstärkt und erlernt, daß Ereignisse, die wahrscheinlich, aber nicht mit Sicherheit voraussagbar sind, oft tatsächlich eintreten. Eine einzige solche scheinbare Bestätigung des A. hebt viele falsche Voraussagen auf und verleitet dazu, das erlernte Verhalten gegen besseres Wissen beizubehalten. Das wirkt einerseits beruhigend gegen Unsicherheit und Lebensangst, verringert aber andererseits die Fähigkeit, Probleme durch Leistung zu bewältigen. Je mehr man sich auf den A. verläßt, umso weniger vertraut man den eigenen Kräften. So kann abergläubisches Verhalten die Entwicklung der Persönlichkeit und die Durchsetzungskraft beeinträchtigen und das Verhältnis zur Umwelt bedenklich stören.

**Abhängige Variable:** → Variable

**Abhängigkeit:** Übermäßige psychische Bindung an Personen, Verhaltensweisen und Ideen u.a. Eine → Entwicklungsstörung, die das vorurteilsfreie Denken und Handeln einschränkt und zu mehr oder weniger starker Unselbständigkeit führt. Häufig ist z.B. die weit über das Kindesalter hinaus anhaltende und als → Mutter- oder Vaterbindung bekannte A. von einem Elternteil. Die sogenannte sexuelle Hörigkeit ist eine A. von bestimmten sexuellen Verhaltensweisen. Bei A. von → Rauschmitteln spricht man auch von → Sucht. Die A. von Ideen oder → Leitbildern ist oft mit → Fanatismus verbunden.
Vergl. → Ablösung.

**Ablösung:** Begriff der → Psychoanalyse für die während der → Pubertät erfolgende Aufhebung der engen Bindung des Kindes an die Eltern sowie am Ende einer psychoanalytischen Behandlung die Rückgängigmachung der sogenannten → Übertragung, der Affektbindung des Patienten an den Psychotherapeuten. Im weiteren Sinne jede Überwindung der → Abhängigkeit von Personen, Verhaltensweisen, Ideen usw. Die A. ist notwendige Voraussetzung für eine gesunde psychische Entwicklung. Das Verharren in einer → Entwicklungsphase, die altersmäßig eigentlich überwunden sein müßte, verhindert echte selbständige Erlebens- und Verhaltensweisen, die nach → Freud Grundlage

jeder individuellen und sozialen Reife sind.
Vergl. → Infantilismus.

**abnorm** (abnormal, anormal, unnormal): Im weitesten Sinne jede Abweichung von einer → Norm oder Regel. Da die Normen für das menschliche Verhalten je nach Gesellschaftsordnung oft sehr unterschiedlich sind und die Vorstellungen von Normalität eng mit den jeweils vorherrschenden ethischen Wertbegriffen zusammenhängen, wird in der Psychologie zunehmend nur noch ohne moralische Wertung von a. gesprochen und damit ein psychopathologischer Sachverhalt, eine geistig-seelische Störung bzw. Erkrankung bezeichnet.
Vergl. → Ethik, → Psychiatrie, → Psychopathologie.

**Abraham, Karl:** Geb. 3.5.1877 in Bremen, gest. 25.10.1925 in Berlin; deutscher Psychologe und Neurologe, Schüler und enger Mitarbeiter → Freuds; theoretischer und organisatorischer Wegbereiter der → Psychoanalyse, erster praktizierender Psychoanalytiker in Deutschland, Redakteur von Fachzeitschriften für Psychoanalyse und Verfasser zahlreicher Schriften.

**Abreaktion** (Katharsis): Befreiung von gestauten → Emotionen und → Affekten. Im Gegensatz zur bewußten Verarbeitung wird bei der spontanen A. die innere Erregung nach außen abgeleitet und dadurch Entspannung erreicht, aber nicht unbedingt der → Konflikt bewältigt. Die individuell sehr verschiedenen Formen der A. sind am natürlichsten beim Kind im → Spiel. Häufige und unkontrollierte A. wie → Jähzorn ist Symptom einer Persönlichkeitsstörung. Dagegen ist angemessene A. ein notwendiges Regulativ für innere Spannungen, dessen Verhinderung zu psychischen Störungen führen kann.
Unter der griechischen Bezeichnung → Katharsis (Reinigung) ist die A. eine psychotherapeutische Methode, die oft mit Hilfsmitteln wie → Schock u.a. eine Affektentwicklung anstrebt, um unterdrückte und verdrängte Konflikte freizulegen und von einer inneren Krise in ausgleichende Harmonisierung und Wandlung überzuleiten.

**Abscheu:** → Ekel

**Abulie:** Antriebs- und Willensschwäche, Unfähigkeit zur Entschlußfassung und zum Handeln. Ist der Zustand stark ausgeprägt und anhaltend, dann hängt er mit einer psychischen Erkrankung, oft auch mit einem Gehirnschaden oder mit Drüsenstörungen zusammen.

**Abwehrmechanismen:** Abwehr als Reaktion auf seelische und körperliche Bedrohungen ist eine zur erfolgreichen Auseinandersetzung mit der Umwelt notwendige Triebkraft. Die vielgestaltigen individuellen Abwehrreaktionen entwickeln sich aus komplizierten → Verhaltensmustern. Grundlage des Abwehrverhaltens ist die → Angst, die im Normalfall dem → Selbsterhaltungstrieb dient. Bei übersteigerter Angst und mehr oder weniger eingebildeten Bedrohungen und dementsprechend unangepaßten Abwehrreaktionen handelt es sich um Persönlichkeitsstörungen.
Die → Psychoanalyse geht davon aus, daß jedem Menschen zahlrei-

che A. zur Verfügung stehen, die individuell und weitgehend unbewußt eingesetzt werden. Mit Hilfe dieser A. wird die Auseinandersetzung mit der Umwelt gesteuert und zugleich vermieden, daß störende psychische Vorgänge und Inhalte zu deutlich ins Bewußtsein dringen. Bei psychischen Erkrankungen sind diese A. extrem unangepaßt, übersteigert und verzerrt. Vergl. → Adaptation.
Zu den wichtigsten A. zählt die Psychoanalyse neben dem Vergessen und der Konfliktvermeidung vor allem die → Verdrängung, die → Identifikation, die → Kompensation, die → Projektion, die → Rationalisierung und die → Sublimierung.

**Adaptation:** Unter A. versteht man ganz allgemein die Anpassung des Organismus an neue Bedingungen durch Selbstregulierung sowie die psychische Anpassung durch individuell sehr unterschiedliche bewußte und unbewußte Prozesse. Im engeren Sinne unterscheidet man:
1. Prozesse der Sinnesphysiologie, die der Anpassung an veränderte Umweltverhältnisse dienen. So spricht man z.B. bei den physiologischen Vorgängen der Gesichtswahrnehmung, die sich beim Übergang von einem hellen in einen dunklen, bzw. von einem dunklen in einen hellen Raum vollziehen, von Dunkel- und Hell-A.
2. Soziale Anpassung, die der Herstellung eines harmonischen Verhältnisses zwischen Individuum und Umwelt dient. In der modernen → Sozialpsychologie und Soziologie versteht man unter sozialer Anpassung vor allem die vielgestaltigen Orientierungs- und Neuorientierungsprozesse, die durch ständige Umweltveränderungen erforderlich sind, um Verhaltensweisen entwickeln zu können, die individuelle Selbstverwirklichung ermöglichen, ohne daß die Persönlichkeit sich dabei selbst und ihre Mitmenschen schädigt.
Vergl. → Anpassung und → Assimilation

**Adler, Alfred:** Geb. 7.2.1870 in Wien, gest. 28.5.1937 in Aberdeen/Schottland; österreichischer Psychiater und Psychologe, zunächst Schüler von → Freud, später Begründer der → Individualpsychologie, ab 1916 Herausgeber der Zeitschrift »International Journal of Individual Psychology«. Zu seinen wichtigsten Schriften gehören »Studien über die Minderwertigkeit von Organen« 1907, »Praxis und Theorie der Individualpsychologie« 1918, »Technik der Individualpsychologie« 1928/1930. A. wandelte die → Psychoanalyse sehr eigenständig ab und ersetzte Freuds → Libido-Begriff durch das Geltungs- und Machtstreben als Haupttrieb des Menschen. Nach A. ist der Mensch nicht vorwiegend von erotisch-sexuellen Spannungen zwischen triebhaften Wünschen und geistigen Hemmungen bestimmt, sondern von den Konflikten, die sich aus der Durchsetzung des Machtanspruchs zwischen Individuum und Gesellschaft ergeben. Als → Kompensation von → Minderwertigkeitsgefühlen ist dieses aggressive Streben nach Ichdurchsetzung, Geltung, Überlegenheit und Macht um jeden Preis unter den Schlagworten Minderwertigkeitskomplex und → Größenwahn sehr bekannt geworden.

**Adler, Gerhard:** geb. 14.4.1904 in

Berlin; deutsch-englischer Psychologe und Psychotherapeut, promovierte 1927 in Freiburg i.Br. zum Dr. med., ließ sich 1931-1934 in Zürich von Carl Gustav → Jung in → analytischer Psychologie ausbilden, wirkte ab 1936 als Psychotherapeut in London, war außerdem Präsident der Internationalen Gesellschaft für Analytische Psychologie und veröffentlichte u.a. »Entdeckung der Seele« 1934, »Studies in Analytical Psychology« 1948 und »The Living Symbol« 1961.

**Adoleszenz:** Bezeichnung für das Alter zwischen dem 18. und 22. Lebensjahr. In dieser Übergangszeit findet die Jugendentwicklung ihren körperlichen und geistigen Abschluß, und der Jugendliche gliedert sich langsam in die Welt der Erwachsenen ein.
Vergl. → Entwicklungsphasen und → Entwicklungspsychologie.

**Adrenalinausschüttung:** Bezeichnung für die Freisetzung der aus dem Nebennierenmark stammenden → Hormone Adrenalin und Noradrenalin ins Blut. Dabei wirkt Adrenalin vor allem auf die Blutverteilung und blutdruckerhöhend auf den Kreislauf, während Noradrenalin u.a. Gefäßverengung und Ermüdungshemmung bewirkt. Da die A. mit den Wirkungen der Erregung des → Sympathikus in Verbindung steht und bei stärkeren → Emotionen vermehrt erfolgt, spielt sie bei der physiologisch - psychologischen Untersuchung von → Affekten eine wichtige Rolle. Neuere Forschungen haben beispielsweise bei Angstzuständen eine vermehrte A. festgestellt. Vermutlich handelt es sich dabei um eine → Notfallreaktion, um den Organismus bei Gefahr zu erhöhten Leistungen u.a. durch Steigerung der Herzleistung und der Muskeldurchblutung zu befähigen.
Vergl. → Streß.

**Ähnlichkeit:** Im weitesten Sinne reicht dieser Begriff von völliger Gleichheit über alle Abstufungen objektiver Ä. bis zu entfernter und nur noch subjektiv feststellbarer Ä. Die Bedingungen, unter denen Ä. subjektiv erlebt wird, lassen sich meistens nur unzureichend oder gar nicht mit den Eigenschaften begründen, die den Wahrnehmungen objektiv angehören. Deshalb ist zwischen objektiver Gleichheit bzw. → Identität und Ä. zu unterscheiden. Die Ä. ist ein subjektives Phänomen, ein individuelles Beziehungserlebnis, das gegenwärtige Sinneseindrücke mit anderen gegenwärtigen und vergangenen Eindrücken in Verbindung bringt und sich weitgehend objektiver Begründbarkeit entzieht, obwohl die moderne Psychologie mehrere Methoden entwickelt hat, um vom subjektiven Ähnlichkeitserlebnis zu einer meßbaren Relation zu gelangen.
Nach dem für alle Bereiche der Psychologie geltenden Ähnlichkeitsgesetz tritt die Ä. nicht nur phänomenal in Erscheinung, sondern wird auch funktional wirksam. Zwischen Ähnlichkeiten entwickeln sich Kräfte, die Einzelnes zu höheren Einheiten zusammenschließen. So kennt z.B. die → Sozialpsychologie Gruppenbildungen nach Prinzipien der Ä. in Bildung, Beruf, Alter, Ansichten, Neigungen usw.
Vergl. → Affinität.

**Ähnlichkeitshemmung:** → Gedächtnis und → Hemmungen

**Affekt:** Je nach psychologischer Schule sehr unterschiedlich definierter Begriff. Im weitesten Sinne jede → Emotion, im allgemeinen modernen Sprachgebrauch ein starker Erregungszustand, eine heftige Gemütsbewegung. Als besonders intensive Emotion von verhältnismäßig kurzer Dauer ist der A. in Entwicklung, Ablauf und äußerem Ausdruck individuell sehr verschieden, aber stets mit physiologischen Vorgängen im Bereich der Sekretion, des Blutdrucks und Kreislaufs, der Atmung und Verdauung u.a. verbunden.
Vergl. → Adrenalinausschüttung.
Affekthandlungen vollziehen sich oft unter weitgehender Aufhebung der Selbstkontrolle und mildern daher bei strafrechtlichen Vergehen das Strafmaß. Im Interesse seelischer und körperlicher Gesundheit bedarf der A. der → Abreaktion. Dabei sind jedoch unkontrollierte, aggressive Handlungsabläufe immer möglich. Extreme Affektunterdrückung ist ebenso Symptom einer psychischen Störung wie völlige Aufhebung der Selbstkontrolle.

**affektiv:** Auf den → Affekt bezogene Bezeichnung für ein von starken Gefühlsäußerungen bestimmtes Verhalten oder für eine starke Bereitschaft zu Affekten. Im weiteren Sinne alle emotionalen Aspekte des Erlebens und der Erfahrung. Wird oft auch gleichbedeutend für emotional gebraucht.
Vergl. → Emotion.

**afferent:** Gleichbedeutend mit → sensorisch; Gegensatz von efferent bzw. → motorisch.

**Affinität:** Verwandtschaft; Neigung zu Annäherung und Verbindung; Gefühl des Hingezogenseins zu anderen Personen. Die A. kann sich auf die Gesamtheit der körperlich-seelischen Erscheinung, aber auch auf einzelne Merkmale wie Körpergeruch, Sprechweise, Bewegungsart und andere Sinnesreize sowie auf bestimmte gemeinsame oder ergänzende Eigenschaften, Verhaltensweisen und Ansichten beziehen. Da A. und Gruppenbildung eng miteinander zusammenhängen, wird diesem Problemkreis seit einiger Zeit größere Aufmerksamkeit gewidmet.
Vergl. → Ähnlichkeit, → Gruppe und → Gruppenpsychologie.

**Aggression:** Oppositionsdrang, Angriffslust. Ein feindliches Verhalten, das darauf zielt, anderen direkt oder indirekt zu schaden. Oft richtet sich die A. stellvertretend für eine Person gegen einen Gegenstand oder eine Sache. Das individuelle Aggressionsverhalten ist sehr vielfältig und reicht von brutalen Tätlichkeiten über Bedrohungen, Erniedrigungen, Demütigungen und Beschimpfungen bis zu hinterhältiger Verleumdung und versteckter Bösartigkeit. Als Lust an Grausamkeit und körperlicher und seelischer Schmerzzufügung spielt die A. auch im Sexualleben eine Rolle. Vergl. → Sadismus und → Sexualverhalten.
Obwohl die A. primär gegen die Umwelt gerichtet ist, kann sie sich auch sekundär gegen die eigene Person zurückwenden. Wird sie durch äußere Widerstände gehemmt, durch gesellschaftlichen Zwang und soziale Anpassung (→ Adaptation) verdrängt, dann äußert sie sich mitunter als Selbstverachtung, Selbsthaß, Selbstzerstörung, Selbstmord. Auch der → Masochismus als sexuelle Verhal-

tensweise gehört in diesen Problemkreis.
Über Ursache und Entstehung der A. gibt es verschiedene Theorien. Nach → Freud und neueren Vertretern der → Psychoanalyse ist die A. ein ererbter → Trieb oder → Instinkt, der im → Todestrieb wurzelt, der → Libido entgegenwirkt und auf Zerstörung zielt. Nach → Adlers → Individualpsychologie ist die A. eine Äußerung des Machttriebs und dient als → Kompensation von → Minderwertigkeitsgefühlen dem Überlegenheits- und Machtstreben. Auch die moderne → Verhaltensforschung geht von einem angeborenen Trieb aus, beurteilt jedoch die A. nicht destruktiv, sondern als Arterhaltung durch biologisch gesteuerte → Auslese. Einige amerikanische Psychologen erklären die A. als Reaktion auf → Frustration. Vorherrschend ist zur Zeit die Auffassung, daß es sich bei A. um ein erlerntes Verhalten handelt, das sich durch Vorbilder und Erfolgserlebnisse immer mehr verstärkt, aber durch erzieherische Einflüsse, Selbsterziehung, gesunde Persönlichkeitsentwicklung, entspannte Umweltbeziehung und im Extremfall durch psychotherapeutische Behandlung abbauen läßt.

**Agnosie:** Die Unfähigkeit, Sinneseindrücke in ihrer Bedeutung zu erfassen. Es handelt sich dabei nicht um Leistungsschwäche der Sinnesorgane, sondern um lokale Hirnschädigungen.
Bei optischer bzw. visueller A. oder Seelenblindheit werden Formen, Farben und Helligkeitsgrade gesehen, aber nicht erkannt. Eine Sonderform ist die Alexie, das Unvermögen, zu lesen. Bei akustischer A. oder Seelentaubheit wird das Gehörte nicht verstanden. Eine Sonderform ist die Amusie, die Unfähigkeit, gehörte Musik zu verstehen. Bei taktiler A., Stereoagnosie, Stereoanästhesie, Tastblindheit oder Tastlähmung werden die betasteten Formen nicht begriffen.

**Agoraphobie:** Platzangst. Neurotische → Angst vor weiten Plätzen und Straßen und vor allem davor, sie allein zu überqueren. Auch Bezeichnung für die Angst vor Menschenansammlungen.
Vergl. → Phobie.

**Agrammatismus:** Eine auf → Aphasie beruhende extreme Häufung grammatikalischer Fehler. Die Unfähigkeit zu richtiger Wortwahl, Wortbildung und Wortaussprache.

**Agraphie:** Durch Gehirnschädigung bedingte Unfähigkeit, zu schreiben, obwohl die Hand voll bewegungsfähig und die Intelligenz normal ist. Dieser krankhafte Zustand hängt meistens mit → Aphasie zusammen.

**Agrypnie:** → Schlaflosigkeit.

**Aha-Erlebnis:** Im Denkverlauf plötzlich eintretende, unerwartete Einsicht, die Zusammenhänge erhellt, eine neue Erkenntnis schafft und das freudige Erlebnis einer überraschenden Problemlösung vermittelt. In der Umgangssprache gibt es für diesen Vorgang verschiedene volkstümliche Redewendungen wie: »Es fällt wie Schuppen von den Augen« oder »Der Groschen ist gefallen«.

**Ahnung:** Ein vor dem zuverlässigen Wissen stehendes vages, noch unbestimmtes Erfassen und ge-

fühlsbetontes, intuitives Voraussehen noch nicht klar erkannter Sachverhalte und Ereignisse.
Vergl. → Intuition.
In der → Parapsychologie gehört die Vorausschau kommenden Geschehens als → Vorahnung oder → Hellsehen zu den sogenannten → außersinnlichen Wahrnehmungen.

**Aichmophobie:** Neurotische Angst, von spitzen Gegenständen verletzt zu werden.
Vergl. → Phobie.

**Akinese** (Akinesie): Einschränkung der Bewegungsmöglichkeit bis zur Bewegungsunfähigkeit. Eine Funktionsstörung, die vor allem durch Schreckerlebnisse, aber auch bei → Hypnose oder durch Erkrankung des → Nervensystems entsteht.
Vergl. → Katalepsie und → Kataplexie.

**Akkommodation:** Im engeren Sinne die Anpassung des Auges an die verschiedenen Entfernungen des Gesehenen u.a. durch Veränderung der Brechkraft der Linsen. Im weiteren Sinne die Anpassung ganz allgemein, so beispielsweise die Anpassung des Verhaltens an soziale Erwartungen.
Vergl. → Adaptation.

**Akoasma:** Akustische → Halluzination; eingebildete Wahrnehmung von lauten Geräuschen oder auch von leisem Flüstern usw..

**Akrophobie:** Höhenangst, Höhenschwindel. Übersteigertes Angstgefühl beim Besteigen von Bergen, Türmen und sonstigen Höhen bzw. beim Aufenthalt in höheren Lagen.
Vergl. → Phobie.

**Akt:** Allgemeine Bezeichnung für eine Tätigkeit, eine Bewegung oder eine bestimmte → Reaktion, die eine öfter auftretende Verhaltensreihe abschließt. So z.B. der A. der Nahrungsaufnahme als Abschluß einer Folge spezifischer Handlungen. Vergl. → Verhalten.
Im engeren Sinne der von dem Philosophen Franz → Brentano begründeten Aktpsychologie (Intentionalismus) jedes von einem Subjekt ausgehende und auf einen Gegenstand gerichtete seelisch-geistige Verhalten. Die Aktpsychologie betrachtet es als wesentlichstes Charakteristikum aller geistigen Prozesse bzw. des Erlebens, sich im Sinne eines Bewußtseinsaktes auf einen Gegenstand zu beziehen, auf etwas gerichtet zu sein und bezeichnet das als Intentionalität bzw. → Intention.

**Aktionspotential:** Meßbarer elektrischer Impuls der Nervenleitung, der von den Organen zum Zentralnervensystem und umgekehrt Meldungen vermittelt.
Vergl. → EEG und → Nervensystem.

**Aktionsquotient:** Ein Meßverfahren zur Feststellung des Verhältnisses zwischen aktiven und qualitativen Elementen im Sprach- bzw. Sprechverhalten besonders von Kindern und Jugendlichen. Die aktiven bzw. aktionalen Aussagen werden vor allem nach dem Anteil der Verben, die qualitativen nach dem Anteil der Adjektive ermittelt. Je nach Vorherrschen der einen oder anderen Gruppe werden in der Entwicklung Jugendlicher aktionale und qualitative Phasen unterschieden, wobei die Aktionsphase einer mehr emotional-objektiven und die Qualitätsphase einer mehr intellektuell-subjektiven Einstellung entspricht. In der modernen Psychologie dient dieses Meßverfahren hauptsächlich als Methode der → Content-Analyse.

**Aktionsstrom:** Durch Erregungsimpulse entstehender elektrischer Strom, der in tätigen Organen nachweisbar ist, so z.B. im Muskel, in der Nervenleitung und im Gehirn.
Vergl. → Aktionspotential und → EEG.

**Aktivation** (Aktivierung): Allgemeine physiologisch-psychologische Bezeichnung für Energieumsetzungsprozesse des Organismus bzw. für die gesamten Vorbereitungen zur Bereitschaft zum Handeln. Die moderne Psychologie bezieht den Begriff vor allem auf die physiologische A. des Gehirns, die durch Messung der hirnelektrischen Ströme und andere körperliche Vorgänge festgestellt werden kann. Die sogenannte Aktivationstheorie nimmt an, daß die physiologischen Vorgänge der A. für die psychischen Reaktionen, die verschiedenen Gemütszustände und für die psychischen Erkrankungen mitverantwortlich sind. Danach bezeichnen → Affekte als stärkster und Bewußtlosigkeit und Schlaf als geringster Aktivationsgrad die beiden Extreme des ganzen Ausmaßes der im Organismus vorhandenen potentiellen physischen und psychischen Energie. Der jeweilige Zustand der A. kann durch → Psychopharmaka beeinflußt werden. Die Aktivationstheorie steht der biologischen Auffassung vom → Bewußtsein sehr nahe und erklärt die verschiedenen Bewußtseinszustände als Ausdrucksformen bestimmter Aktivationsgrade.
Vergl. → Aktionsstrom und → EEG.
Das von → Rohracher entwickelte Gesetz der funktionalen Aktivierung lehrt, daß Wahrnehmung, Gedächtnis und Denken nur in Funktion treten, wenn sie durch äußere Reize oder Triebe, Interessen, Gefühle oder Willenserlebnisse aktiviert werden.

**Aktualgenese:** Von F. → Sander eingeführter Begriff für die verschiedenen Phasen der Entstehung einer → Gestalt im Sinne der → Gestalt- und der → Ganzheitspsychologie vom diffusen Anfangseindruck und von sogenannten Vorgestalten oder Gestaltkeimen bis zur prägnant ausgeprägten und klar gegliederten Endgestalt.

**Akupunktur:** Eine aus China stammende und seit einiger Zeit in der westlichen Welt sehr populäre uralte Heilmethode, Nadeln aus Gold, Silber oder Stahl in bestimmte Körperpunkte zu stechen und dadurch Schmerzen zu lindern oder zu beheben. Die A. wird heute zur → Therapie und zur → Analgesie benutzt. Die therapeutische A. dient der Behandlung chronischer Schmerzen und ist besonders bei Kopfschmerzen, Migräne, Asthma und vegetativen Fehlsteuerungen sowie als Anti-Raucher-Methode oft recht erfolgreich. Es gibt noch keinen rationalen wissenschaftlichen Zugang zum Verständnis des Wirkungsprinzips der A. Da sie jedoch nicht bei jedem anschlägt und suggestible (→ Suggestibilität) Persönlichkeitsstruktur und völliges Vertrauen in die Wirksamkeit der Methode und zu dem Akupunkteur wichtigste Grundvoraussetzungen zum Erfolg sind, ha-

ben psychische Faktoren offensichtlich entscheidende Bedeutung. In jedem Fall muß die A. von einem Fachmann ausgeführt werden, da die Nadelung bei mangelhaften anatomischen Kenntnissen ernsthafte Verletzungen von Blutgefäßen und Nerven verursachen kann.
Die Akupunktur-Analgesie hat offenbar biochemische Grundlagen. Sie wird auch Elektro-Stimulations-Analgesie genannt, denn durch die Nadeln werden zusätzliche elektrische Impulse auf den Patienten übertragen, die möglicherweise im Gehirn körpereigene schmerzhemmende Substanzen vermehrt freisetzen. Mit dieser neuen Methode kann der Einsatz der bisher üblichen Narkosemittel niedrig gehalten und dadurch das Narkose-Risiko verringert werden.

**akustischer Typ** (Akustiker): → Typus

**Akzeleration** (Acceleration): Beschleunigung, vor allem die Entwicklungsbeschleunigung bei Kindern und Jugendlichen der Kulturvölker im Vergleich zu früheren Generationen sowie bei Stadtkindern im Vergleich zu Landkindern. Dabei ist die körperliche und sexuelle Reife, aber nicht die Gesamtentwicklung der Persönlichkeit vorverlegt. Besonders das zunehmende Längenwachstum scheint mit den verschiedenen → Entwicklungsstörungen zusammenzuhängen, die sich aus der durch A. entstehenden Diskrepanz zwischen körperlicher und seelisch-geistiger Reife ergeben. Offensichtlich ist die A. stark zivilisationsbedingt. Als Hauptursachen gelten u.a. Technisierung und Rationalisierung des modernen Lebens, die Revolution der Verkehrsverhältnisse, Reizüberflutung, stärkere Erregung des vegetativen → Nervensystems, größere Vermischung der Bevölkerungen und des Erbguts und eiweißreichere Ernährung.
Vergl. → Entwicklungsphasen und → Retardation.

**Alalie:** Stammeln; eine durch Defekte der Sprechwerkzeuge oder Störungen der leitenden Nervenbahnen verursachte Unfähigkeit, artikulierte Laute hervorzubringen. Bei der idiopathischen A. handelt es sich um eine Sprechunfähigkeit normal hörender Kinder, um eine Verzögerung der Sprechentwicklung, die in den meisten Fällen bis zum 7. Lebensjahr überwunden wird. Mentale A. ist das Stummwerden von Kindern, insbesondere von Stotterern, nach mißlungenen Sprechversuchen.
Vergl. → Dyslalie.

**Alexie:** Die Unfähigkeit, zu lesen, wahrgenommene Schriftzeichen zu verstehen. Eine Sonderform der optischen bzw. visuellen Agnosie oder Seelenblindheit.
→ Agnosie.

**Algesie:** Schmerzempfindlichkeit; mehr oder weniger stark ausgeprägte Empfindlichkeit gegen körperliche und seelische Schmerzen. Gegensatz von → Analgesie.
Vergl. → Algophobie.

**Algolagnie:** Schmerzwollust, Lustgefühle und Lustbefriedigung durch Zufügung oder Erleidung von körperlichen und seelischen Schmerzen. Wird meistens als übergeordnet-zusammenfassende Bezeichnung für → Sadismus und → Masochismus verwendet, wobei oft zwischen aktiver A. für Sadismus und passiver A. für Masochismus unterschieden wird. Mitunter finden sich beide Neigungen in einer Person, so daß die Schmerzerleidung ebenso Lustgefühle verschafft wie die Schmerzzufügung. In diesen Fällen spricht man auch von → Sadomasochismus.

**Algophobie:** Schmerzangst; übersteigerte Angst vor körperlichen Schmerzen.
Vergl. → Algesie und → Phobie.

**Alkoholismus:** Sammelbegriff für chronischen Alkoholmißbrauch, für Trunksucht und für die verschiedenen körperlichen und psychischen Zustände, die durch chronische Alkoholvergiftung entstehen. Häufig steht A. mit degenerativen Erbanlagen in Zusammenhang. Da Alkoholgenuß in unserer Gesellschaft zum typischen Gruppenverhalten bei Geselligkeiten, bei bestimmten Berufsgruppen und bei Jugendlichen u.a. gehört, ist A. oft auch das Ergebnis sozialer Fehlanpassung (→ Adaptation). Außerdem ist A. oft auch eine Folge von → Entwicklungsstörungen und hängt eng mit unbewältigten → Minderwertigkeitsgefühlen, mit Leistungsschwächen, Schuldkomplexen und anderen Konflikten zusammen. Wie Drogenabhängigkeit, ist auch A. ein Zustand starker körperlicher und psychischer → Abhängigkeit, die zu schweren organischen Schädigungen und zum Zerfall der Persönlichkeit führen kann. Alkohol baut zwar Hemmungen ab und steigert die sexuelle Erregbarkeit, aber auch die allgemeine Affektbereitschaft und den Aggressionstrieb. Er vermindert Selbstbeherrschung, Selbstkritik und Konzentrationsfähigkeit und beeinträchtigt das Reaktionsvermögen, was bei Autofahrern zur Verlängerung der → Schrecksekunde, überhaupt zur Einschränkung der Fahrtüchtigkeit führt. Typische Folgen des A. sind: Reizbarkeit, Schlaflosigkeit, Willensschwäche, Gedächtnis- und Auffassungsstörungen, Halluzinationen, allgemeine Primitivisierung und psychopathologische Zustände (→ Korsakow-Syndrom). Asoziales Verhalten, Kriminalität, → Epilepsie und → Schwachsinn u.a. sind häufige Degenerationserscheinungen bei Nachkommen chronischer Alkoholiker. Durch Selbsthilfe ist A. kaum heilbar. Am wirksamsten sind Entziehungskuren mit klinischer Betreuung und Gruppenpsychotherapie.

**Allachästhesie:** Anderswo empfinden; ein Reiz, so z.B. eine Berührung, wird falsch lokalisiert und nicht am tatsächlichen Reizort, sondern an irgendeiner anderen Körperstelle empfunden.
Die Verlagerung einer Reizempfindung an die entsprechende Stelle bzw. in das entsprechende Glied der anderen Körperseite heißt Allocheirie.

**Alleinkind:** → Einzelkind

**Allergie:** Noch nicht völlig erforschte psycho-physiologische Überempfindlichkeit gegen bestimmte Nahrungsmittel, Pharmaka, Tierhaare, Blütenpollen und viele andere Stoffe, die zu Übelkeit, Heuschnupfen, Nesselfieber, Ekzemen, Migräne, Asthma und anderen Erkrankungen führen kann. Bei der Idiosynkrasie handelt es sich um eine angeborene A.

**allgemeine Psychologie:** Teilgebiet der Psychologie, das sich mit allgemeinen Regeln und Gesetzen des Erlebens und Verhaltens befaßt und die Einflüsse der sozialen Umwelt (→ Sozialpsychologie) nur am Rande und die individuellen Unterschiede (→ differentielle Psychologie) gar nicht berücksichtigt. Die a.P. erforscht vor allem Wahrnehmungsvorgänge einschließlich ihrer Beeinflussungen und ihrer physiologischen Grundlagen, Vorgänge des Lernens und des Vergessens, Motivbildungen und -wirkungen, Bewegungsabläufe usw. Da es in der a.P. schwierig ist, zwischen Grundlagen der Psychologie und spezieller Forschungsrichtung zuverlässig abzugrenzen, ist die a.P. als eigenständige Disziplin umstritten, und man verwendet statt dieser Bezeichnung meistens die Einzelbegriffe wie → Wahrnehmung, → Lernen, → Gedächtnis, → Motivation und → Motorik.
Die gelegentlich gebrauchten Haupteinteilungen der Psychologie in a.P. und → Individualpsychologie bzw. individuelle Psychologie oder in a.P. und → angewandte Psychologie oder in a.P. und → differentielle Psychologie sind wegen ihrer mißverständlichen Vergröberungen abzulehnen.

**Allocheirie:** → Allachästhesie

**Allolalie:** Fehlsprechen, Geplapper bei Geisteskrankheiten.

**Allotriogeusie:** Krankhafte Geschmackstäuschung.

**Allotriophagie:** Krankhafter Drang, ungenießbare, als Nahrung ungeeignete Stoffe zu essen, so z.B. Erde.

**Allport, Gordon Willard:** Geb. 11.11.1897 in Montezuma/Indiana, gest. 9.10.1967 in Cambridge/ Massachusetts; amerikanischer Psychologe, ab 1936 Professor an der Harvard University. Er arbeitete vor allem über → Ausdruckspsychologie, → Lerntheorie und Testmethodik (→ Test) und wandte sich gegen die deterministischen Reiz-Reaktions-Vorstellungen vom Menschen, wie sie u.a. in der → Reflexologie, in der → Elementen-Psychologie, der → objektiven Psychologie und im → Behaviorismus zum Ausdruck kommen. Er betonte die Eigenart und das Eigenleben der Persönlichkeit und regte damit entscheidend zur Weiterentwicklung der modernen → Psychodiagnose an. Zu seinen wichtigsten Schriften gehören »Personality« 1937, »Becoming« 1957, »Personality and social encounter« 1960 und »Pattern and Growth in Personality« 1961.

**Alpdrücken:** Beklemmungs- und Angstgefühl im Halbschlaf, Schlaf oder Traum (Alptraum), das auf physiologische und psychische Ursachen zurückgeht, jedoch nach altem Volksglauben von einem auf der Brust des Schlafenden sitzenden Dämon (Alp) verursacht wird.
Vergl. → Traum.

**Alter:** Im Sinne von Lebensalter der seit der Geburt vergangene jeweilige Zeitabschnitt. → Entwicklungsphasen und → Entwicklungspsychologie.
Zum Begriff des A. im Sinne von altern, von psychischen Veränderungen im letzten Abschnitt des menschlichen Lebens, → Alterspsychologie.
Durch die moderne Testentwicklung (→ Test), insbesondere durch

die von → Binet verwendeten Begriffe → Intelligenzalter und → Intelligenzquotient, bekam das sogenannte Entwicklungsalter eine erweiterte testpsychologische Bedeutung. In diesem Sinne spricht man u.a. von Lernalter, Lesealter, Leistungsalter, Wahrnehmungsalter und Sozialalter. Die jeweilige Altersnorm ergibt sich aus der Leistung, die für die betreffende Altersstufe kennzeichnend ist.

**Altersdemenz** (senile Demenz): Im Alter auftretender starker Abbau der Intelligenz, umgangssprachlich als »Verkalkung« bekannt.
→ Alterspsychologie und → Dementia.

**Alterspsychologie:** Als Wissenschaft vom Altern befaßt sich die Gerontologie mit allen altersbedingten physischen und psychischen Veränderungen und entwickelt Methoden zur besseren Bewältigung individueller und sozialer Altersprobleme. Dagegen konzentriert sich die Geriatrie auf die medizinische Altersforschung und die A. oder psychologische Altersforschung auf die psychischen Vorgänge des Alterns, auf das Nachlassen der seelisch-geistigen Leistungsfähigkeit, auf die Veränderungen des Erlebens, des Verhaltens und der sozialen Bezüge sowie auf die daraus entstehenden Konflikte. Da die Altersprozesse des physischen und psychischen Abbaus sehr verschiedenartig verlaufen und individuell sehr unterschiedlich erlebt und empfunden werden, ist deren Erforschung für die Entwicklung geeigneter Methoden zur Bewältigung der Alterssituation von entscheidender Bedeutung.

**Altruismus:** Uneigennützige Rücksichtnahme auf andere; Selbstlosigkeit des Denkens, Fühlens und Handelns; Gegensatz zu → Egoismus.

**ambiäqual:** Von → Rorschach eingeführte Bezeichnung für eine ausgewogene Haltung zwischen den beiden psychischen Grundeinstellungen der → Extraversion und der → Introversion.

**ambidexter:** Beide Hände mit gleicher Geschicklichkeit benutzend. Im Unterschied dazu wird bei → Rechts- oder → Linkshändigkeit eine Hand bevorzugt gebraucht. Besonders Kinder sind oft a., bis sich eine Bevorzugung der rechten oder der linken Hand durchsetzt.

**Ambivalenz:** Das gleichzeitige Bestehen gegensätzlicher Gefühle ohne Ausgleich wie z.B. Haßliebe; auch entgegengesetzte Willensrichtungen, die eine Zielvorstellung zugleich anstreben und fürchten wie z.B. sexuelles Begehren und Scham oder Ekel. In übersteigerter, krankhafter Form gehört A. bei → Schizophrenie zum allgemeinen Gefühlsleben.

**Amentia** (Amenz): Geistesverwirrung, Geistesstörung. A. ist keine selbständige Krankheit, sondern eine mit anderen schweren Erkrankungen, mit einem → Trauma oder einer tiefen Ohnmacht in Verbindung stehende Störung des Denk- und Auffassungsvermögens.
Vergl. → Dementia.

**Amimie:** Starke Verminderung oder Ausfall des mimischen Ausdrucksvermögens (→ Mimik); Symptom mancher Gehirnschädigungen und Psychosen u.a.

**Amnesie:** Zeitlich oder auch inhaltlich begrenzter Gedächtnisverlust auf organischer oder psychogener Grundlage. Die häufigsten Ursachen sind Gehirnverletzungen, Schockerlebnisse und Hemmungsvorgänge. Die A. ist Symptom, Begleit- oder Folgeerscheinung bei → Hysterie, → Epilepsie, → Trauma, Gehirnerschütterung und → Hypnose u.a. Als anterograde A. bezeichnet man einen Erinnerungsausfall, der sich auf einen begrenzten Zeitabschnitt, eine bestimmte Situation oder einen speziellen Erlebnisbereich beschränkt. Die retrograde A. bezieht sich mehr oder weniger umfassend auf die ganze Zeit, die vor einem schweren Schock liegt, so z.B. auf die Zeit vor einem Unfall mit Gehirnerschütterung oder Gehirnquetschung.

**Amok:** Aus dem Malaiischen übernommene Bezeichnung für einen bis zur geistigen Verwirrung gesteigerten Wutanfall, einen Affektzustand mit starkem Bewegungsdrang und gefährlicher Aggression. Wahrscheinlich entsteht A. auf der Grundlage von → Epilepsie und → Katatonie. Im allgemeinen Sprachgebrauch bedeutet A. soviel wie blinde Raserei, chaotische → Panik, Anfall von Zerstörungs- bzw. Selbstzerstörungswut.

**Amusie:** Die Unfähigkeit, gehörte Musik zu verstehen. Eine Sonderform der akustischen Agnosie oder Seelentaubheit.
→ Agnosie.

**Anästhesie:** Reizunempfindlichkeit, Empfindungslosigkeit durch periphere, zentrale oder Leitungsstörungen. Ein Anästhetikum ist eine Substanz als Hilfsmittel der → Therapie, um allgemeine (Narkose) oder lokale (örtliche Betäubung) A. künstlich herbeizuführen. Eine Anästhesierung bestimmter Funktionen ist auch durch → Suggestion bzw. → Hypnose möglich.
→ Analgesie.

**Anästhetiker:** → Temperament und → Typus

**anale** (prägenitale) **Phase:** Von → Freud geprägte Bezeichnung für den zwischen → oraler und → phallischer Phase stehenden Entwicklungsabschnitt des Kindes im 2. und 3. Lebensjahr. In dieser Zeit frühkindlicher Entwicklung gilt dem Analbereich und den Ausscheidungsvorgängen besondere Aufmerksamkeit. Der lustbetonten Ausscheidung der Exkremente folgt dann durch Reinlichkeitserziehung die Freude an der Beherrschung der Ausscheidungsvorgänge. Nach der Auffassung von Freud kann das durch → Fixierung den späteren Charakter und das → Sexualverhalten prägen. So können sich aus der Lust an der Ausscheidung aggressive und sadistische Tendenzen und aus der Freude an der Beherrschung und Zurückhaltung egozentrische und egoistische Tendenzen entwickeln. Außerdem ergibt sich als Reaktion auf übermäßige Beschmutzungslust der a.Ph. später oft Reinlichkeitsmanie und pedantischer Ordnungssinn.
Vergl. → Entwicklungsphasen und → genitale Phase.

**Analeptika:** Anregungs- und Belebungsmittel wie Koffein und Weckamine, Cardiazol und Sympatol, die meistens über das vegetative → Nervensystem auf Herz, Kreislauf und Durchblutung wirken. → Psychopharmaka.

**Analerotik:** Im allgemeinen Sinne ein betont erotisch-sexuelles Interesse am Analbereich. → Sexualverhalten.
Im psychoanalytischen Sinne → Freuds ist A. das sexuelle Ergebnis einer → Entwicklungsstörung, einer → Fixierung der → analen Phase. Zuweilen wird A. auch gleichbedeutend wie anale Phase gebraucht.

**Analgesie:** Schmerzbehebung, Schmerzlosigkeit. Im Gegensatz zur → Algesie eine mehr oder weniger starke Schmerzunempfindlichkeit. Ein Analgetikum ist ein schmerzlinderndes oder schmerzstillendes Mittel (Vergl. → Pharmaka) oder Verfahren (Vergl. → Akupunktur, → Hypnose, → Suggestion).
→ Anästhesie.

**Analogiemethode:** Lernmethode bzw. Testverfahren, um besonders bei Kindern das logische Denken zu schulen und zu prüfen. Dabei sind Analogien zu Begriffspaaren bzw. begriffliche Abhängigkeiten zu finden: Das Messer braucht man zum Schneiden, die Seife zum? Ohne Augen ist man blind, **ohne Ohren ist man?**

**Analogieschluß:** Lerntheoretische Annahme der → Ausdruckskunde, daß fremder Ausdruck und fremdes Verhalten immer in Analogie zum eigenen Erleben verstanden werden, also auf eine neue Situation stets entsprechend früher gemachter ähnlicher Erfahrungen reagiert wird.

**analytische Psychologie:** Im weitesten Sinne jede Psychologie, die analytisch, zergliedernd arbeitet. Vergl. → Elementenpsychologie.
Im engeren Sinne die tiefenpsychologischen Methoden → Freuds und seiner Nachfolger, die sogenannte → Psychoanalyse.
Im heute meistens gemeinten speziellen Sinne die von Freud wesentlich abweichende psychoanalytische Schule oder komplexe Psychologie → Jungs.

**Anamnese:** Wiedererinnerung, ins Gedächtnis zurückrufen. In Medizin und klinischer Psychologie die Krankengeschichte eines Patienten, die Vorgeschichte und individuelle Entwicklungsgeschichte einer Krankheit. Das Sammeln von Informationen über Lebenslauf und Krankengeschichte, insbesondere über die Entwicklung der Symptome und begleitende Erlebnisse ist ein wichtiges Hilfsmittel der → Psychodiagnose und unterstützt auch die Auswertung von Testergebnissen.

**Anankasmus:** Neigung zu zwanghaften Vorstellungen und Handlungen. Zwangsneurose. → Neurosen.

**Androgene:** → Hormone

**angewandte** (praktische) **Psychologie:** Teilgebiete der Psychologie, die Grundlagenforschungen und allgemeine psychologische Erkenntnisse praktisch anwenden und auf konkrete Problemstellungen der Realitätsbewältigung übertragen. Das gilt neben der → klinischen und → pädagogischen Psychologie vor allem für die → Wirtschaftspsychologie mit → Arbeits-, → Betriebs-, → Markt- und → Werbepsychologie sowie für → forensische Psychologie, → Kriminalpsychologie, politische Psychologie, → Wehrpsychologie, → Sportpsychologie und → Verkehrspsychologie u.a.

Der Begriff der a.P. ist umstritten, denn die meisten Disziplinen wenden nicht nur allgemeine Grundlagenforschungen auf ihren speziellen Gebieten praktisch an, sondern verfügen über eigene Forschungs- und Erkenntnisbereiche mit spezifischen Gesetzlichkeiten.

**Angophrasie:** Sprechbeklemmung; würgendes, stoßweises Sprechen mit eingeschobenen unartikulierten Lauten.

**Angst:** Ein vielgestaltiger und in Entwicklung, Ablauf und äußerem Ausdruck individuell sehr unterschiedlicher Affektzustand, der mit physiologischen Vorgängen verbunden ist. So sind z.B. Erbleichen, Gänsehaut, gesträubte Haare, Schweißausbrüche, schlotternde Glieder, versagende Stimme, Trockenheit im Mund, Herzklopfen, Magendrücken, Erbrechen und Ohnmacht angsttypische, aber keineswegs angstspezifische physiologische Merkmale, denn solche Reaktionen sind bei sehr verschiedenartigen emotionalen Zuständen möglich und können auch zu ganz anderen Körpervorgängen gehören. Ob tatsächlich oder eingebildet, konkret oder vage, unmittelbar oder indirekt, stets ist A. eine Reaktion auf einen drohenden Wertverlust, sei es eine Gefahr für das eigene Leben oder für das Leben anderer, sei es die Bedrohung irgendeines anderen objektiven oder subjektiven Wertes. Häufig besteht die Angstreaktion aus einem Schreck, der relativ schnell vergeht, wenn die tatsächliche oder vermeintliche Gefahr überstanden ist, oft sind jedoch die Angstreaktionen übersteigert und der realen Bedrohung mehr oder weniger unangemessen. Setzen sich solche unangemessenen Ängste fest, werden sie chronisch und zum Wesenszug, dann handelt es sich um eine Persönlichkeitsstörung. Als vorübergehender Zustand ist A. ein natürliches und zur individuellen Konfliktbewältigung notwendiges Verhalten. Dagegen beeinträchtigt übersteigerte, chronische A. die Persönlichkeit. Als natürlicher Ausdruck des Selbsterhaltungstriebs ist A. eine schöpferische Kraft, die den Lebenswillen, die Erfindungsgabe und die Anteilnahme an der Umwelt aktiviert. Teils angeboren, teils erlernt, ist diese die körperlichen und geistig-seelischen Fähigkeiten mobilisierende Kraft in jede Persönlichkeitsstruktur eingebettet. Sind jedoch Persönlichkeitsbildung und Umweltbeziehung gestört, dann kann diese Kraft auch negativ wirksam werden, ihren lebensfördenden Sinn verlieren, die individuelle Entwicklung hemmen und die Persönlichkeit zersetzen. Das kann nicht nur erhebliche psychische Störungen wie → Aggressionen, → Depressionen, → Enuresis, → Stottern, → Phobien, → Psychosen und → Neurosen u.a. zur Folge haben, die der psychotherapeutischen (→ Psychotherapie) oder psychiatrischen (→ klinische Psychologie und → Psychiatrie) Behandlung bedürfen, sondern auch zu organischen Erkrankungen führen. Dabei entstehen die Schädigungen nicht durch tatsächliche Bedrohung und Gefahr, sondern durch krankhaft übersteigerte A. vor Gefahren. Vor allem deshalb wird oft zwischen Furcht und A. unterschieden, wobei Furcht als Bewußtsein einer konkreten Bedrohung und A. als Gefühl einer unbestimmten Gefahr definiert wird. Danach hat Furcht rationale Motive und geht vorüber, wenn diese Motive entfallen,

während A. nach rationalen Motivationen sucht, um zu verbergen, daß sie sich auf Fehler der Persönlichkeitsstruktur und gestörte Persönlichkeitsentwicklung, auf Lebensunsicherheit, → Minderwertigkeits- und → Schuldgefühle u.a. bezieht. Da es zahlreiche Grundkonflikte des menschlichen Lebens gibt, die sich ohne zeitweilige Angstsituationen nicht bewältigen lassen, entwickeln sich daraus oft schwer überwindbare individuelle Lebensprobleme und anhaltende Ängste. Die unbewältigten Konflikte werden ins Unbewußte verdrängt und wirken von dort immer wieder zersetzend auf das Bewußtsein ein. Die A. wird chronisch und tarnt sich dabei mit scheinbaren Vernunftgründen. Sie erfährt oft so individuelle Ausprägungen, daß der dahinterstehende und ursprünglich auslösende Grundkonflikt fast unkenntlich wird. A. ist ebensowenig grundlos wie Furcht, aber bei Furcht sind die Gründe konkret, verhältnismäßig überschaubar und vorübergehend, während bei chronischer A. selten die Gründe zutreffen, die der Betroffene angibt und an die er selbst glaubt.
Zum Thema der Angstentstehung und Angstentwicklung, des Angstverhaltens und der Angstbewältigung siehe auch Günter Pössiger »Angst erkennen - Angst überwinden«, Humboldt-Taschenbuch Nr. 276.

**Anhormie:** Antriebsstörung. → Antrieb

**Anima** (Animus): Von → Jung eingeführter Begriff für die als Urbild bzw. Urerfahrung der Menschheit im → Unbewußten eines jeden Menschen vorhandenen zweigeschlechtlichen Züge, die im Gefühlsleben, im Traum und in Phantasien wirksam werden. Vergl. → Archetypus. Beim Manne ist die A. (Mutter, Frau, Geliebte u.a.) als personifiziertes Selbstbild seiner weiblichen Möglichkeiten und Erfahrungen die Gegenkraft zum männlichen Selbstbild, der sogenannten → Persona. Ebenso trägt die Frau ein männliches Gegenbild ihrer Persona, den Animus in sich. Anima und Animus haben positive und negative Züge. Das wirkt sich beim Manne positiv als Gefühlstiefe und beseelte Schöpferkraft und negativ als weibische Launenhaftigkeit, Unbeständigkeit und Unzuverlässigkeit aus. Bei der Frau führt es positiv zu Bewußtheit, Sicherheit und Selbständigkeit und negativ zu Gefühlsarmut, Prinzipienstarre und Rechthaberei.

**animales** (cerebrospinales) **Nervensystem:** → Nervensystem.

**Animismus:** Glaubensauffassungen primitiver Kulturstufen über das Seelenleben. Die noch heute in Volksbrauchtum und → Aberglauben, in → Magie und Zauberei nachwirkende Annahme, daß alles in der Natur beseelt bzw. von seelischen Kräften, Geistern usw. bewohnt sei. So z.B. der Glaube an eine sogenannte Körperseele im Blut oder in den Geschlechtsorganen u.a. oder an eine Hauch- oder Schattenseele. Grundsätzlich beruht der A. auf der Vorstellung, daß es für alle körperstofflichen Vorgänge seelische Entsprechungen gibt.
In der → Parapsychologie versteht man unter animistischer Deutung die vom Geisterglauben des → Spiritismus abrückende Auffassung, daß die bisher ungeklärten okkulten Phänomene auf außergewöhn-

liche seelische Eigenschaften, auf unbekannte Kräfte des → Unbewußten zurückzuführen sind.

**Anlagen:** Während der Begriff der → Disposition auch die erworbenen körperlichen und seelischen Bereitschaften einbezieht, versteht man unter A. nur die angeborenen Bereitschaften. Es handelt sich dabei um die im Erbgut enthaltenen Baupläne für die spätere Entwicklung. Wahrscheinlich ist auch die psychische Grundstruktur, die sich dann in der Auseinandersetzung mit der Umwelt ausprägt und zur Persönlichkeit entwickelt, zum Teil angeboren, so daß Wesen und individuelle Eigenart des Menschen durch Erbanlagen wesentlich mitbestimmt werden. Dabei ist jedoch die Wahrscheinlichkeit, daß sich A. zu Eigenschaften ausbilden offenbar ebenso unterschiedlich wie die Stärke der Ausbildung und die Art des Zusammenwirkens von A. und Umwelt. So sind z.B. die Grenzen von Leistungsanlagen wie → Begabung anlagemäßig bedingt, doch die Ausformung innerhalb dieser Grenzen nach oben und unten wird weitgehend von Umweltbeziehungen mitbestimmt.

**Anomalie:** Abweichung vom Normalen. → abnorm

**Anorexie:** Appetitlosigkeit. Eine Eßstörung auf psychogener Grundlage. Mangelhafter Nahrungstrieb, der besonders bei Kindern mit Entwicklungsstörungen zusammenhängt. Die Anorexia nervosa oder Magersucht bei Mädchen in der → Pubertät kann zu bedenklicher Abmagerung führen.
Mitunter wird im übertragenen Sinne jede Art von abnormer Bedürfnislosigkeit als A. bezeichnet.

**Anpassung:** Im weitesten Sinne jede physische und psychische Angleichung an äußere Bedingungen, jede Einstellung eines Einzelwesens oder einer Art auf Umweltverhältnisse. Während Tiere ihrer natürlichen Umwelt besser angepaßt sind als der Mensch, ist dieser vor allem durch seine geistig-seelische Beschaffenheit viel weitgehender dazu befähigt, sich auf sehr verschiedenartige Umweltbedingungen einzustellen und sie zugleich nach seinen Bedürfnissen zu verändern. In der Psychologie stehen die vielfältigen Vorgänge der A. besonders im → Behaviorismus im Mittelpunkt der Forschung.
Im engeren Sinne versteht man heute unter A. hauptsächlich die Angleichung des Einzelnen an gesellschaftliche Normen, wobei ständig zwischen individuellen Bedürfnissen und gesellschaftlichen Erfordernissen auszugleichen ist. Bei diesen Gleichgewichtsbemühungen zwischen weitgehender individueller Bedürfnisbefriedigung und möglichst wenig Konflikten mit der Gesellschaft kommt es oft zu Fehlanpassungen. Werden die eigenen Bedürfnisse zu stark vernachlässigt, dann ist die A. zu groß; hat die Persönlichkeitsentfaltung übermäßige Umweltkonflikte zur Folge, dann ist die A. zu gering. Jedes unangepaßte Verhalten hebt das Gleichgewicht auf und bedeutet psychische Störungen. Dieser ganze Problemkreis der sogenannten sozialen A. ist wichtiges Aufgabengebiet der → Sozialpsychologie.
Vergl. → Adaptation.

**Anschauung:** Der Begriff umfaßt den Vorgang unmittelbaren visuellen Erfassens im Sinne von sehen

sowie das Erlebnis der durch Einbeziehung anderer Sinnesgebiete intuitiv erfaßten inhaltlichen Bedeutung. Im übertragenen Sinne versteht man unter A. das direkte, unreflektierte Erfassen von Sachverhalten und Zusammenhängen. Anschauungsbilder sind mit → Halluzinationen vergleichbare eidetische Erlebnisse ohne wesentliche Beeinträchtigung des Realitätsbewußtseins.
→ Eidetik.

**Anspruch:** Alles, was der Mensch zur Erfüllung seiner Bedürfnisse von sich selbst erwartet und als sein Anrecht von seiner Umwelt fordert. Der A. ist für die Beurteilung des Charakters, des Selbstgefühls und der sozialen Kontakte von großer Bedeutung.
Den Schwierigkeitsgrad der Leistungen, die sich ein Mensch abverlangt, bezeichnet man als Anspruchsniveau. Erfolge steigern und Mißerfolge senken das Anspruchsniveau. Andererseits hängt es wesentlich vom Anspruchsniveau ab, was als Erfolg oder Mißerfolg erlebt wird. Bei Schwierigkeitsgraden, die wesentlich über dem Anspruchsniveau liegen, wird Versagen nicht als Mißerfolg erlebt. Das Anspruchsniveau steigt mit dem tatsächlichen Leistungsniveau, wobei ansteigendes Leistungsniveau auf einem Gebiet auch auf anderen Gebieten zur Erhöhung des Anspruchsniveaus führen kann. Bei häufigen Mißerfolgserlebnissen entwickelt sich oft ein extrem hohes oder viel zu niedriges Anspruchsniveau.
Da das Anspruchsniveau ein wichtiger motivbildender und den Leistungswillen aktivierender Faktor ist, spielt es auch beim → Lernen eine große Rolle.

**anthropologische Psychologie:** Die Anthropologie ist die Wissenschaft vom Menschen, deren großer und vielseitiger Forschungsumfang sich nicht eindeutig von anderen Wissenschaften abgrenzen läßt. So gibt es beispielsweise in der Kultur- und Sozialanthropologie Überschneidungen mit der Psychologie, insbesondere mit der → Kultur- und → Sozialpsychologie. Die a.P. befaßt sich vor allem mit den psychologischen Aspekten der völkerkundlichen Anthropologie und der Kultur- und Sozialanthropologie und berührt damit die Ethnologie, die Kultur- und Sozialwissenschaften. Sie untersucht die Beziehungen zwischen Persönlichkeit und Volk, Kultur und Gesellschaft.
Vergl. → Völkerpsychologie.

**Anthropomorphismus:** Vermenschlichung der belebten und unbelebten Natur; das Hineindeuten menschlicher Eigenschaften in Götter, tierische Verhaltensweisen usw. Solche Übertragungen sind in primitiven Kulturen und auch bei Kindern typisch. Bei Erwachsenen ist übermäßiger A. ein Zeichen von Unreife und → Infantilismus.

**Antidepressiva** (Thymoanaleptika): Verstimmungen, depressive Zustände und Hemmungen mildernde oder aufhebende Mittel. Auch die Stimulantien, anregende und die Stimmung ganz allgemein verbessernde Präparate, wie z.B. Pervitin, Prelutin und Captagon, werden zu den A. gezählt.
Vergl. → Psychopharmaka.

**Antipathie:** Gegensatz von → Sympathie

**Antizipation:** Die vorstellungsmäßige, gedankliche oder auch physiologische Vorwegnahme einer auf ein erwartetes Denk- oder Handlungsziel gerichteten Reaktion. Der Begriff dient vor allem der Erhellung zielgerichteter Denkabläufe.
Bei der sogenannten antizipatorischen Reaktion, die beim → Lernen eine große Rolle spielt, wird nach der Aufgabenstellung die erwartete Reaktion bzw. Aufgabenlösung durch Vorstellung schematisch vorweggenommen, und diese Vorwegnahme übt auf das weitere Denken bzw. Handeln einen objektiv bestimmbaren Einfluß aus. Zu den allgemein bekannten antizipatorischen Reaktionen gehört u.a. der verfrühte Start im Sport.

**Antrieb:** Von den verschiedenen psychologischen Richtungen sehr unterschiedlich definierter zusammenfassender Begriff für aktivierende und das Handeln motivierende → Impulse, für → Bedürfnis, Drang, Begierde, → Trieb, Ausdauer, Dynamik, Geschwindigkeit des → Lernens bzw. der Anpassung an Leistungssituationen u.a. Es gibt verschiedene Versuche, die Antriebe zu ordnen und auf Grundformen zu reduzieren, so bei → Freud auf die → Libido und bei A. → Adler auf das Geltungs- und Machtstreben.
Deutlicher umrissen sind die Begriffe Antriebsstörung, Antriebshemmung, Antriebsschwäche, Antriebslosigkeit und Antriebsüberschuß. Antriebsstörung ist der Sammelbegriff für alle gravierenden Abweichungen vom normalen A. Man unterscheidet Anhormien, Hyperhormien und Dyshormien. Anhormien sind alle Störungen von der Antriebsschwäche (→ Abulie) und -hemmung bis zur Antriebssperre und Antriebslosigkeit. Hyperhormien sind Enthemmungen, manische Zustände (→ Manie) und andere krankhafte Äußerungen von Antriebsüberschuß. Dyshormien sind Antriebsschwankungen, so z.B. manisch-depressive Zustände.

**Apathie:** Gleichgültigkeit, Desinteresse, Lethargie, Teilnahmslosigkeit. Eine Antriebsstörung (→ Antrieb). Tritt häufig bei Erschöpfungszuständen und → Depressionen auf und ist Kennzeichen verschiedener Nerven- und Geisteskrankheiten.

**Aphasie:** Durch Gehirnschädigung bedingte Sprachstörungen, obwohl die Sinnesorgane und die Sprechwerkzeuge funktionsfähig sind.
Bei der motorischen A. kann der Kranke sich nur mangelhaft oder überhaupt nicht mündlich ausdrücken, versteht aber gehörte Worte. Oft hängt dieser Zustand mit → Agraphie, Schreibunfähigkeit, zusammen. Bei sensorischer A. oder Worttaubheit kann der Kranke sprechen, versteht aber gehörte Worte nicht. Dieser Zustand hängt oft mit → Alexie, Leseunfähigkeit, zusammen.

**Aphonie:** Tonlosigkeit; im Flüsterton sprechen. Häufig bei organischen Stimmschädigungen bzw. Überanstrengungen, oft aber auch eine → psychogene Erscheinung. Nicht selten ist A. vorübergehende Begleit- oder Folgeerscheinung eines → Affekts.

**Aphrasie:** Mit der → Aphasie verwandte Sprachstörung. Einzelne Wörter können störungsfrei ausgesprochen bzw. verstanden werden, aber keine zusammenhängenden Sätze. Bei motorischer A. ist die Satzbildung, bei sensorischer A. das Satzverständnis gestört.

**Apperzeption:** In der Psychologie versteht man unter A. einen Vorgang der → Auffassung, der von verschiedenen Psychologen unterschiedlich definiert wird. Nach → Herbart ist A. bewußte Aufmerksamkeit und Aneignung eines neuen Inhalts und dessen Eingliederung in schon vorhandenes Wissen, in die sogenannte Apperzeptionsmasse. → Wundt beschreibt die A. als Bewußtseinssteigerung, als verstärkte, willentlich gelenkte Aufmerksamkeit, als angestrebte klare Auffassung und individuelle Verarbeitung eines neuen Inhalts. Vergl. → Assimilation und → Perzeption.

**Appetenz:** Allgemeine Bezeichnung für Anziehung, Verlangen, nach etwas streben, Annäherung. In der → Tierpsychologie bzw. → Verhaltensforschung versteht man unter Appetenzverhalten bzw. Appetenzphase das instinktive Annäherungsverhalten der Tiere, die Suche nach bestimmten Reizen, die dann wieder einen angeborenen Mechanismus auslösen. → Auslöser und → Instinkt.

**Apraxie:** Durch Gehirnschädigungen bedingte Handlungsunfähigkeit. Trotz vorhandener Bewegungsfähigkeit der Glieder können sinnvolle, zweckgerichtete Handlungen nicht ausgeführt und Gegenstände nicht ihrer Bedeutung entsprechend gehandhabt werden.

**Arbeitspsychologie:** Die A. und die → Betriebspsychologie, die oft auch unter der Bezeichnung Industriepsychologie, Ingenieurpsychologie oder Psychotechnik zusammengefaßt werden, gehören zur → Wirtschaftspsychologie und sind sehr selbständige Teilbereiche der → angewandten Psychologie. Die A. befaßt sich mit den psychischen Aspekten der menschlichen Arbeitsleistung und den vielfältigen Möglichkeiten optimaler Arbeitsgestaltung. Arbeitsanalysen, Arbeitsplatzanalysen und sogenannte Berufsbilder ermöglichen Verbesserungen der jeweiligen Arbeitsbedingungen sowie sorgfältigere Geeignetenauswahl und Berufsberatung (Vergl. → beratende Psychologie). Dazu gehören auch Bewegungsstudien zur Vereinfachung der Arbeitsabläufe, Untersuchungen über Aufmerksamkeit und Gewöhnung, Konzentration und Ermüdbarkeit, über Umwelteinflüsse wie Lärm, Erschütterungen, Temperatur, Licht und Farben sowie über die Anpassung der Arbeit und des Arbeitsplatzes an den Menschen durch zweckmäßige Gestaltung des Arbeitsplatzes und der Arbeitsgeräte u.a.

**archaisch:** Urtümlich, aus Urzeiten stammend. Archaisches Denken, so z.B. Dämonen- und Geisterglaube, findet sich bei primitiven Völkern, ist aber auch im → Unbewußten des zivilisierten Menschen wirksam und äußert sich im Traum und in Fieberphantasien, bei starken → Affekten und → Psychosen.
Vergl. → Archetypus und → Atavismus.

**Archetypus:** Urbild, Ursymbol. Nach → Jung Bezeichnung für aus Urzeiten überkommene und noch heute als geistig-seelisches Erbe in

jedem Menschen lebendige urtümliche Bilder und Symbole des sogenannten kollektiven Unbewußten, die im Traum und in psychischen Ausnahmezuständen zum Durchbruch kommen.
Vergl. → archaisch, → Unbewußtes und → Traumpsychologie.

**Arithmomanie:** Zählzwang, zwanghaftes Zählen, krankhafter Zustand bei → Neurosen und → Psychosen. → Zwang und → Wiederholungszwang.

**Arrangement:** Nach → A. Adlers → Individualpsychologie eine unbewußte, aber unnatürliche seelische Sicherung, eine Methode der Konfliktvermeidung, ein → Abwehrmechanismus.

**Arterhaltungstrieb:** → Trieb

**Askese:** Enthaltsamkeit; Verzicht auf Triebbefriedigung oder starke Einschränkung des Geschlechtstriebs, von Schlaf und Nahrungsaufnahme u.a.; Willensübung zur Beherrschung der Leidenschaften und Triebe. Durch A. sollen die Energien auf andere Aufgaben umgeleitet und konzentriert werden. Vergl. → Sublimierung. A. wird oft aus religiösen Gründen geübt und ist durch angestrebte Entbindung psychischer Kräfte des → Unbewußten und extreme Konzentration auf geistig-seelische Vorgänge häufig mit → Visionen und ekstatischen Zuständen verbunden.
Vergl. → Autosuggestion, → Meditation und → Ekstase.

**Asomnie:** → Schlaflosigkeit

**asozial:** Ungenaue Bezeichnung für die Unfähigkeit, sich in die gegebene Gesellschaftsordnung bzw. in Teilbereiche des sozialen Lebens einzufügen, weil das Verhalten ohne Rücksicht auf die Umwelt nur die Erfüllung der eigenen Triebwünsche durchzusetzen versucht und dadurch die ständige Tendenz zu Verstössen gegen Moral und Gesetz besteht. Als Hauptursachen gelten angeborene und erworbene psychische Schädigungen, aber auch durch Erziehung und Umwelt bedingte Konflikte. So werden → Außenseiter und Angehörige von → Minderheiten ohne asoziale Persönlichkeitsstruktur von der Gesellschaft oft nicht toleriert und integriert und dadurch mehr oder weniger zu asozialen Verhaltensweisen gezwungen.

**Assimilation:** Anpassung, Angleichung, Ähnlichwerdung, Verschmelzung.
Vergl. → Adaptation und → Anpassung.
Die Aneignung neuer Inhalte und deren Verschmelzung mit bereits vorhandenem Wissen (Vergl. → Apperzeption). Die Anpassung von Teilinformationen an die eigene Vorstellungswelt. Die Billigung von Informationen, die der eigenen Meinung ähnlich bzw. angleichbar sind. In der → Sozialpsychologie die Ähnlichwerdung in Denken, Sprechen und Handeln mit der sozialen Umgebung, mit einer bestimmten Volks- oder Interessengruppe, einem Milieu usw., insbesondere der Eingliederungsprozeß Fremder in eine neue Gesellschaftsstruktur.

**Assoziation:** Die Verknüpfung von zwei oder mehreren psychischen Inhalten bzw. Erlebnisbestandteilen, wobei eine Vorstellung oder Wahrnehmung, ein Gedanke oder ein Gefühl sich mit einem anderen

seelischen Inhalt oder Vorgang verbindet. Die Prinzipien dieser Verknüpfungen ergeben sich nach den Assoziationsgesetzen aus → Ähnlichkeit, → Kontrast und zeitlicher und räumlicher Nähe der assoziierten Inhalte. Man glaubte früher, ausschließlich damit die Gedächtnisleistung erklären zu können und so ein Grundgesetz der → Phantasie und des → Denkens entdeckt zu haben. Nach moderner psychologischer Auffassung entspricht der Denkvorgang jedoch nur teilweise den Assoziationsgesetzen und verläuft zu einem anderen Teil davon unabhängig oder sogar gegensätzlich.
Man unterscheidet gelenkte bzw. kontrollierte A. und freie A., die beide in der → analytischen Psychologie, überhaupt in der → Psychodiagnose eingesetzt werden. Besonders in → Freuds → Psychoanalyse ist die freie A. Grundlage der psychoanalytischen Behandlung, da durch die von keiner bewußten Absicht bestimmten unwillkürlichen Einfälle der freien A. im psychotherapeutischen Gespräch (Vergl. → Psychotherapie) verborgene, verdrängte Erlebnisse aufgedeckt werden, die einen unmittelbaren Zugang zum → Unbewußten freimachen.
In der modernen Testpsychologie ( → Test) gibt es mehrere experimentelle Assoziationsverfahren, die verschiedenen wissenschaftlichen bzw. diagnostischen Zwecken dienen. So muß z.B. bei einem Test mit freier A. die Versuchsperson auf ein ihr übermitteltes Reizwort sofort mit dem antworten, was ihr dazu gerade einfällt. Soll mit einem Begriff von gegensätzlicher Bedeutung oder mit einem Synonym oder mit Klangverbindungen usw. geantwortet werden, dann handelt es sich um eine gelenkte bzw. kontrollierte A.
Auch im Traumgeschehen spielt die A. eine große Rolle.
→ Traum und → Traumpsychologie.

**Assoziationspsychologie:** Vor allem von der → Englischen Schule repräsentierte und in Deutschland von → Herbart vertretene psychologische Richtung, die im 19. Jahrhundert maßgeblichen Einfluß ausübte. Die A. betrachtet die Assoziationsgesetze (→ Assoziation) als grundlegend für alle geistigen Leistungen und erklärt damit den Aufbau des gesamten psychischen Lebens. Sie ist der → Elementenpsychologie und dem → Sensualismus eng verbunden und steht im Gegensatz zu allen Auffassungen von der Unabhängigkeit des schöpferischen Denkens.

**Astasie:** Stehunfähigkeit. Eine auf seelische Ursachen zurückgehende Erkrankung. Vergl. → Abasie.

**Asthenie:** Schwäche, Kraftlosigkeit, Labilität. Im Bereich des Nervensystems → Neurasthenie und bei seelischer Schwäche → Psychasthenie genannt. Der Gegensatz von A. ist → Sthenie.

**Astheniker:** → Typus

**Astraphobie:** Gewitterangst; krankhafte Angst vor Blitz und Donner.
Vergl. → Brontephobie und → Phobie.

**Astrologie:** Sterndeutung. Der uralte Glaube, daß alles irdische Geschehen, insbesondere das Schicksal des Menschen, von den Sternen abhänge und bei richtiger Berechnung und Deutung der Sternkon-

stellationen voraussehbar sei. Nach astrologischer Auffassung ist der Einfluß der Gestirne bei jedem Menschen von der Geburt bis zum Tode wirksam, bestimmt aber auch das Geschick von Institutionen, Firmen, Städten, Ländern, Völkern usw. Wichtig ist vor allem der Stand der Gestirne zum Zeitpunkt der Geburt bzw. Gründung. Er bildet das schicksalhafte Leitmotiv. Die übrige zukünftige Entwicklung ergibt sich dann aus den weiteren Bewegungen der Sterne. Grundlage dieser Berechnungen und Deutungen ist das Horoskop, eine graphische Darstellung der astrologischen Sternkonstellationen — die nicht mit dem wissenschaftlich-astronomischen Stand der Gestirne übereinstimmen — vom jeweiligen Geburtsort aus gesehen zum möglichst genauen Zeitpunkt der Geburt. Dabei spielen das sogenannte Geburts- oder Monatszeichen und das Aszendentenzeichen eine wichtige Rolle. Diese Zeichen gehören zu den zwölf → Tierkreiszeichen, die nach astrologischer Vorstellung die seelische Grundstruktur des Menschen bestimmen und als eine Art populär-psychologische → Typenlehre anzusehen sind.
Zu diesem Thema und zur Theorie und Praxis astrologischer Voraussagen und Berechnungen siehe auch Günter Pössiger »Taschenbuch der Astrologie«, Humboldt-Taschenbuch Nr. 284.

**Ataraktika:** → Tranquillantien

**Atavismus:** Rückfall, Entwicklungsrückschlag. Das Wiederauftauchen von Eigenschaften, Anschauungen und Verhaltensweisen früherer stammesgeschichtlicher Entwicklungsstufen. So z.B. Dämonenkulte und magische Riten in der modernen Zivilisation. Auch bei den im Traum und bei Neurosen auftauchenden Symbolen und Vorstellungen aus der Mythen- und Sagenwelt früherer primitiver Völker handelt es sich um atavistische Urerinnerungen.
Vergl. → archaisch und → Archetypus.

**Ataxie:** Fehlende Koordination der Bewegungen; Unfähigkeit zu geordneten Bewegungen. Eine Störung des willkürlichen Bewegungsablaufs, die bei Erkrankungen des → Nervensystems auftritt. Unter statischer A. versteht man das Bemühen, eine bestimmte Körperhaltung beizubehalten bzw. immer wieder einzunehmen.

**Athletiker:** → Typus

**Athymie:** Verzagtheit, Mutlosigkeit, Schwermut, antriebsschwache Grundstimmung.
Vergl. → Antrieb.

**Atomismus** (atomistische Psychologie): Bezeichnung für verschiedene psychologische Richtungen, die das psychische Leben als eine aus vielen kleinen und kleinsten Einzelbestandteilen mosaikartig zusammengesetzte Summe auffassen.
Vergl. → Elementenpsychologie und → Sensualismus.
Der A. steht im Gegensatz zur → Ganzheits- bzw. → Gestaltpsychologie, → Phänomenologie und → anthropologischen Psychologie u.a.

**Attitüde:** Haltung, Einstellung, Stellungnahme. Erworbene und in der Individualität verwurzelte

Einstellung, die das Verhalten und die gefühlsmäßigen Reaktionen beeinflußt.
Vergl. → Einstellung.

**Auffassung:** Der Begriff hat verschiedene Bedeutungsakzente. Im allgemeinen Sprachgebrauch soviel wie eine individuelle Ansicht, Meinung oder Einstellung. In der Pädagogik bzw. Lernpsychologie die erste Phase der Aneignung eines Sachverhalts. Außerdem der als Voraussetzung des Verstehens notwendige psychische Prozeß, Wahrnehmungen oder Vorstellungen bewußt zu erleben und in die bereits vorhandenen Erfahrungen einzugliedern.

**Aufforderungscharakter** (Valenz): Von → Lewin geprägte Bezeichnung dafür, daß Wahrnehmungen, die Instinkte, Bedürfnisse oder Stimmungen ansprechen, zu bestimmten Verhaltensweisen auffordern, bzw. bestimmte Reaktionen auslösen (Vergl. → Auslöser). So fordert ein Ball zum Spielen, ein hilfloses junges Pelztier zum Streicheln, ein festlich gedeckter Tisch zum Essen oder eine zischende Schlange zur Flucht auf. Der A. spielt u.a. in der Symbolforschung und in der → Werbepsychologie eine wichtige Rolle.
Vergl. → Schlüsselreiz.

**Aufmerksamkeit:** Unterschiedlich definiertes willentliches Verhalten. Eine der geistigen Orientierung dienende erhöhte und zielgerichtete Wachheit und Auffassungsbereitschaft. Eine geistige Aktivität, die aus einem gegebenen Reizspektrum bestimmte Reize auswählt, um sie durch bewußte Beachtung genauer zu erfassen. Reizempfänglichkeit, Stärke, Dauer und Nachhaltigkeit der A. sind individuell sehr verschieden.
Vergl. → Konzentration.

**Ausdruck:** Im weitesten Sinne jeder nicht verbal, sondern mimisch, gestisch usw. geäußerte seelische Zustand oder Vorgang. Dazu gehören auch die vegetativ gesteuerten (Vergl. → Nervensystem) Ausdruckserscheinungen wie Erröten, Erblassen, Schwitzen usw. Mitunter werden die verschiedenen Ausdruckserscheinungen auch unter der Bezeichnung Pathognomik zusammengefaßt. Ausdrucksbereich oder Ausdrucksfeld ist vor allem der bewegte Körper, aber auch der ruhende Körper, der Körperbau und die äußeren Körperformen (Vergl. → Physiognomik) drücken seelische Beschaffenheiten aus. Die Ausdruckserscheinungen sind eine Kommunikationsform. Es sind Signale, die vom Ausdrucksträger zum Ausdrucksempfänger bewußte und unbewußte, gewollte und ungewollte Informationen senden. Wenn auch viele erworbene Ausdruckserscheinungen mehr oder weniger gezielt einen bestimmten Eindruck vermitteln sollen, ist der A. doch zumindest bei vegetativen Erscheinungen und bei stärkeren Emotionen vom Willen unabhängig, wahrscheinlich sogar angeboren. Die Erforschung der Ausdruckserscheinungen und ihrer Bedeutungen sowie der vielfältigen Beziehungen zwischen A. und → Eindruck gehört in den Aufgabenbereich der → Ausdruckspsychologie.
Im engeren Sinne versteht man unter A. die seelischen Äußerungen des bewegten Körpers. Dazu rechnet man vor allem die → Pantomimik, die Ausdrucksbewegungen des ganzen Körpers mit Gang, Körperhaltung usw., die → Ge-

stik, die Bewegungen der Hände mit Handschrift (→ Graphologie), Zeichnung usw., die → Mimik, die Ausdrucksbewegungen des Gesichts und die → Phonognomik, den Ausdrucksgehalt der Stimme und der Sprechweise. Alle diese Ausdrucksphänomene dienen zur Ergänzung der Sprache als Hilfsmittel der Verständigung und werden von der Ausdruckspsychologie zur Charakteranalyse der Persönlichkeit herangezogen.
In der → Tierpsychologie bzw. → Verhaltensforschung versteht man unter A. angeborene instinktgeleitete Verhaltensweisen der Tiere, die bei Artgenossen als → Schlüsselreize wirken und ein Instinktverhalten auslösen. → Auslöser.

**Ausdruckspsychologie:** Auch Ausdruckskunde oder Ausdrucksforschung u.a. Wichtigster Aufgabenbereich ist die Untersuchung der Ausdrucksphänomene und ihres Bedeutungsgehalts sowie die Erforschung der vielfältigen Beziehungen zwischen → Ausdruck und → Eindruck. Da das zwischenmenschliche Verständnis des Ausdrucksgeschehens weitgehend ein Problem der individuellen Reizansprechbarkeit, der Einfühlung und des bewußten Nachvollzugs ist, das durch die Vieldeutigkeit der Phänomene im Hinblick auf die unterschiedlichen Persönlichkeitsstrukturen erheblich erschwert wird, bemüht sich die A. um ein höchstmögliches Maß an Genauigkeit verbindlicher Bedeutungsmöglichkeiten. Damit unterstützt die A. die Charakterkunde, liefert wichtige Hilfsmittel zur Charakteranalyse der Persönlichkeit und dient vor allem der → Psychodiagnose.

**Auslöser:** Zur Unterscheidung von → Schlüsselreiz spricht man in der Tierpsychologie bzw. in der → Verhaltensforschung von A. und meint damit das arteigene und angeborene instinktgeleitete Ausdrucksverhalten (→ Ausdruck) der Tiere, das bei Artgenossen als Schlüsselreiz mit → Aufforderungscharakter wirksam wird, einen angeborenen Auslösemechanismus anspricht und damit ein bestimmtes Instinktverhalten verursacht.

**Aussagepsychologie:** Wichtiges Teilgebiet der → forensischen Psychologie, das sich hauptsächlich mit dem Sach- und Wahrheitsgehalt von Zeugenaussagen befaßt und dazu die Persönlichkeitsstruktur des Aussagenden sowie die Bedingungen untersucht, die den Inhalt der Aussage beeinflussen.

**Außenseiter:** Eine außerhalb des sozialen Lebens oder der gesellschaftlichen Normen stehende Person mit gravierenden Besonderheiten des individuellen Erlebens und Verhaltens. Meistens ergibt sich die Außenseitersituation aus psychischen Störungen oder Schädigungen, wobei es sich um sogenannte Einzelgänger oder Sonderlinge oder auch um Angehörige einer von der Gesellschaft nicht tolerierten bzw. integrierten → Minderheit handeln kann. Oft fühlen sich auch alte, körperbehinderte und physisch kranke Menschen, die nur noch sehr eingeschränkt am sozialen Leben teilnehmen können als A.
Vergl. → asozial.

**außersinnliche Wahrnehmungen:** Sammelbezeichnung für verschiedene umstrittene Phänomene, die nach okkulter Auffassung (Vergl. → Okkultismus) auf bisher unbekannte Weise ohne Beteiligung unserer Sinne zustande kommen. Dem steht die Meinung gegenüber, daß es sich um Rekordleistungen der Sinne handelt. Danach sind die vermeintlichen a.W. bisher noch nicht erforschte äußerst differenzierte Sinneswahrnehmungen, die weitgehend unbewußt verarbeitet werden und dann ins Bewußtsein dringen. Alle darüber hinausgehenden Erscheinungen sind Sinnestäuschungen und Einbildungen. Die Untersuchung und Erklärung dieser Phänomene gehört in den Forschungsbereich der → Parapsychologie. Im einzelnen werden folgende Erscheinungen unter dem Begriff a.W. zusammengefaßt: → Telepathie oder Gedankenübertragung, → Hellsehen, → Prophetie oder Präkognition.

**Autismus:** Ichbezogenheit, Einzelgängertum, Isolierung, Abschließung von der Umwelt und Verspinnen in realitätsfernes Wunschdenken und in Phantasievorstellungen. Eine schwere Kontaktstörung, oft Symptom bei → Schizophrenie.
Vergl. → Außenseiter und → schizoid.

**Autobiographie:** → Selbstanalyse

**Autoerotik:** Lust am eigenen Körper. Auf die eigene Person bezogene Sexualität ohne Partnerbeziehung. Die A. ist eine normale frühkindliche sexuelle → Entwicklungsphase. Wird sie im späteren Leben beibehalten, dann handelt es sich um eine narzißtisch geprägte sexuelle → Entwicklungsstörung bzw. um eine Fixierung auf → Masturbation.
Vergl. → Narzißmus und → Sexualverhalten.

**autogenes Training:** Methode der Selbstentspannung zur Überwindung von Verkrampfungen, Spannungszuständen, Unruhe, Nervosität, Leistungsabfall und Schlaflosigkeit u.a. Durch → Autosuggestion bzw. Selbsthypnose wird eine Selbstregulierung der vegetativen Funktionen, eine körperliche und psychische Ruhigstellung und damit eine Verminderung oder sogar Überwindung seelischer und körperlicher Empfindlichkeiten erreicht. Das a.T. eignet sich zur Einzel- und Gruppentherapie, sollte aber in intensiver Form nur unter ärztlicher Kontrolle durchgeführt werden.
Vergl. → Entspannungstechniken.

**Automatismen:** Willensunabhängige, unbewußte Handlungen. Im Unterschied zu → bedingten Reflexen sind A. durch Übung und Gewohnheit mechanisierte Handlungen, die ursprünglich mit Bewußtsein verliefen.
In der → Psychiatrie versteht man unter A. Handlungen in Trance- und Hypnosezuständen und bei Schizophrenie, die nicht mit Bewußtsein erlebt werden. Diese A. sind nicht durch Wiederholung bzw. Übung zu willensunabhängigen Handlungen geworden, sondern entstehen durch Verdrängungen, Suggestion bzw. Hypnose oder durch krankhafte Bewußtseinsstörungen.

**autonomes Nervensystem:** → Nervensystem

**Autorität:** Ansehen, Einfluß, Machtbefugnis. Ein auf Leistung und Tradition beruhender Status der Person oder einer Institution.

So besitzen Eltern A. gegenüber ihren Kindern, Lehrer gegenüber ihren Schülern, Pfarrer gegenüber ihrer Gemeinde, Ärzte gegenüber ihren Patienten, Offiziere gegenüber ihren Soldaten, Firmenchefs gegenüber ihren Angestellten usw. Der besonders von älteren Menschen oft beklagte Autoritätsverlust hängt eng damit zusammen, daß sich in einer modernen demokratischen Gesellschaft die Amtsautorität stärker auf Persönlichkeitsautorität verlagert. Dadurch gründet sich A. immer weniger auf Traditionen, sondern zunehmend auf Kompetenz, auf Anerkennung von Leistungen und Fachwissen.
A. ist nicht mit autoritärer Einstellung zu verwechseln. Autoritäres Verhalten bedeutet Autoritätsanmaßung und Autoritätsmißbrauch und ist als Obrigkeitsdenken und diktatorisches Führungsprinzip dem demokratischen Verhalten entgegengesetzt. Autoritäre Persönlichkeiten haben zu sich selbst und zu ihrem Hierarchie-Weltbild eine unkritische, idealisierende Einstellung. Aus Mangel an Flexibilität und Differenzierungsvermögen betonen sie Polaritäten wie Herrscher und Beherrschte, stark und schwach, wobei sie Toleranz, Einsicht und Anpassung für Schwäche und dogmatischen Starrsinn und Rechthaberei für Stärke halten. Da mit autoritärem Verhalten häufig Schwächen, Unsicherheiten und Minderwertigkeitsgefühle verdeckt werden, also keine echte Persönlichkeitsautorität vorhanden ist, betrachten sie Andersdenkende als persönliche Feinde und reagieren aggressiv.

**Autosuggestion:** Unbewußte oder auch bewußte Selbstbeeinflussung. Im Gegensatz zur Fremdsuggestion (→ Suggestion) werden bei der A. die Vorstellungen, Überzeugungen und Verhaltensweisen durch das eigene Wunschdenken und durch Erwartungsängste u.a. mehr oder weniger umgeformt. Umgangssprachlich heißt es, daß man sich selbst etwas einredet oder vormacht. Diese Selbstbeeinflussung des Erlebens und Verhaltens, der seelischen Grundstimmung und unter Umständen auch der körperlichen Verfassung kann bei labilen Personen mit mangelnder Selbstkontrolle extreme, krankhafte Formen annehmen.
Die moderne → Psychotherapie nutzt die Möglichkeiten der A. und Selbsthypnose (Vergl. → Hypnose) zur Behandlung seelischer Störungen. Auch die → Entspannungstechniken wie z.B. das → autogene Training basieren auf dem Prinzip der A.

**Autotomie:** Selbstverstümmelung, so z.B. in Lebensgefahr oder auch bei Geisteskrankheiten. Auch bei Tieren gibt es Formen der A. Um sich zu retten, opfert die Eidechse bei Gefahr ihren Schwanz.

**Aversion:** → Ekel

# B

**Bain, Alexander:** Geb. 11.6.1818 in Aberdeen, gest. 18.9.1903 in Aberdeen; englischer Psychologe, zunächst Professor in Glasgow, ab 1860 Professor in Aberdeen. Er sprach den → Assoziationen und den sogenannten Strebungen eine wichtige Rolle zu, hob die Bedeutung der physiologischen Vorgänge u.a. in den Nerven und Sinnesorganen hervor und gehörte in England zu den Wegbereitern der modernen Psychologie. Zu seinen bekanntesten Schriften zählen »Die Sinne und der Intellekt« 1855, »Die Gefühle und der Wille« 1859 und »Seele und Leib« 1873.

**Barriere:** Hindernis, Hemmungswiderstand. Von → Lewin in die Psychologie eingeführte Bezeichnung für alle Phänomene des sogenannten → Lebensraums, die Hindernischarakter haben. Dabei ist Lebensraum im Sinne der → Feldtheorie als Funktionszusammenhang zwischen den dynamischen Faktoren des Individuums und der Umwelt zu verstehen. Eine unüberschreitbare B. ist nach Lewin dann gegeben, wenn das Hindernis sich als so dynamische und Widerstand leistende Grenze zwischen zwei Bereichen erweist, daß eine Bewegung von einer Region zur anderen unmöglich ist.

**Bartlett, Sir Frederic Charles:** Geb. 20.10.1886 in Stow on the Wold; englischer Psychologe mit langjährigem Wirken als Professor in Cambridge und bedeutenden Arbeiten über Wahrnehmung und Gedächtnis. Er schuf den Bartlett-Test, ein statistisches Verfahren zur Signifikanzprüfung, und war u.a. Herausgeber des »British Journal of Psychology« und des »Journal of General Psychology«.

**Basophobie:** Gehangst. → Abasie und → Phobie.

**Bathophobie:** Angst und Schwindelgefühle bei größeren Höhen und Tiefen.
Vergl. → Phobie.

**Baumgarten-Tramer, Franziska:** Geb. 26.11.1886 in Lodz, gest. 1.3.1970 in Bern; Schweizer Psychologin. Sie studierte in Berlin, wirkte ab 1929 in Bern und wurde durch Arbeiten über angewandte Psychologie, insbesondere über Arbeits- und Betriebspsychologie, über Jugendprobleme und Charakter- und Persönlichkeitsforschung bekannt. Sie war Ehren-Generalsekretärin der Internationalen Gesellschaft für Psychotechnik und Redakteurin der von ihr begründeten Internationalen Zeitschrift für Berufsethik. Ihr Ehemann war der Schweizer Psychiater und Pionier der Kinderpsychiatrie Moritz Tramer (1882-1963). Zu ihren wichtigsten Schriften gehören »Der Jugendliche und das Berufsleben« 1937, »Demokratie und Charakter« 1942, »Die Berufseignungsprüfung« 1942, »Die Charakterprüfung der Berufsanwärter« 1945, »Die Arbeit des Menschen« 1945, »Testmaterial zur Prüfung der Berufseignung« 1952, »Charakter und Charakterbildung« 1953, »Psychologie der Menschenbehandlung im Betrieb« 1954 u.a.

**Bazillophobie:** Krankhafte Angst vor Bazillen, überhaupt vor Bakterien und Viren mit entsprechender Neigung zu übertriebenen Schutzmaßnahmen vor Ansteckung.
Vergl. → Phobie.

**bedingte Reflexe:** Im Unterschied zu den natürlichen, unkonditionierten oder unbedingten → Reflexen sind die künstlichen, konditionierten oder b.R. erworben, erlernt, durch Gewöhnung entstanden bzw. durch Dressur anerzogen. Die Lehre von den b.R. wurde von dem russischen Psychologen Iwan Petrowitsch → Pawlow und dem russischen Psychiater und Neurologen Wladimir Bechterew (1857-1927) begründet. Die Versuche mit dem sogenannten Pawlowschen Hund, der auf ein Glockensignal, das mehrmals vor der Fütterung gegeben wird, auch dann mit der beim Anblick des Fressens üblichen Speichelabsonderung reagiert, wenn gar kein Fressen vorhanden ist, sind allgemein bekannt. In diesem Sinne gibt es auch zahlreiche menschliche Reaktionen und Verhaltensweisen, die durch Erziehung, Lernen und Gewöhnung entstehen und als b.R. anzusehen sind, wenn sie auch kaum von der gleichen Zwangsläufigkeit wie bei Tieren sind.

**Bedürfnisse:** Antrieb, Begehren nach Entbehrtem, Verlangen nach Aufhebung eines Mangelzustandes. B. hängen eng mit → Trieb, → Instinkt und → Motivation zusammen und dienen der physischen und psychischen Selbstregulierung. Häufig werden B. als psychischer Ausdruck eines organisch-physiologischen Bedarfs definiert. Es gibt zahlreiche Versuche, die B. zu ordnen. So spricht man von Grundbedürfnissen und Quasibedürfnissen, von primären und sekundären, echten und unechten B. und erklärt damit einen großen Teil aller menschlichen Motivationen und Aktivitäten. Bei Grundbedürfnissen wie Nahrung, Schlaf oder Sexualität, die sich auf Triebe und Instinkte beziehen, führen längere Mangelzustände zum Tod oder zu schweren Schädigungen. Auch die primären oder echten B. nach Sicherheit, Liebe, Leistung, Anerkennung, Geltung und Erfolg u.a. sind elementare Antriebe, deren Erfüllung Befriedigung schafft, während sich aus Mangelzuständen → Angst, → Aggressionen, → Minderwertigkeitsgefühle und andere Persönlichkeitsstörungen entwickeln.
Außer Grundbedürfnissen gibt es viele sekundäre, unechte oder Quasibedürfnisse, die aus der sozialen Situation des Individuums bzw. aus Umwelteinflüssen erwachsen. So sind z.B. die sogenannten Konsumbedürfnisse einer modernen Wohlstandsgesellschaft weitgehend das Ergebnis ihrer Wirtschafts- und Medienstruktur.
Vergl. → Antrieb.

**Beeinflussung:** Allgemeine Bezeichnung für sehr verschiedenartige Vorgänge, auf → Vorstellungen, → Einstellungen, → Entscheidungen und Verhaltensweisen verändernd einzuwirken.
Vergl. → Suggestion.

**Befriedigung:** Aufhebung eines Mangelzustandes, Erfüllung eines Bedürfnisses.
Vergl. → Bedürfnisse.

**Begabung:** Ungenauer und mehrdeutiger Begriff, der heute meistens auf eine angeborene Veranlagung zu einer bestimmten Leistung bezogen wird. So spricht man z.B. von künstlerischer, technischer oder sportlicher B. In diesem Sinne ist jede angeborene Leistungsanlage (Vergl. → Anlagen) eine B. Da die B. jedoch nur die Voraussetzung, nur die Anlage zu einer besonderen → Fähigkeit bzw. Leistung ist, die bei Vernachlässigung verkümmert, muß sie durch Ausbildung und Übung entwickelt werden.
Sogenannte Begabungs-Tests dienen u.a. dazu, die besonderen Lei-

stungsanlagen eines Menschen herauszufinden.

**Behaviorismus:** Eine zu Beginn unseres Jahrhunderts in Amerika entstandene psychologische Richtung, die nur das Verhalten bzw. die Reaktionen auf bestimmte Reize als Gegenstand der Forschung anerkennt. Mit dieser ausschließlich auf die beobachtbaren Reaktionen von Mensch und Tier konzentrierten objektiven Betrachtensweise steht der B. der → objektiven Psychologie und der → Reflexologie nahe. Da der B. von der Annahme ausgeht, daß alle Eigenschaften und Verhaltensweisen nur von Umweltbedingungen abhängen und deshalb vor allem Verhaltensänderungen bzw. Lernmechanismen untersuchte, lieferte er der modernen Lernpsychologie viele neue Erkenntnisse.
Der sogenannte Neu-B. hat sich vom extremen Objektivismus gelöst, hält aber trotzdem an seiner funktionalistischen Verhaltenslehre fest, die nicht mit der → Verhaltensforschung verwechselt werden darf.

**Beidhändigkeit:** → ambidexter

**Bekräftigung:** → Verstärkung

**Belastung:** → Streß

**Belohnung:** Ein bekräftigender, verstärkender Reiz wie z.B. Lob, liebevolle Zuwendung oder eine Süßigkeit, um ein bestimmtes Verhalten bzw. eine Leistung zu fördern und zu festigen. Vor allem in der Erziehung bzw. bei Lernprozessen ist B. ein Mittel zur Steigerung der Lernfreude und ein motivierender Anreiz, eine bestimmte Leistung zu vollbringen. In der Tierpsychologie hilft die B., eine Verhaltensweise durch bereitwillige Wiederholung zu erlernen und zu befestigen.
Vergl. → Verstärkung und → Strafe.

**Beobachtung:** Allgemeine Bezeichnung für einen aufmerksamen und planvollen Wahrnehmungsprozeß mit dem willentlichen Bemühen, das Wesentliche zu erfassen und möglichst zuverlässige Kenntnisse zu gewinnen. Die B. ist die Grundlage der psychologischen Forschung. Man unterscheidet Selbstbeobachtung oder Erlebnisbeobachtung bzw. Introspektion und Fremdbeobachtung oder Verhaltensbeobachtung bzw. Ausdrucksbeobachtung. Dabei wird die Selbstbeobachtung wegen ihres subjektiven Charakters von verschiedenen psychologischen Richtungen, so z.B. vom → Behaviorismus und von der → objektiven Psychologie, als Erkenntnismittel abgelehnt oder stark eingeschränkt und mit objektiven Forschungsmethoden verbunden.
Vergl. → Experiment und → Methoden der Psychologie

**beratende Psychologie:** Wesentlicher Bestandteil aller Richtungen der → angewandten Psychologie, soweit sie allgemeine psychologische Erkenntnisse auf praktische Probleme des sozialen und individuellen Lebens überträgt. Dabei beschränkt sich die b.P. nicht auf das Erteilen von Ratschlägen, sondern umfaßt einen ganzen Komplex vielfältiger Maßnahmen. So spielt die b.P. in der → Arbeits- und → Betriebspsychologie, in der → klinischen und in der → forensischen Psychologie, im Strafvollzug und in der Bewährungshilfe, im Erziehungs- und Schulwesen, in der Drogen- und Alkoholsuchtbekämpfung usw. eine große Rolle und wird von Institutionen, Firmen und Einzelpersonen zunehmend in Anspruch genommen. Einrichtungen wie Erziehungs- und Berufsberatungsstellen sind allgemein bekannt. Außerdem ist die b.P. in Gesprächsform (→ Beratung) zwischen psychologischem Berater und Patienten eine wichtige Methode der → Psychotherapie.

**Beratung:** In allen praktischen Aufgabenbereichen der → angewandten Psychologie spielen die verschiedenen Formen der psychologischen B. eine wichtige Rolle. → beratende Psychologie.
Im engeren Sinne versteht man unter B. die psychologische Lebenshilfe bei seelischen Störungen und Erkrankungen im Rahmen der → Psychotherapie. Bei dieser Form der B. als Gespräch zwischen Psychotherapeuten und Patienten wird zwischen direktiver und nicht-direktiver B. (Vergl. → Gesprächstherapie) unterschieden. Bei der direktiven B. lenkt der Psychologe das Gespräch und gibt konkrete Ratschläge. Bei der nicht-direktiven B. bleibt der Berater weitgehend passiv, um dem Patienten durch ungehemmtes Aussprechen und Abreagieren zu einem neuen Selbstverständnis zu verhelfen. Auch außerhalb der medizinischen Psychologie wird die individuelle Gesprächsberatung häufig angewandt, so z.B. zur Erziehungs-, Ehe- und Berufsberatung. Auch die telephonische B. bzw. Telephonseelsorge, die zunehmend an Bedeutung gewinnt, gehört in diesen Zusammenhang.

**Berliner Schule:** Die 1912 in Berlin begründete psychologische Richtung der → Gestaltpsychologie, zu deren namhaftesten Vertretern → Wertheimer, → Koffka, → Köhler und → Lewin gehören.

**Berufsberatung:** → beratende Psychologie und → Beratung

**Berufsbild:** Bezeichnung der → Arbeits- und → Betriebspsychologie für eine Analyse aller wesentlichen Merkmale eines bestimmten Berufs einschließlich des Ausbildungsganges, der Aufstiegsmöglichkeiten und der Arbeitsmarktlage. Zugleich gibt das B. eine Darstellung der wichtigsten Voraussetzungen, die ein Bewerber zur speziellen Berufseignung mitbringen muß. Mit Berufsbildern wird hauptsächlich in der Berufsberatung und in Personalbüros gearbeitet.

**Beschäftigungstherapie:** Der Einsatz sinnvoller und der psychischen Situation des Patienten angepaßter Beschäftigung, insbesondere manueller Tätigkeit, im Rahmen psychotherapeutischer Behandlung. Die B. dient vor allem der Ableitung innerer Spannungen und der Kontaktverbesserung, ist aber auch bei → Rehabilitation wirksam.

**beschreibende** (deskriptive) **Psychologie:** Ganz allgemein ist Beschreibung sprachliche Wiedergabe von Wahrnehmungen bzw. Beobachtungen und Erlebnissen bzw. Erfahrungen. Für die b.P. ist die Beschreibung die wichtigste Forschungsmethode. Sie deutet das Verhalten durch Selbstbeobachtung (Vergl. → Beobachtung) und Selbstbeschreibung aus der unmittelbaren individuellen Erfahrung und strebt damit auch Verstehen fremden Verhaltens an. Dabei wird zwischen individueller

Deskription, die sich auf Einzelerscheinungen bezieht, und allgemeiner bzw. genereller Deskription unterschieden.
Die b.P. steht der phänomenologischen Psychologie (→ Phänomenologie) nahe und unterscheidet sich von jeder zergliedernden, → analytischen Psychologie. Wesentliche Anregungen erhielt sie u.a. von → Dilthey, → Husserl, → Brentano und → Spranger.

**Besessenheit:** Ein anfallartiger Erregungs- und Wahnzustand, eine epileptische, hysterische oder schizophrene Geistesstörung, wobei der Kranke glaubt, von einem bösen Dämon bzw. vom Teufel besessen zu sein.
Über die Auffassung, den Kranken heilen zu können, indem man die B. mit religiösen Riten zu bannen versucht, → Exorzismus.

**Bestrafung:** → Strafe

**Betriebspsychologie:** Die Grenzen zwischen B. und → Arbeitspsychologie sind fließend. Es sind zur → Wirtschaftspsychologie gehörende Teilbereiche der → angewandten Psychologie. Oft werden B. und Arbeitspsychologie unter der Bezeichnung Industriepsychologie, Ingenieurpsychologie oder Psychotechnik zusammengefaßt. B. ist vorwiegend auf die Situation eines Betriebes übertragene → Sozialpsychologie. Sie beschäftigt sich mit den vielgestaltigen Beziehungen der Arbeitenden untereinander, mit dem sogenannten Betriebsklima. Das gilt besonders für den betrieblichen Führungsstil, die Personalpolitik, die Geeignetenauslese und -förderung, für Leistungsanreize, betriebliches → Rollenverhalten, Rivalitäten und Gruppenbildungen, für Management und Teamarbeit, für Organisations- und Kontrollsysteme, für Probleme der Arbeitsteilung, Spezialisierung und Verantwortung u.a.

**Bettnässen:** → Enuresis

**Bewährungshilfe:** Eine psychologisch-pädagogische Aufgabe, die sich aus der modernen Strafrechtspflege entwickelt und die Resozialisierung, die gesellschaftliche Wiedereingliederung entlassener Strafgefangener zum Ziele hat.
Vergl. → beratende Psychologie und → Beratung.

**Bewegung:** → Motorik

**Bewegungsstudien:** Studien über die Körperbewegungen dienen u.a. der → Psychodiagnose, der Erforschung der → Motorik und in der → Arbeitspsychologie zu Arbeits- und Arbeitsplatzanalysen. In der → Ausdruckspsychologie sind B. auch ein Hilfsmittel zur Charakteranalyse der Persönlichkeit. → Pantomimik.

**Bewußtsein:** Eine je nach psychologischer Schule unterschiedlich definierte spezifisch menschliche Eigenheit des Erlebens; die direkte Gegenwärtigkeit seelischer Prozesse, die unmittelbar vom Subjekt erfahren werden. Danach umfaßt das B. den Gesamtinhalt menschlicher Wahrnehmungs-, Phantasie- und Denkfähigkeit einschließlich der Gefühle, Stimmungen und Strebungen und der Willens- und Gedächtnisvorgäng. Dabei wird die Hinwendung des Subjekts zum Objekt als Bewußtseinstätigkeit und das Objekt als Bewußtseinsinhalt bezeichnet. Im Bezug auf die Stärke und Schnel-

ligkeit der Bewußtseinstätigkeit und auf die Klarheit des Bewußtseinsinhaltes werden verschiedene Bewußtseinsgrade oder Bewußtseinszustände unterschieden, die von vollkommener Wachheit und Klarheit über halbbewußte trieb- und instinkthafte Zustände sowie Bewußtseinstrübungen im Dämmerzustand oder bei starken Affekten u.a. und ein herabgesetztes B. im Schlaf und im Traum bis zur völligen Bewußtlosigkeit im Tiefschlaf, bei Ohnmacht und im → Koma reichen. Unter Bewußtseinsschwelle versteht man die Grenze, an der ein unbewußter (Vergl. → Unbewußtes) in einen bewußten Prozeß übergeht.
Viele Psychologen unterscheiden:
1. Ich- oder Subjektbewußtsein, das Wissen um sich selbst als Subjekt des Erlebens,
2. Gegenstands- oder Objektbewußtsein als Wissen des Ich um das Objekt des Erlebens,
3. → Selbstbewußtsein als Wissen um den Eigenwert des persönlichen Ich.
Der Begriff Bewußtseinslage bezeichnet alle Bewußtseinsinhalte bzw. den Bewußtseinszustand zu einem bestimmten Zeitpunkt. Der Begriff Bewußtseinsmenge bezieht sich auf den Umfang des gleichzeitig bewußt Erlebbaren.
Vergl. → Aktivation.
Bewußtseinsstörung ist eine ungenaue Sammelbezeichnung für alle krankhaften Veränderungen des B., die mit verschiedenen Geisteskrankheiten zusammenhängen, aber auch bei Vergiftungen und Rauschzuständen, starken Affekten und bei Übermüdung auftreten können. Mit großer Wahrscheinlichkeit handelt es sich auch bei den sogenannten Bewußtseinserweiterungen im Drogenrausch um Bewußtseinsstörungen.

**Beziehungswahn:** Die krankhafte Vorstellung, daß völlig neutrale Umweltvorgänge der eigenen Person gelten und zu ihr in Beziehung gebracht werden müssen.
Vergl. → Wahn.

**Bezugsgruppe:** Begriff der → Sozialpsychologie für eine → Gruppe, an deren Einstellungen und Verhaltensweisen sich ein Individuum orientiert und mit denen es sich identifiziert. Dabei spielen Mitgliedschaft und Teilnahme an Gruppenaktivitäten keine ausschlaggebende Rolle. Es handelt sich eher um mehrere Bezugsgruppen für jeden Einzelnen, deren Eigenschaften mehr konstruiert als real sind.

**Bezugssystem:** Jede Wahrnehmung und Beurteilung bezieht sich vergleichend auf frühere Erfahrungen. Aus diesem System von Bezügen ergibt sich dann neben der objektiven Eigenschaft die individuelle Bewertung eines Gegenstandes oder Sachverhalts. So sind z.B. zehn Menschen immer zehn Menschen, aber in einem kleinen Zimmer wirken sie als große Gruppe, während sie in einem weiten Saal einen dürftigen Eindruck machen. Eine Gurke ist zunächst groß oder klein, setzt man sie jedoch in Beziehung zu ihrer speziellen Sorte, dann ergibt sich unter Umständen eine ganz andere Beurteilung. Der individuelle Eindruck und das Urteil hängen also wesentlich vom B. ab. Die Bezugssysteme sind jedoch nicht nur individuell, sondern auch nach Gesellschaft, Volkszugehörigkeit usw. sehr verschieden. So wird eine Lufttemperatur von 20 Grad von einem Nordländer eher als heiß empfunden als von einem Südländer.

**Biäsch, Hans:** Geb. 4.10.1901 in Davos; Schweizer Psychologe, Professor in Freiburg i.Br. und Zürich, Gründer und Leiter des Instituts für angewandte Psychologie in Zürich, Direktor des Instituts für Arbeitspsychologie der Eidgenössischen Technischen Hochschule in Zürich, bis 1961 Präsident des Schweizerischen Berufsverbandes für angewandte Psychologie, Herausgeber der »Schriften zur Arbeitspsychologie« und Schöpfer des Biäsch-Tests zur Prüfung des Entwicklungsstandes von Schweizer Kindern. Er veröffentlichte zahlreiche Schriften über Arbeits- und Betriebspsychologie und lieferte der Talentforschung wertvolle Anregungen.

**Bibliomanie:** Krankhafte Leidenschaft für Bücher bzw. für das Sammeln von Büchern, wobei vor Diebstahl und unter Umständen auch vor Einbruch oder sogar Mord nicht zurückgeschreckt wird, um sich in den Besitz eines begehrten Buches zu bringen.

**Bildverständnis:** Das individuelle B. gibt Aufschlüsse über das Auffassungsvermögen sowie über Triebstruktur und Gefühlsleben und ist deshalb ein vielseitiges Hilfsmittel der → Psychodiagnose. In vielen → Tests dienen Bildbeschreibungen bzw. Deutungen, Bildzusammensetzungen, Bilderanordnungen, Bilderganzungen und das Erkennen von Bildfehlern usw. der Prüfung von Intelligenz, technischem Verständnis, Gestaltsehen, Kombinationsvermögen, visueller Koordinationsfähigkeit und Emotionen.

**Bindung:** Die emotionale B. an Objekte, an Menschen und Ordnungen ist ein Grundprinzip der Persönlichkeitsentwicklung. Für eine gesunde Entwicklung des Gefühlslebens und des Gemeinschaftssinns sind Bindungen von grundlegender Bedeutung. Übersteigerte Bindungen ohne die Fähigkeit zur → Ablösung führen zur → Abhängigkeit. Es handelt sich dabei um → Entwicklungsstörungen. So sind z.B. extreme Vater- oder Mutterbindungen verhältnismäßig häufig.
Vergl. → Fixierung.

**Binet, Alfred:** Geb. 11.7.1857 in Nizza, gest. 18.10.1911 in Paris; französischer Psychologe, ab 1894 Professor an der Sorbonne in Paris. B. gehört zu den Wegbereitern der → experimentellen Psychologie. Er leistete wertvolle Untersuchungen über Intelligenz und Ermüdungserscheinungen und entwickelte in Zusammenarbeit mit dem Arzt M. Simon mehrere Testreihen(Binet-Simon-Test) zur Prüfung des geistigen Entwicklungsstandes bei Kindern, die u.a. von →Biäsch weiterentwickelt wurden und in Amerika zur Begabtenauslese herangezogen werden.

**Biographie:** Lebenslauf, Lebensbeschreibung. Eine möglichst umfassende Darstellung des Lebensverlaufs mit Längsschnitten, Felduntersuchungen, autobiographischer Entwicklungsbeschreibung einschließlich erlebnismäßiger Reflexion und dazugehöriger Materialsammlung ist neben beobachtenden und experimentellen Methoden oft besonders geeignet, den Menschen psychologisch zu erfassen. Die biographische Methode dient vor allem der → Psychodiagnose und → Psychotherapie und der Charakterforschung.
Vergl. → Selbstanalyse.

**Bioklimatik:** Die B. erforscht die Auswirkungen von Klima, Witterung, Luftdruck, Luftfeuchtigkeit, Strahlungen und magnetischen Vorgängen u.a. auf die Organismen, insbesondere auf den Menschen. Über das vegetative Nervensystem haben die vielgestaltigen Phänomene der Wetterfühligkeit oft auch sehr starken Einfluß auf psychische Vorgänge. Im Zusammenwirken mit B. und Meteorologie u.a. versucht die Meteoropsychologie, die noch weitgehend ungeklärten Zusammenhänge zu erforschen.

**Biorhythmik:** Es ist seit langem bekannt, daß es bei vielen Organismen, so auch beim Menschen, bestimmte Zyklen, sogenannte Lebens- oder Biorhythmen gibt, von deren Abläufen verschiedene Funktionen und Reaktionen und wahrscheinlich auch psychische Vorgänge mitbestimmt werden. Das gilt z.B. für den periodischen Charakter des Wachstums (Vergl. → Entwicklungsphasen) oder für den 28tägigen Menstruationszyklus der Frau. Die Phänomene der B. sind jedoch noch weitgehend unerforscht, so daß Auffassungen wie die von einem Siebenjahresrhythmus oder von verschiedenen anderen Zyklen, die das physische und psychische Leben bestimmen, vorläufig nur als Spekulationen anzusehen sind.

**Bisexualität:** Doppel- oder Zweigeschlechtlichkeit. Im physiologischen Sinne ist B. gleichbedeutend mit Hermaphroditismus oder Zwitter und bezeichnet die Mißbildung männlicher und weiblicher Geschlechtsorgane bzw. Geschlechtsmerkmale bei einer Person. Im psychologischen Sinne und im allgemeinen Sprachgebrauch ist damit ein am anderen und am eigenen Geschlecht orientierter, also ein heterosexueller und homosexueller Sexualtrieb in einer Person gemeint.
Vergl. → Sexualverhalten.

**Bleuler, Eugen:** Geb. 30.4.1857 in Zollikon bei Zürich, gest. 15.7.1939 in Zollikon; Schweizer Psychiater, von 1889-1927 Professor für Psychiatrie in Zürich; Direktor der Heilanstalten Rheinau und Burghölzli. Er gab der Tiefenpsychologie wertvolle Anregungen und bereicherte die Forschung über Schizophrenie und die Emotionen. Sein »Lehrbuch der Psychiatrie« ist noch heute von Bedeutung.

**Blindversuch:** Arzneimittelversuche, bei denen die Versuchspersonen nicht wissen, ob sie ein echtes oder ein Scheinpräparat erhalten. Auf diese Weise werden Suggestionseinflüsse bzw. psychisch bedingte Fehlreaktionen weitgehend ausgeschaltet. Von Doppelblindversuch spricht man, wenn auch der Versuchsleiter die Beschaffenheit des Präparats nicht kennt.
Vergl. → Placebo.

**Blockierung** (Block): Hemmung, Sperre. Umgangssprachlich als Kurzschluß oder Mattscheibe allgemein bekannte Unterbrechung eines Denk-, Erinnerungs- oder Reaktionsvorganges.

**Brentano, Franz:** Geb. 16.1.1838 in Marienburg (Boppard), gest. 17.3.1917 in Zürich; deutscher Philosoph und Psychologe, Begründer der Aktpsychologie. B. war zunächst Priester, ab 1872 Professor in Würzburg und 1874-1880 Professor in Wien. In seinen

Büchern »Psychologie vom empirischen Standpunkt« 1874 und »Untersuchungen zur Sinnespsychologie« 1907 u.a. erläutert er seine Auffassung von der inneren Wahrnehmung als Grundlage der Psychologie.

**Brontephobie:** Angst vor Donner, überhaupt vor starkem Lärm. In Verbindung mit Angst vor Blitzen (Vergl. → Astraphobie) äußert sich die B. oft als Gewitterangst. Vergl. → Phobie.

**Bühler, Karl:** geb. 27.5.1879 in Meckesheim/Baden, gest. 23.10. 1963 in Los Angeles; deutscher Psychologe und Verhaltensforscher, Schüler von → Külpe, bedeutender deutscher Vertreter der Denk- und Willenspsychologie mit wichtigen Arbeiten über Kinder- und Tierpsychologie und Verhaltensforschung. B. war ab 1913 Professor in München, ab 1918 in Dresden, ab 1922 in Wien und emigrierte zur Zeit des Nationalsozialismus in die USA. Seine Frau Charlotte B. (1893-1974) wurde vor allem als Kinder- und Jugendpsychologin bekannt. Zu seinen erfolgreichsten Arbeiten gehören u.a. »Die Gestaltwahrnehmung« 1913, »Die geistige Entwicklung des Kindes« 1924, »Abriß der geistigen Entwicklung des Kleinkindes« (gemeinsam mit L. Schenk-Danzinger) 1958, »Die Krise der Psychologie« 1927, »Sprachtheorie« 1934 und »Das Gestaltprinzip im Leben des Menschen und der Tiere« 1960.

**Bulimie:** Krankhafter Heißhunger, Freßsucht. Eine Eßstörung auf psychogener Grundlage.

# C

**Carpenter-Effekt** (ideomotorisches Gesetz): Von dem englischen Physiologen W. B. Carpenter (1813-1885) erstmals beschriebene Tendenz bei Kindern, aber auch Erwachsenen, emotional betonte Wahrnehmungen oder Vorstellungen von Bewegungen ohne bewußtes Wollen nachzuvollziehen. So z.B. der Nachvollzug bestimmter Bewegungen beim Miterleben sportlicher Veranstaltungen. Kinder imitieren oft unbewußt das motorische Verhalten (Vergl. → Motorik) Erwachsener. Auch bei der Untersuchung massenpsychologischer Phänomene spielt der C.-E. eine wichtige Rolle.

**Cerebellum:** Kleinhirn. → Gehirn

**cerebrospinales** (animales) **Nervensystem:** → Nervensystem

**Charakter:** Das Gesamtgefüge aller Eigenschaften und Verhaltensweisen, aus denen sich die Eigenart und Eigentümlichkeit eines Menschen zusammensetzt; alle Merkmale, die den Einzelnen in seiner persönlichen Art zu fühlen, zu denken und zu handeln von anderen unterscheiden. Die Dispositionen des Ch. sind vermutlich angeboren, wobei die Auseinandersetzung mit der Umwelt modifizierenden Einfluß ausübt und die charakterliche Ausprägung sich langsam und allmählich vollzieht, dann aber relativ konstant bleibt. Im übrigen gehen die Definitionen des Charakters je nach psychologischer Schule auseinander. Viele Psychologen setzen Ch. weitge-

hend mit → Persönlichkeit gleich. Obwohl der Ch. mehr ein einheitlich strukturiertes System und weniger eine Summe von Einzeleigenschaften ist, versteht man unter Charaktereigenschaften die einzelnen individuellen Merkmale des Charakters.
Charakterstörungen sind Fehlentwicklungen durch Veranlagung, Erziehung bzw. Umwelteinflüsse oder krankhafte Veränderungen. Die Charakterkunde , Persönlichkeitsforschung, Persönlichkeitspsychologie o.ä. befaßt sich vor allem mit der Erforschung des Charakteraufbaus, der Charakterbildung bzw. -entwicklung sowie mit den Charaktermerkmalen, den Zusammenhängen zwischen Ch. und Körperbau und mit den Charakterstörungen.

**Cheirologie:** → Daktylologie

**Chirologie** (Chirognomik): Eine mit der → Physiognomik zusammenhängende Lehre, aus der Handform und den Handlinien auf Charaktereigenschaften zu schließen. Die Ch. darf nicht mit der Chiromantie verwechselt werden, der uralten Praktik, aus der Hand wahrzusagen bzw. das künftige Schicksal zu deuten.

**Chiromantie:** → Chirologie

**cholerisch** (Choleriker): → Temperament und → Typus

**Chorea:** Veitstanz. Muskelzuckungen mit Gang-, Sprach- und Schreibstörungen u.a. Ungewollte schleudernde Bewegungen, tanzähnliche Zuckungen, die durch Hirnschädigungen entstehen, sich bei Erregungszuständen verstärken und im Schlaf beruhigen. Von den verschiedenen Formen dieser Erkrankung mit entsprechend unterschiedlichen Symptomen ist die sogenannte Tanzwut, die im Mittelalter epidemisch auftrat, heute nur noch vereinzelt anzutreffen.

**Claustrophilie:** Neurotische → Angst, geschlossene Räume zu verlassen; die Neigung, sich zu isolieren und einzuschließen.
Vergl. → Claustrophobie.

**Claustrophobie:** Zimmer- oder Raumangst. Neurotische → Angst, sich in einem geschlossenen Raum aufzuhalten. Fälschlich oft Platzangst genannt.
Vergl. → Agoraphobie, → Claustrophilie und → Phobie.

**Clique:** → Gruppenbewußtsein

**Content-Analyse:** Inhaltsanalyse. Eine Methode der Soziologie und Sozialpsychologie zur Untersuchung von Kommunikationsinhalten. Die Inhalte von Zeitungsartikeln, Reden, Filmen usw. werden nach bestimmten Kriterien wie z.B. nach Verwendung von Fremdwörtern oder vieldeutigen Begriffen, von zustimmenden oder ablehnenden Formulierungen, direkten und indirekten Drohungen u.a. analysiert. Da es sich meistens um die Untersuchung sprachlicher Ausdruckserscheinungen handelt, wird die C.-A. oft der → Sprachpsychologie oder Psycholinguistik zugeordnet.

**Cortex:** Großhirnrinde. → Gehirn

**Cunnilingus:** Oral-genitaler Kontakt des Mannes bei der Frau.
vergl. → Fellatio, → Oralverkehr und → Sexualverhalten.

# D

**Dämmerzustand:** Bewußtseinstrübung mit eingeschränkter Erlebens- und Entscheidungsfähigkeit, häufig auch mit anschließendem Erinnerungsverlust. Eine Bewußtseinsstörung auf organischer oder auch psychogener Grundlage.
Vergl. → Bewußtsein.

**Daktylologie** (Cheirologie): Fingerzeichen, Gebärdensprache, so z.B. bei Taubstummen.

**Daktyloskopie:** Fingerabdruckverfahren. Der Abdruck selbst heißt Daktylogramm. Da die Hautleisten der Hand, insbesondere die Linien der Fingerspitzen individuell verschieden und für jeden Menschen unverwechselbar charakteristisch sind, spielt die D. bei Identifizierungsverfahren, vor allem im polizeilichen Erkennungsdienst, eine wichtige Rolle.

**Darstellung:** Ein Verhaltensvorgang, der nach → Klages vom → Ausdruck unterschieden werden muß. Während der Ausdruck weitgehend unwillkürlich ist, zeigt sich in der D. Halbwillkürliches, das alle Möglichkeiten der Täuschung und des Scheins enthält. Danach ist die D. dem Ausdruck gegenübergestellt. Den Ausdruck hat der Mensch mit dem Tier gemeinsam, doch die D. ist ein spezifisch menschliches Verhalten.
Bei der Deutung von Ausdruckserscheinungen, insbesondere bei Sprache und Handschrift (Vergl. → Graphologie), spricht Klages vom Darstellungsprinzip, denn »jede Spontanbewegung (Ausdruck) eines Menschen wird unbewußt mitgestaltet von Erwartungen ihres wahrnehmbaren Erfolgs« (Darstellung).

**Daseinsanalyse:** Im engeren Sinne versteht man unter D. ein von der Philosophie Martin Heideggers und von der → Phänomenologie → Husserls beeinflußtes Verfahren, das von dem Schweizer Psychiater und Freud-Schüler Ludwig Binswanger (1881-1966) in die Psychiatrie eingeführt wurde. Die D. beschränkt sich nicht auf die Untersuchung des Krankheitsverlaufs, sondern versucht, den ganzen Daseinsvollzug als Wesensschau zu erfassen. Nach dieser Auffassung handelt es sich bei psychischen Störungen bzw. Erkrankungen um Versagen im Daseinsgeschehen, um Formen mißglückten Daseins bzw. um Daseinsangst.
Die sogenannte Existenzanalyse des österreichischen Neurologen und Psychiaters Viktor → Frankl ist mit der D. eng verwandt. In diesem erweiterten Sinne versteht man unter D. oder Existentialanalyse auch die aus der Existenzphilosophie entwickelte tiefenpsychologische Richtung, die seelische Erkrankungen als existentielle Störungen des menschlichen Daseins auffaßt und philosophierende Erlebens- und Wesensschau als wichtigen Bestandteil der Lebensbewältigung betrachtet.
Vergl. → Logotherapie und → Schicksalsanalyse.

**Debilität:** Leichte Form des → Schwachsinns. Debile Kinder sind lernbehindert, aber bei frühzeitiger Diagnose, Fachtherapie, Einweisung in Sonderschulen usw. relativ lebenstüchtig.

**Deckerinnerung:** Begriff der →

Psychoanalyse für die Erinnerung an unwichtige, nebensächliche Details eines Erlebniskomplexes, die das Erinnerungsvermögen an den verdrängten wesentlichen Erlebnisinhalt überlagert bzw. abdeckt.

**Deduktion:** Nach logischen Gesetzen aufgebaute Methode der Erkenntnisgewinnung. Methodisches Schlußfolgern vom Allgemeinen auf das Besondere. Im Gegensatz zur → Induktion wird bei deduktivem Vorgehen das Einzelne, Spezifische von allgemeinen Regeln und Gesetzmäßigkeiten abgeleitet.

**Degeneration:** Abbau und Entartungsprozeß von Zellen und Geweben, so z.B. von Nervenfasern. Im übertragenen Sinne körperliche und psychische Abweichungen von einer bestimmten Norm als Verfallserscheinung von Familien, Völkern, Rassen usw. im Verlaufe von Generationen. Als Ursachen gelten neben erbbiologischen Faktoren vor allem Umwelteinflüsse, die zu Verwöhnung, Übersättigung und Verweichlichung führen. Außer zahlreichen körperlichen Degenerationszeichen gibt es auch viele psychische Merkmale wie Übersensibilität, Labilität, Überempfindlichkeit und Neigung zu neurotischen Zuständen. Vergl. → Dekadenz.

**Déjà vu:** Eine Erinnerungstäuschung (Vergl. → Erinnerung), die bei Neurotikern und Geisteskranken häufig ist, aber auch bei Gesunden, besonders bei Übermüdungs- und Erschöpfungszuständen, auftreten kann. Man hat dabei die Überzeugung, einen Menschen oder eine Örtlichkeit schon einmal gesehen, eine bestimmte Situation schon einmal erlebt zu haben, obwohl es sich um eine völlig neue Situation handelt. Die Täuschung entsteht meistens dadurch, daß man sich bei vergessenen oder verdrängten Erlebnissen nur noch an Bruchteile erinnert, die mit der neuen Situation übereinstimmen bzw. ihr ähnlich sind. Auch vergessene oder umgedeutete Phantasievorstellungen früherer Bild- und Literatureindrücke usw. spielen eine große Rolle. Déjà-vu-Erlebnisse sind oft mit → Depersonalisation verbunden und dienen im → Okkultismus als Beweis für Seelenwanderung und Wiedergeburt (Vergl. → Reinkarnation).

**Dekadenz:** Eine Verfallserscheinung, bei der die schöpferische Lebensaktivität degeneriert und eine passive Lebenshaltung in den Vordergrund tritt. Der Verfall der vitalen Willens-, Entscheidungs- und Durchsetzungskräfte wird durch Intellektualismus, Hypersensibilität, sinnliches Raffinement und überkultivierten Lebensstil ersetzt.
Vergl. → Degeneration.

**Delirium:** Ein krankhafter Zustand der Verwirrung; eine Bewußtseinstrübung mit Sinnestäuschungen, insbesondere mit Halluzinationen und Wahnvorstellungen. Das D. ist Symptom verschiedener Geisteskrankheiten, tritt aber auch bei Fieberzuständen, Vergiftungen und anderen akuten Krankheiten auf, die sich auf das Nervensystem auswirken. Am bekanntesten ist das durch Alkoholismus entstehende Delirium tremens mit Sinnestäuschungen und Unruhezuständen, die sich zu Tobsuchtsanfällen steigern können.

**Dementia** (Demenz): Verrücktheit, Wahnsinn. Im Unterschied zu vorübergehenden Geistesstörungen (Vergl. → Amentia) und zum angeborenen → Schwachsinn handelt es sich bei D. um erworbene Intelligenzschäden mit Persönlichkeitsabbau, die meistens mit → Psychosen wie → Epilepsie und → Schizophrenie oder mit progressiver → Paralyse zusammenhängen. Dementia praecox ist Jugendwahnsinn, Schizophrenie im jugendlichen Alter. Dementia senilis oder → Altersdemenz ist Abbau von Intelligenz und Charakter im höheren Alter.

**Demoskopie:** → Meinungsforschung

**Denken:** Ein seelischer Vorgang, der sich der direkten Beobachtung entzieht und je nach psychologischer Schule unterschiedlich erklärt wird. Als geistige Tätigkeit ist das Denken auf die Herstellung und Erfassung von Bedeutungsgehalten und Sinnzusammenhängen gerichtet. Dabei sind Vorgänge oder Denkakte wie Wahrnehmen, Vorstellen, Vergleichen, Erinnern, Antizipieren (→ Antizipation), Kombinieren, Abstrahieren, Schlußfolgern, Begriffsbildung, Urteilen usw. in den Gesamtprozeß eingebettet. Das D. beruht weitgehend auf anschaulichen Faktoren wie Wahrnehmungen und Vorstellungen und ist an Zeichen und Symbole, an Sprache, Schrift, Formeln usw. gebunden, dabei aber unanschaulich und eine spezifisch menschliche Leistung. Diese Leistung ergibt sich nicht nur assoziativ (→ Assoziation) bzw. als eine zufällige Folge von Vorstellungen, sondern ist das Ergebnis einer sinnvollen, gerichteten geistigen Tätigkeit zur Erkenntnisgewinnung. Das D. ist weitgehend bewußt und unterliegt dem Wollen, vollzieht sich aber teilweise auch unbewußt und ohne willensmäßige Steuerung. So unterscheidet man ein mehr diskursives (logisch schlußfolgerndes, analytisches) und ein mehr intuitives (gefühlsbetontes, von spontanen Einfällen abhängiges) D. Außerdem spricht man von theoretisch oder praktisch, idealistisch oder materialistisch orientierten Denkarten, von produktivem und kritischem D. usw. Unter kreativem D. versteht man ein schöpferisches, erfindungsreiches, phantasiebegabtes, originelles D. Vollzieht sich das D. nach den Gesetzen einer bestimmten Methode der Erkenntnisgewinnung, dann handelt es sich z.B. um logisches oder dialektisches D.

**Denkpsychologie:** Forschungsbereich jeder Psychologie, die auf der Grundlage verschiedener Theorien und daraus abgeleiteter Methoden die Denkvorgänge untersucht. Im engeren Sinne die von → Külpe begründete psychologische Richtung der → Würzburger Schule, die sich vor allem mit Denkvorgängen befaßt und im Gegensatz zur → Assoziationspsychologie die Unabhängigkeit des schöpferischen Denkens vertritt. Die D. lehrt, daß der Denkprozeß nur teilweise den Assoziationsgesetzen (→ Assoziation) entspricht, zu einem andern Teil davon unabhängig ist und wesentlich von unanschaulichen Bedeutungsfaktoren des Bewußtseins bestimmt wird.

**Depersonalisation:** Entpersönlichung, Selbstentfremdung, Störung des Ichbewußtseins. Die eigene Person und zugleich auch die

Umwelt werden als etwas Fremdes, Unwirkliches, Traumhaftes erlebt. Die D. ist Symptom der Schizophrenie, kommt aber auch bei neurotischen Zuständen und Depressionen vor.

**Depression:** Zustand der Niedergeschlagenheit, Trägheit, Schwermut und Trauer, der sich bis zur völligen Passivität, Apathie und Hoffnungslosigkeit steigern kann und häufig mit Minderwertigkeits- und Angstgefühlen, ernsthaften körperlichen Störungen und Selbstmordgedanken verbunden ist. Im allgemeinen sind depressive Stimmungen Reaktionen auf Entwicklungskrisen wie Pubertät oder Klimakterium oder auf sonstige persönliche Konflikte, hält jedoch die Antriebsschwäche (Vergl. → Antrieb) länger an bzw. wiederholt sie sich häufiger ohne entsprechenden Anlaß, dann handelt es sich um eine psychische Erkrankung.

**Deprivation:** Bezeichnung für einen Entzugs- oder Mangelzustand. Experimente mit sozialer D. bzw. Isolation sowie mit Nahrungs-, Schlaf-, Reiz- und Traumdeprivation u.a. vermitteln Aufschlüsse darüber, in welcher Weise sich mangelnde bzw. entzogene Bedürfnisbefriedigungen auswirken und damit zugleich darüber, welchen Stellenwert bestimmte Bedürfnisse haben. So kommt z.B. den sozialen Kontakten große Bedeutung zu. Soziale D. in früher Kindheit führt zu Entwicklungsstörungen, die unter dem Namen → Hospitalismus bekannt wurden. Auch bei Erwachsenen hat die soziale D. bzw. Isolation, so z.B. Haft oder Krankenhausaufenthalt, oft beträchtliche Auswirkungen auf die Persönlichkeit und kann schwere psychische Schädigungen verursachen.

**Desensitivierung** (Desensibilisierung): Allgemeine Bezeichnung für verschiedene Maßnahmen, die dazu dienen, die Koppelung von angsterregenden Reizen und Angstreaktionen zu löschen. Neben den Löschungstechniken (→ Löschung) der → Lerntheorie und dem Aufbau sogenannter reziproker → Hemmungen gilt das besonders für verschiedene → Entspannungstechniken.

**Deskription:** Beschreibung. → beschreibende Psychologie.

**Desintegration:** Aufhebung des Zusammenhangs, Auflösung, Zerfall. So spricht man z.B. bei Persönlichkeitszerfall von D. der Persönlichkeit. Oft wird es auch als D. bezeichnet, wenn das Zusammenwirken verschiedener psychischer Abläufe, so z.B. von Wahrnehmung, Denken und Verhalten, nicht mehr aufeinander abgestimmt ist. Der Gegensatz von D. ist → Integration.

**Desmolyse:** Von dem deutschen Psychotherapeuten und Freud-Schüler Harald Schultz-Hencke (1892-1953) eingeführte Bezeichnung für die Lösung neurotischer Hemmungen durch psychotherapeutische Behandlung.
Desmologie nannte Schultz-Hencke seine Theorie von den Hemmungen.

**Destruktionstrieb:** Zerstörungstrieb. Nach der Lehre → Freuds entspricht der D. dem → Todestrieb und ist dem → Lebenstrieb entgegengesetzt.

**Determination:** Bestimmung, Bestimmtheit. In der Psychologie meistens in dem Sinne angewandt, daß die Frage nach den Faktoren (Determinanten) gestellt wird, die das psychische Geschehen bestimmen (determinieren), so z.B., in welchem Maße ein Verhalten durch Anlage- oder Umweltfaktoren determiniert ist.

**Diagnose:** Unterscheidung, Erkennung, Feststellung eines psychischen oder physischen Zustands, insbesondere einer Erkrankung. Die D. erfolgt auf der Grundlage von Symptomen und mit Hilfe verschiedener diagnostischer Verfahren wie → Anamnese, → Exploration, → Tests usw. Im Bereich der psychologischen Diagnostik spricht man von → Psychodiagnose.

**Dienkephalon:** Zwischenhirn. → Gehirn

**differentielle Psychologie:** Teilgebiet der Psychologie, das sich mit den Unterschieden zwischen Individuen und Gruppen befaßt, vor allem von → Stern wesentliche Anregungen erhielt und heute vorwiegend der → Psychodiagnose dient. Im Gegensatz zur → allgemeinen Psychologie, die mehr nach Gesetzmäßigkeiten forscht, untersucht die d.P. die unterschiedlichen psychischen Eigentümlichkeiten, allerdings nicht die diffizilen individuellen Besonderheiten, sondern bestimmte Gruppenunterschiede nach Geschlecht, Alter, sozialer Herkunft, Beruf usw.

**Differenzierung:** Aus einer ganzheitlichen Grundlage, die in sich ohne erkennbare Verschiedenheiten ist, entwickelt sich immer größere Vielfalt und eine mannigfaltige Spezialisierung für besondere Aufgaben. Dieses Entwicklungsprinzip der D. ist im organisch-körperlichen und im psychischen Bereich gültig.

**digestiv:** Die Ernährung und Verdauung betreffend. Der digestive Körperbautypus entspricht dem Pykniker. → Typus.

**Dilthey, Wilhelm:** Geb. 19.11.1833 in Biebrich am Rhein, gest. 1.10.1911 in Seis/Tirol; deutscher Kulturpsychologe, ab 1882 Professor der Philosophie in Berlin. D. orientierte sich am Erleben und Verstehen und war um eine methodische Erneuerung der Geisteswissenschaften bemüht, wobei er die → verstehende Psychologie als Grundwissenschaft betrachtete. In seinem Werk »Ideen zu einer beschreibenden und zergliedernden Psychologie« 1894 versuchte er, durch Verstehen, das er dem naturwissenschaftlichen Erklären gegenüberstellte, die Grundlagen gesellschaftlicher und kulturhistorischer Leistungen zu erhellen. Seine Theorien gaben der verstehenden und → beschreibenden Psychologie wesentliche Impulse und wurden dann vor allem von → Spranger weiterentwickelt.

**Dipsomanie:** Periodisch auftretendes krankhaftes Bedürfnis nach Alkohol oder anderen Rauschgiften. Der Volksmund bezeichnet solche periodisch Trunksüchtige als Quartalssäufer.

**Diskrimination** (Diskriminierung): Unterscheidung, Trennung, Aufteilung; so z.B. in der Lernpsychologie die Unterscheidung verschiedener Reize bzw. Signale, die durch sogenanntes Diskrimina-

tionstraining für das Verhalten gelernt werden kann.
Zur Vermeidung von Mißverständnissen wird der oft mit D. gleichbedeutend verwendete Begriff Diskriminierung zunehmend nur noch im Sinne von Abwertung, Herabsetzung von Einzelpersonen, sozialen Gruppen, Völkern und Rassen usw. gebraucht.

**diskursiv:** Im Gegensatz zur → Intuition handelt es sich beim diskursiven Denken um einen schrittweise, planmäßig von einem Ergebnis zum nächsten vorgehenden logischen Denkprozeß.

**Disposition:** Im weitesten Sinne alle angeborenen und erworbenen körperlichen und seelischen Bereitschaften. Im engeren Sinne und zur Unterscheidung von den angeborenen → Anlagen nur die erworbenen Bereitschaften. Da jedoch noch nicht genügend erforscht ist, in welchem Maße die Bereitschaften durch Anlage- oder Umweltfaktoren determiniert (→ Determination), d.h. angeboren oder erworben sind, wird in der modernen Psychologie eine Unterscheidung zwischen Anlage und D. vermieden und der Begriff der D. meistens neutral im umfassenden Sinne verwendet.

**Dissoziation:** Trennung, Spaltung, Auflösung, so z.B. das allmähliche Auseinanderfallen von Assoziationsreihen (→ Assoziation) durch neue Eindrücke oder auch die Auflösung der Persönlichkeitsstruktur bei Schizophrenie.
D. der Empfindungen ist eine Empfindungslähmung, bei der bestimmte Empfindungsarten gestört sind, während andere normal weiterbestehen. Dementsprechend handelt es sich bei dissoziierter → Anästhesie um Löschung der Schmerz- und Temperaturempfindungen bei Weiterbestehen der Berührungsempfindung.

**Distanz:** In der Soziologie und Sozialpsychologie Bezeichnung für mehr oder weniger Abstand haltende Beziehungen des Einzelnen innerhalb einer Gruppe. Wenn es sich dabei nicht um gewollte Zurückhaltung bzw. um emotionale Ablehnung wie Antipathie, Verachtung usw., sondern um Kontaktstörungen handelt, kann D. leicht in Einzelgängertum und Isolierung übergehen. Natürliches, maßvolles Distanzverhalten, das nicht zur Absonderung führt und nicht durch Aufdringlichkeit, Anklammerung und → Abhängigkeit aufgehoben wird, ist für gesunde zwischenmenschliche Beziehungen von großer Bedeutung.
Vergl. → Außenseiter und → Kontakt.

**Distribution:** Verteilung der Aufmerksamkeit auf verschiedene gleichzeitige Reize, Vorgänge, Tätigkeiten usw. Unter distributiver Aufmerksamkeit versteht man die Fähigkeit, gleichzeitig mehrere Inhalte zu erfassen, die sich im Bewußtsein nicht zu einer Einheit verschmelzen lassen.

**Dominanz:** Verhaltensweise der Überlegenheit. Die Tendenz, andere beherrschen, kontrollieren und bevormunden zu wollen. Als Dominanten bezeichnet man die vorherrschenden Charaktereigenschaften, die das Persönlichkeitsbild bestimmen.
In der Vererbungslehre versteht man unter D. das Vorherrschen dominanter Erbanlagen, die in der Regel die rezessiven (verdeckten) Anlagen überlagern.

**Drang:** Antrieb, Strebung, Verlangen, Begierde; Bestandteil des Trieb- und Instinktverhaltens.
→ Antrieb.

**Drogen:** Für die verschiedenen natürlichen und synthetischen Stoffe, die als Rausch- oder Genußmittel wie Alkohol, Nikotin und Koffein, als Medikamente wie Pervitin, Captagon und Valium und als Rauschgifte wie Opium, Haschisch und Meskalin u.a. vor allem auf das Nervensystem wirken und das Verhalten hauptsächlich stimulierend oder hemmend beeinflussen, gibt es mehrere Einteilungen nach unterschiedlichen Gesichtspunkten, aber keine verbindliche Ordnung. Im allgemeinen versteht man innerhalb dieser großen Gruppe unter D. die Stoffe natürlicher Herkunft, d.h. die Rauschmittel und besonders die Rauschgifte. Die Auffassung, daß D. bewußtseinserweiternd wirken, ist psychologisch sehr problematisch. Häufig führt Drogengenuß zu → Abhängigkeit und vor allem bei Jugendlichen zu erheblichen Entwicklungsstörungen. Oft sind ernstliche psychische und physische Schädigungen die Folgen von Drogensucht. Hat sich der Organismus auf eine Droge eingestellt, dann reagiert er bei plötzlichem Entzug mit Erregungszuständen und Depressionen, Kreislaufstörungen und anderen psychischen und physiologischen Erscheinungen, die lebensgefährlich sein können.
Vergl. → Psychopharmaka und → Sucht.

**Dromomanie** (Dromophilie): Meistens periodisch auftretender krankhafter Wandertrieb auf der Grundlage motorischer Unruhe.
→ Poriomanie.

**Drüsen:** Organe, die bestimmte Stoffe bilden und ausscheiden. Zu den exokrinen oder exkretorischen D. gehören z.B. die Schweiß- und die Tränendrüsen. Die endokrinen oder innersekretorischen D. scheiden vorwiegend → Hormone direkt in die Blutbahn ab. Zu den endokrinen D. gehören u.a. Bauchspeichel-, Schild- und Nebenschilddrüse, Hirnanhang, Nebennieren und Keimdrüsen. Sie sind mit ihren Sekretionen im Zusammenwirken mit dem → Nervensystem wesentlich an der Steuerung der physischen und psychischen Funktionen beteiligt. Daher haben Störungen der Drüsentätigkeit, Über- oder Unterfunktionen, organische und psychische Störungen zur Folge.
Vergl. → Adrenalinausschüttung.

**dynamische Psychologie:** Verschiedene psychologische Richtungen, die das Seelenleben weniger als einen Zustand, sondern vielmehr als einen Prozeß betrachten, der durch das Zusammenwirken vieler Kräfte in Bewegung gehalten wird. Die d.P. untersucht vor allem die seelischen Prozesse, die Merkmale des Verlaufs, die Entwicklung und die Veränderungen, wobei den Antriebskräften und Motivationen besondere Aufmerksamkeit gewidmet wird. Dementsprechend konzentriert sich die Methodik weniger auf Einzelbeobachtungen und Querschnittsanalysen als auf fortlaufende Beobachtungsreihen, Längsschnitte und → Biographien.

**Dysästhesie:** Empfindungsstörung, die sich als abnorme Empfindung eines normalen Reizes äußert, als Reizüberempfindlichkeit oder als reduzierte Reizempfindung.

**Dysbasie:** → Abasie

**Dysergie:** Mangelhafte körperliche und seelische Widerstandskraft.

**Dyshormie:** Antriebsstörung. → Antrieb

**Dyslalie:** Umfassende Bezeichnung für verschiedene Sprechstörungen, die durch fehlerhafte Sprechwerkzeuge, Hirnschädigungen, Geisteskrankheiten und andere psychische Erkrankungen bzw. Störungen bedingt sind. So z.B. → Alalie, → Aphasie, → Aphrasie, → Dyslogie, → Dysphasie, → Dysphrasie und → Paralalie.

**Dyslexie:** Lesestörung, Lesescheu. → Legasthenie.

**Dyslogie:** Auf Geisteskrankheiten zurückgehende Sprechstörungen. Vergl. → Dyslalie.

**Dysmimie:** Störung der → Gestik, → Mimik und → Pantomimik.

**Dysphasie:** Durch Gehirnschädigung bedingte und mit der → Aphasie verwandte Sprechstörung.
Vergl. → Dyslalie.

**Dysphorie** (Dysthymie): Niedergeschlagene, bedrückte, ängstliche und zugleich reizbare Stimmung. Der Gegensatz ist → Euphorie.

**Dysphrasie:** Durch Intelligenzschädigung bedingte und mit der → Aphrasie verwandte Sprechstörung.
Vergl. → Dyslalie.

# E

**Ebbinghaus, Hermann:** Geb. 24.1.1850 in Barmen, gest. 26.2.1909 in Halle; deutscher Psychologe, Mitbegründer der → experimentellen Psychologie. Er wirkte als Professor in Breslau, später in Halle, untersuchte vor allem Lern- und Gedächtnisvorgänge und veröffentlichte u.a. »Über das Gedächtnis« 1885. Die Ebbinghaus-Kurve besagt, daß Gelerntes anfangs schnell, später immer langsamer vergessen wird. Nach dem Ebbinghausschen Gesetz nimmt die Lernzeit bei geringem Anwachsen des Lernstoffs stark zu. Der von ihm eingeführte und später weiterentwickelte sogenannte Lückentest ist ein Intelligenztest mit einem zusammenhängenden Text, dessen Wortlücken zu ergänzen sind. Bekannt wurde auch Ebbinghaus' Auseinandersetzung mit → Dilthey zur Verteidigung der experimentellen gegen die → verstehende Psychologie.

**Echo:** Zu diesem Sammelbegriff für Wiederholungsvorgänge gehören verschiedene Formen der Nachahmung, die im Ansatz bei Kindern entwicklungsbedingt normal sind, außerdem zu den massenpsychologischen Phänomenen gehören, aber auch bei verschiedenen Erkrankungen auftreten, so u.a. bei Hirnschädigungen und Schwachsinn.
Mechanisches Nachschreiben ohne inneres Verständnis des Geschriebenen bezeichnet man als Echographie, das sinnlose Nachplappern von Wörtern und Sätzen als Echolalie oder Echophrasie, die bedeutungslose Nachahmung

von Bewegungen und Handlungen als Echokinese oder Echopraxie und das sinnlose Nachahmen von Gebärden und Mienenspiel als Echomimie. Unter Echothymie oder Gefühlsansteckung versteht man die unkontrollierte Übernahme von Emotionen und Affekten z.B. bei Massenveranstaltungen und Panik.

**EEG:** Abkürzung für Elektroenzephalogramm, die kurven- bzw. wellenmäßige graphische Aufzeichnung der Schwankungen des → Aktionspotentials der elektrischen → Aktionsströme im Gehirn. Die Elektroenzephalographie ermöglicht wichtige Aufschlüsse über Zustand und Tätigkeit des Gehirns und ist damit wesentlicher Bestandteil der → Elektrodiagnostik.

**Effektgesetz:** Nach → Thorndike hängt der Lernerfolg vom Effekt ab. Ein positiver Effekt durch Erfolgserlebnis und Belohnung wirkt verstärkend, ein negativer Effekt durch Mißerfolg und Strafe wirkt abschwächend.

**efferent:** Gleichbedeutend mit → motorisch; Gegensatz von afferent bzw. → sensorisch.

**Ego:** → Ich

**Ego—involvement:** Aus der amerikanischen Sozialpsychologie übernommene Bezeichnung für die Probleme, die sich aus Ich-Ansprüchen und Haltungen im Rahmen sozialer Normen, insbesondere aus der Zugehörigkeit des Einzelnen zu verschiedenen sozialen Gruppen ergeben.

**Egoismus:** Ichbezogenheit; die eigene Persönlichkeit in den Mittelpunkt stellendes Denken, Fühlen und Handeln; Gegensatz zu → Altruismus. Ein gesunder, von echtem → Selbstbewußtsein getragener E. dient der Selbsterhaltung, Selbstbehauptung und Selbstverwirklichung. Bei selbstsüchtig übersteigertem, rücksichtslosem, oft auch brutalem E. handelt es sich um eine Persönlichkeitsstörung mit betont unsozialen Verhaltensweisen.
Vergl. → Anpassung und → Geltungsbedürfnis.

**egozentrisch:** Im Unterschied zum → Egoismus bezieht sich die egozentrische Haltung vorwiegend auf die Anschauungen und weniger auf die Handlungen. Sie bewertet alles nach der Bedeutung für das eigene → Ich. Egozentrische Menschen sehen sich selbst als Maß aller Dinge, interessieren sich vor allem für sich selbst und schließen von sich auf andere. Der Egoismus ist immer zugleich auch e., während bei egozentrischer Haltung durchaus unegoistisches selbstloses Handeln möglich ist.

**Eheberatung:** → beratende Psychologie und → Beratung

**Ehrgeiz:** Ein Leistungsantrieb, der auf Anerkennung zielt und bei normaler Entwicklung der Leistungssteigerung und der Durchsetzung und Verwirklichung der Persönlichkeit dient. Bei mangelndem bzw. unterentwickeltem E. handelt es sich um eine Antriebsstörung (→ Antrieb). Übersteigerter E. steht mit → Egoismus und → Geltungsbedürfnis in engem Zusammenhang, wobei eingebildete oder auch tatsächliche Unzulänglichkeiten ausgeglichen oder verdeckt werden sollen. Die Ursache ist meistens in → Minderwertigkeitsgefühlen zu suchen.

**Eidese:** Das Vorherrschen anschaulich-bildhafter Vorstellungen. Nach → Hellpach eine jugendliche → Entwicklungsphase zwischen → Noese und → Thymose, aber auch ein Altersmerkmal.

**Eidetik:** Die besonders bei Kindern und Jugendlichen, aber auch bei Erwachsenen vorkommende Fähigkeit, einmal Wahrgenommenes bildhaft wieder in Erinnerung rufen und sich in Einzelheiten plastisch vorstellen zu können. Eidetiker reproduzieren Ereignisse und Situationen vor ein inneres Auge. Neben Wahrnehmungen und Vorstellungen verfügen sie über subjektive Anschauungsbilder bzw. Anschauungserlebnisse, die mit → Halluzinationen vergleichbar sind, aber das Realitätsbewußtsein nicht wesentlich beeinträchtigen.
Ob das sogenannte → Zweite Gesicht zu den eidetischen Phänomenen gehört, ist umstritten.

**Eigenraum:** Von → Stern eingeführter Begriff für das räumliche Umfeld der Person, das sich in drei Hauptrichtungen erstreckt. Im Gegensatz zum qualitätsfreien dreidimensionalen Raum ist dieser personale dreidimensionale E. qualitätserfüllt, und die Person bildet nicht nur den körperlichen Bezugspunkt. Ähnlich hat auch der Begriff der Eigenzeit personale Bedeutung und entspricht nicht dem mathematischen Zeitbegriff. Die Eigenzeit besteht nicht nur aus Dauer, sondern hat mehrere Dimensionen.

**Eigenschaften:** Allgemeine Bezeichnung für verhältnismäßig konstante Persönlichkeitsmerkmale, die aus dem Verhalten erschlossen werden. Häufig wird zwischen → Anlagen bzw. → Dispositionen als latenten E. und ausgeprägten E. unterschieden, wobei sich die Ausprägung der Bereitschaften zu E. im Verlaufe der individuellen Entwicklung in Wechselwirkung zwischen Anlage und Umweltverhältnissen vollzieht.
Vergl. → Persönlichkeit.

**Eignung:** Eine Leistungsanlage. Der Begriff ist weitgehend mit → Begabung gleichbedeutend, zielt aber weniger auf qualitative als vielmehr auf quantitative Eigenarten. Während im allgemeinen Sprachgebrauch mit Begabung eine überdurchschnittliche Leistungsanlage gemeint ist, versteht man unter E. nur die → Anlage ganz allgemein.
Eignungsprüfungen bzw. Eignungstests spielen vor allem in der Berufsberatung eine wichtige Rolle und dienen dazu, die individuellen Anlagen herauszufinden, die durch Ausbildung und Übung zu besonderen Fähigkeiten und Leistungen entwickelt werden können.

**Eindruck:** Ein durch Wahrnehmung entstehendes vorläufiges Gesamtbild. Im Unterschied zur Erkenntnis ist der E. gefühlsbetonter und undifferenzierter, denn er orientiert sich vorwiegend an den Ausdruckserscheinungen (→ Ausdruck), die oft täuschen und durch subjektive Bewertung Vorurteilen ausgesetzt sind. Das gilt in besonders hohem Maße für den spontanen ersten E., der prägend sein kann und sich dann später nur schwer korrigieren läßt. Neigungen und Abneigungen spielen bei

der Eindrucksgewinnung eine große Rolle.
Als Eindrucksmethode bezeichnet man Verfahren der modernen → Psychophysik, mit Hilfe von Eindrücken Gefühle durch Selbstbeobachtung zu analysieren.

**Einfühlung:** Das Nachvollziehen fremden Erlebens; sich in einen anderen hineinversetzen, um ihn besser zu verstehen. Die Fähigkeit zur E. hängt eng mit Aufgeschlossenheit und vorurteilsfreier Anteilnahme am Schicksal anderer Menschen zusammen.

**Eingebung:** → Inspiration

**Einkoten:** → Enkopresis

**Einsicht:** Das Verstehen von Abläufen und Zusammenhängen; das Erkennen von Ursache und Wirkung, von Sinnzusammenhängen. Oft tritt eine E. als sogenanntes → Aha-Erlebnis plötzlich auf, vermittelt überraschende Erkenntnisse und eröffnet neue Möglichkeiten für Problemlösungen.

**Einstellung:** Allgemeine und umfassende Bezeichnung mit unterschiedlichen Bedeutungsakzenten. Vor allem ist damit eine in der Individualität verwurzelte, aus Nachwirkungen früherer Erlebnisse, aus Verhaltensbereitschaften, Neigungen, Meinungen und Stimmungen u.a. zusammengesetzte erworbene und mit Wertungen oder Erwartungen verbundene psychische Grundhaltung gegenüber Personen, Ideen usw. gemeint, die das Verhalten und die gefühlsmäßigen Reaktionen beeinflußt. Außer dieser durch Umwelteinflüsse und Erfahrungen erworbenen und verhältnismäßig stabilen E. oder → Attitüde wird auch die kurzfristige Reaktion auf bestimmte Reize und Situationen als E. oder → Set definiert, die vor allem der Umweltorientierung und Anpassung dient.

**Einzelgänger:** → Außenseiter

**Einzelkind:** Durch fehlende Gemeinschaft mit Geschwistern und dementsprechend überkonzentrierte Erziehung sind allein aufwachsende Kinder oft besonders entwicklungsgefährdet. Sie stehen häufig im Mittelpunkt des Familienlebens und sind das Objekt übertriebener Erziehungssorgfalt und überängstlicher Beaufsichtigung. Dadurch wird die Unbefangenheit natürlicher Entwicklung zerstört und zu früh durch Lebensformen und Denkweisen der Erwachsenen ersetzt. Die Folgen sind: Altklugheit und Frühreife, Egoismus, Kontaktschwierigkeiten, Nervosität, Antriebs- und Leistungsschwäche.
Vergl. → Entwicklungsstörungen.

**Ekel:** Heftige Abneigung, Widerwille, Abscheu. Als Affektzustand ist E. mit physischen Reaktionen verbunden und kann sich bis zu panischer → Angst und unkontrollierter Abwehr steigern. Ekelgefühle sind tief in der Persönlichkeitsstruktur verankert und hängen eng mit Erziehung, moralischen und ästhetischen Vorstellungen und Vorgängen des → Unbewußten zusammen. Häufige und den auslösenden Faktoren extrem unangepaßte Ekelreaktionen sind Merkmale einer Persönlichkeitsstörung.
Vergl. → Affekt, → Idiosynkrasie und → Persönlichkeit.

**Ekphorie:** Erinnerung. Den Erinnerungsvorgang, das wieder in

Erinnerung rufen und bewußt machen von Gedächtnisinhalten bezeichnet man als ekphorieren. → Parekphorie ist eine Erinnerungstäuschung.

**Ekstase:** Affektiver Zustand der Verzückung, rauschhaften Erlebens und wirklichkeitsentrückter Begeisterung mit reduzierter Selbstkontrolle. Als Erlebnis einer Vereinigung mit dem Göttlichen und einer Verschmelzung mit dem Übersinnlichen spielt die E. in allen Religionen und in der Mystik eine große Rolle. Ekstatische Zustände des enthemmten außer-sich-Seins sind auch im Sexualleben recht häufig und gehören außerdem zu den Suggestionsphänomenen der Massenpsychologie.

**ektomorph:** Ein Körperbautypus, der dem Leptosomen entspricht. → Typus.

**Elektrakomplex:** Bezeichnung der → Psychoanalyse für übermäßige Vaterbindung der Tochter, das weibliche Gegenstück zum männlichen → Ödipuskomplex. Die Vaterbindung wird mit weitgehend unbewußter Eifersucht der Tochter auf die Mutter und daraus entstehenden Schuldgefühlen erklärt. In der griechischen Sage fordert Elektra, die Tochter des Königs Agamemnon, der von seiner Frau Klytämnestra und deren Liebhaber Ägisth ermordet wird, aus Rache für den über alles geliebten Vater den Tod der eigenen Mutter. Vergl. → Mutterbindung.

**Elektrodiagnostik:** Die E. ist in zwei Richtungen wirksam. Sie mißt die körpereigenen elektrischen → Aktionsströme und gewinnt durch deren Auswertung wichtige Informationen über Zustand und Tätigkeit von Gehirn und Herz u.a. So ist z.B. das EKG (Elektrokardiogramm) eine graphische Aufzeichnung der Aktionsströme des Herzens während das → EEG die Aktionsströme des Gehirns festhält. Außerdem vermittelt die Untersuchung des Verhaltens bei Überleitung elektrischer Energie auf den menschlichen Körper diagnostische Erkenntnisse, so u.a. über den organischen Zustand der Nerven und Muskeln. Da psychische Vorgänge die Reaktion des Körpers auf elektrischen Strom beeinflussen, werden diese sogenannten → psychogalvanischen Reaktionen auch zu Testzwecken herangezogen. So arbeitet beispielsweise der → Lügendetektor auf dieser Grundlage.

**Elektroenzephalogramm:** → EEG

**Elektroschock:** → Schock

**Elementenpsychologie** (Elementarismus): Psychologische Richtung, die von Elementen (Empfindungen, Assoziationen, Reaktionen) des Seelenlebens ausgeht, sich auf deren Erforschung konzentriert und auf dieser Grundlage das psychische Verhalten aufbaut. Auch die → Assoziationspsychologie hat psychische Elemente zur Grundlage. Elemente sind theoretische Grundbausteine, aus denen sich die einzelnen Bewußtseinsinhalte zusammensetzen.
Die analytisch (Vergl. → analytische Psychologie) vorgehende E. hatte im 19. Jahrhundert maßgeblichen Einfluß, steht aber heute in ihrer doktrinären Form im Gegensatz zur → Ganzheits- und → Gestaltpsychologie.
Vergl. → Empfindung.

**Elite:** Auserlesene Minderheit, besonders qualifizierte Gruppe, durch Tradition und Abstammung, Vermögen oder auch spezielles Können führende und oft auch bevorrechtete Schicht.
Das Bewußtsein der Auserlesenheit und des besonderen Auserwähltseins spielt bei allen Gruppenbildungen eine wichtige Rolle, wobei gesellschaftliche Außenseitersituationen religiöser, politischer, sexueller oder sonstiger Minderheiten oft durch betont elitäres Denken und Verhalten kompensiert werden.
Vergl. → Gruppenbewußtsein.

**Embryonalentwicklung:** → Entwicklungsphasen

**Emotion:** Gemütsbewegung, Gefühlszustand mit instinktiven Handlungsimpulsen. Der Begriff ist nicht eindeutig abgrenzbar und wird je nach psychologischer Richtung unterschiedlich definiert. Im allgemeinen Sprachgebrauch hat E. etwa die gleiche Bedeutung wie → Gefühl. Emotional wird meistens im Zusammenhang mit Reaktionen gebraucht und bezeichnet gefühlbetontes und daher oft unüberlegtes, fehlerhaftes Denken und Handeln.
Der Emotionalismus betrachtet das Gefühl als Grundlage des Seelenlebens und leitet alle psychischen Vorgänge davon ab.

**Empfänglichkeit:** Die individuell und je nach Entwicklungsphase, Gesundheitszustand, Stimmung usw. oft sehr unterschiedliche Disposition, auf Reize und Inhalte anzusprechen und sie selektiv aufzunehmen.
Vergl. → Sensibilität.

**Empfindung:** Einfachster und nicht weiter unterteilbarer Bestandteil der → Wahrnehmung. Empfindungen entstehen durch auf die Sinnesorgane einwirkende Reize, die zu → Rezeptoren transportiert und dort in → Aktionspotential umgesetzt werden. Die Intensität der E. ist von der Reizstärke abhängig, die Qualität wird von den Sinnesorganen und den zum Gehirn vermittelnden Nervenleitungen bestimmt.
In der Psychologie des 19. Jahrhunderts waren die Empfindungen von entscheidender Bedeutung, denn man betrachtete sie als grundlegende Elemente, als Grundbausteine, aus denen sich das Seelenleben zusammensetzt.
Vergl. → Elementenpsychologie.

**Empirismus:** Erfahrungslehre. Psychologische Richtung, die nur die Erfahrung als Grundlage des Wissens anerkennt und der Erfahrung, nicht den angeborenen Anlagen, den entscheidenden Einfluß auf die psychische Entwicklung der Persönlichkeit zuspricht.
Die aus Erfahrungen bzw. Wahrnehmungen (Beobachtung, Messung, Experiment) gewonnenen Erkenntnisse bezeichnet man als empirisch.

**endogen:** Im Gegensatz zu den exogenen psychischen Prozessen, die durch äußere Einflüsse entstehen, also umweltbedingt sind, bezeichnet man psychische Vorgänge, insbesondere Störungen und Erkrankungen, die sich aus anlagebedingter Disposition innen entwickeln, als e. So spricht man beispielsweise bei nicht auf äußere Ursachen zurückführbaren Geisteskrankheiten von endogenen → Psychosen.

**endokrine Drüsen:** → Drüsen

**endomorph:** Ein Körperbautypus, der dem Pykniker entspricht. → Typus.

**Englische Schule:** Bezeichnung für die psychologische Richtung der von den englischen Philosophen und Psychologen John Loke, David Hartley, David Hume, James und John Stuart Mill u.a. zu Beginn des 18. Jahrhunderts im Rahmen des klassischen englischen → Empirismus begründeten, dann bis Ende des 19. Jahrhunderts repräsentierten und in Deutschland von → Herbart weiterentwickelten → Assoziationspsychologie. Zuweilen wird auch im Zusammenhang der → Faktorenanalyse von einer E.Sch. gesprochen.

**Engramm:** Eingegrabenes, Eingeschliffenes, Eingeprägtes. → Ebbinghaus und einige andere Psychologen vertreten die Auffassung, daß länger andauernde oder öfter wiederholte Reizungen sich im Gehirn eingraben und Gedächtnisspuren erzeugen. Diese als physiologische Grundlage der Lernprozesse bzw. Gedächtnisphänomene angenommenen, aber bisher nicht nachweisbaren Spuren oder Bahnen werden Engramme genannt.

**Enkephalon:** → Gehirn

**Enkopresis:** Einkoten bei Kindern nach abgeschlossener Sauberkeitserziehung. Tritt das Einkoten öfter auf, ohne daß es sich um ein Schreck- oder Angsterlebnis oder um eine physisch bedingte Schließmuskelschwäche handelt, dann sind unbewältigte Umweltkonflikte häufig die Ursache. Oft lassen sich solche Entwicklungsstörungen beheben, wenn dem Kind bei der Erziehung mehr Selbständigkeit und eigenverantwortlicher Lebensraum bewilligt wird.

**Entfremdung:** In der Psychologie vorwiegend im Sinne von Selbstentfremdung gebraucht. Das Selbstverständnis wird in Frage gestellt; die Person empfindet sich selbst als etwas Fremdes. Als häufigste Ursachen dieser Störung des Ichbewußtseins gelten ungenügende Bedürfnisbefriedigung und mangelnde Selbstverwirklichung durch gesellschaftliche Zwänge. Der Konfliktzustand entsteht durch von außen an die Person herangetragene Forderungen und führt oft zu Lustlosigkeit, Entscheidungs- und Handlungsschwäche, lethargischer Unterwerfung und Verlust des Identitätsgefühls.

**Enthemmung:** → Hemmungen

**Entlastung:** Wesentlicher Grundvorgang der menschlichen Entwicklung. Zahlreiche Entlastungsvorgänge sind daran beteiligt, daß der Mensch im Verlaufe seiner Entwicklung die Fülle der Eindrücke verarbeiten und die Umweltauseinandersetzung mit möglichst geringem Kraftaufwand bewältigen kann. So dienen beispielsweise viele Gewöhnungs-, Übungs- und Lernprozesse der E., da auf diese Weise Kräfte für neue Aufgaben frei werden. Auch intakte Institutionen, soziale Gruppen und Einrichtungen, Religion, Moral und Gesetz erfüllen Entlastungsfunktionen, indem sie für richtiges Verhalten in Normalfällen weitgehende Orientierungshilfe bieten und die eigentlichen individuellen Entscheidungen auf Sondersituationen beschränken.

**Entpersönlichung:** → Depersonalisation

**Entscheidung:** Wahl zwischen mindestens zwei Möglichkeiten des Verhaltens bzw. Handelns. Als Willensakt schließt der Entschluß, sich in einer ganz bestimmten Weise zu verhalten, Aspekte der Überlegung und des Wollens ein. Da die Richtigkeit einer E. nicht immer voraussehbar ist, ergibt sich ein Zusammenhang von Entscheidungs- und Risikobereitschaft. Je mehr man die Folgen aller Verhaltensmöglichkeiten zu überblicken vermag, umso geringer wird das Risiko. Somit hängt die Entscheidungsfähigkeit eng mit der Fähigkeit zusammen, möglichst viele Informationen richtig auszuwerten. Dagegen ergeben sich Entscheidungsschwäche und Entscheidungsunfähigkeit oft aus gesellschaftlichen Zwängen, die nicht nur Orientierungshilfe bieten, sondern die individuelle E. weitgehend vorprogrammieren.
Unter Entscheidungstheorie versteht man in der Psychologie verschiedene Methoden und Techniken, mit deren Hilfe man individuelle Entscheidungen bzw. zukünftiges Verhalten voraussagen kann.

**Entspannung:** Der menschliche Organismus verfügt über eine Grundspannung, die im Rahmen individueller Grenzen gesteigert oder reduziert werden kann und sich im Normalfall selbst reguliert. Länger anhaltende starke Anspannung durch berufliche Überlastung, Leistungsdruck, seelische Konflikte usw. führt zu psychischen und organischen Schäden. Daher ist E. als Ausgleich für seelische und körperliche Belastungen erforderlich. Da die Dauerspannung unseres hektischen modernen Lebens oft nicht mehr allein durch Schlaf, Urlaub, Ausgleichssport und andere sinnvolle Freizeitgestaltung ausgeglichen werden kann und oft auch eine psychische und physische Ruhigstellung aus eigener Kraft kaum noch möglich ist, geht man immer mehr dazu über, den notwendigen Entspannungsprozeß durch bestimmte Techniken zu unterstützen.
Vergl. → Entspannungstechniken und → Streß.

**Entspannungstechniken:** Sammelbezeichnung für verschiedene Verfahren zur Übung und Unterstützung psychisch-physischer → Entspannung und Ruhigstellung. Die E. sind heute wichtiger Bestandteil jeder → Psychotherapie und beruhen alle auf der uralten Erfahrung, die von der modernen Wissenschaft bestätigt wurde, daß zwischen Leib und Seele ein enger Zusammenhang besteht. Die verschiedenen Verfahren gehen auf alte religiöse Meditationsübungen und fernöstliche Lehren der Persönlichkeitsbildung zurück, vor allem auf die → Exerzitien der Jesuiten und auf die Praktiken des Zen-Buddhismus und des → Yoga. Diese mit modernen Erkenntnissen ergänzten und nach den Prinzipien der → Psychosomatik aufgebauten E. wie → autogenes Training und → Meditation u.a. haben hervorragende therapeutische Wirkung und erschließen oft neue Wege zum → Ich.
Vergl. → Autosuggestion, → Hypnose und → Suggestion.

**Entwicklung:** Ein Prozeß fortschreitender körperlich-seelischer Veränderungen des Menschen. Im engeren Sinne vollzieht sich die menschliche E. als Ausbildung von der Keimzelle bis zur → Reife; im weiteren Sinne ist auch die Rückentwicklung vom Abbau im Alter bis zum Tod eingeschlossen. Über die E. gibt es sehr unterschiedliche Modellvorstellungen. Vergl. → Entwicklungsphasen, → Entwicklungspsychologie, → Ontogenese und → Phylogenese.

**Entwicklungsalter:** Der körperliche und seelische Entwicklungsstand eines Menschen im Verhältnis zum Durchschnittsniveau gleichaltriger mit vergleichbaren Entwicklungsvoraussetzungen. Bei Abweichungen von der Norm handelt es sich entweder um Frühreife oder Spätentwicklung. Vergl. → Entwicklungsphasen und → Entwicklungsstörungen.

**Entwicklungsphasen:** Entwicklungsabschnitte, -phasen und -stufen sind nach verschiedenen Ordnungsprinzipien geschaffene künstliche Einteilungen. In Wirklichkeit verläuft die menschliche Entwicklung nicht so sprunghaft wie in den Modellvorstellungen der Entwicklungstheorie, sondern ist mehr ein kontinuierlicher Prozeß. Die von Reifungs- und Lernvorgängen beeinflußten Veränderungen vollziehen sich allmählich und gehen oft unmerklich ineinander über.
Zu den wichtigsten E. gehören die Embryonalentwicklung oder vorgeburtliche Entwicklung; das Säuglingsalter von der Geburt bis zum ersten Lebensjahr; das Kindesalter vom ersten bis zum 14. Jahr, das in frühes (Kleinstkind), mittleres (Kleinkind) und spätes (Schulkind) Kindesalter unterteilt wird; das in Vorpubertät, → Pubertät und Nachpubertät eingeteilte Jugendalter (Vergl. → Adoleszenz) vom 14. bis zum 21. Jahr; das Erwachsenenalter vom 21. bis zum 60. Lebensjahr mit den oft tiefgreifenden Einschnitten des → Klimakteriums und der sogenannten → Midlife-Crisis; schließlich ab dem 60. Jahr das Altern (Vergl. → Alterspsychologie).
In der → Psychoanalyse unterscheidet man u.a. eine → orale, → anale und → genitale Phase der menschlichen Entwicklung. Außerdem spricht man je nach den für die jeweilige Entwicklungsphase besonders charakteristischen Verhaltensmerkmalen volkstümlich von → Fragealter, → Trotzalter, → Flegeljahren, Backfisch- oder → Teenagerzeit usw. Vergl. → Lebenslauf.

**Entwicklungspsychologie:** Ontogenetisch (→ Ontogenese) und phylogenetisch (→ Phylogenese) orientiertes Teilgebiet der Psychologie, das der → Völkerpsychologie und der → Tierpsychologie nahe steht. Die E. befaßt sich mit der Erforschung und Beschreibung der seelischen → Entwicklung des Individuums, aber auch von Stammesentwicklungen bei Menschen und Tieren, wobei Vergleiche zwischen einzelnen Arten, Gruppen und Völkern sowie verschiedenen Umweltbedingungen eingeschlossen sind. Darüber hinaus ist die E. Bestandteil jeder Psychologie, denn Entwicklung ist wesentliches Merkmal jedes seelischen Lebens.

**Entwicklungsstörungen:** Die körperlich-seelische → Entwicklung des Menschen, die Veränderung seiner Form und seines Verhaltens läßt sich auf zwei Hauptursachen zurückführen. Einmal handelt es sich um innere Gründe zur Reife, zum anderen um äußeres Einwir-

ken von Umweltbedingungen. Zwischen diesen beiden Grundmöglichkeiten stehen die Lernprozesse des in seiner Umwelt handelnden Menschen, der sich selbst zu verwirklichen sucht. Gesunde Entwicklung, erfolgreiches Lernen und sinnvolle Selbstverwirklichung haben also entsprechende Funktionsreifung, ausreichende Lernanregungen und vielfältige Möglichkeiten zur Umsetzung in Verhalten zur Voraussetzung. Sind diese Grundbedingungen nicht in erforderlichem Maße gegeben oder ist ihr Zusammenwirken ungenügend, dann handelt es sich um E. Dabei wird an bestimmten Vorstellungen und Verhaltensweisen festgehalten, die einer früheren → Entwicklungsphase angehören. Die Fülle der daran beteiligten endogenen und exogenen (→ endogen) Faktoren ist nahezu unübersehbar und in jedem einzelnen Fall anders zusammengesetzt. Vergl. → Abhängigkeit, → Ablösung, → Adaptation, → Akzeleration, → Anpassung, → Apperzeption, → Degeneration, → Einzelkind, → Fixierung, → Geltungsbedürfnis, → Infantilismus, → Minderwertigkeitsgefühle, → Retardation und → Sexualverhalten.
In besonderen Krisenstadien der Entwicklung wie → Pubertät und → Klimakterium ist die Anfälligkeit für Störungen extrem groß. Dabei sind körperliche und seelische Störungen meistens eng miteinander verbunden und Störungen des endokrinen Drüsensystems (→ Drüsen) die häufigste Ursache.
Die Tatsache, daß der individuelle Entwicklungsstand oft nicht dem Lebensalter entspricht (Vergl. → Entwicklungsalter), ist zunächst nur eine Abweichung von der Norm und keine Entwicklungsstörung im psychopathologischen Sinne. Es gibt viele Früh- und Spätentwickler, vorzeitig alternde und ungewöhnlich lange jung bleibende Menschen. Wird die vorweggenommene oder verzögerte Entwicklung jedoch nicht ausgeglichen bzw. nachgeholt, dann ergeben sich aus der Diskrepanz zwischen Lebensalter und Entwicklungsstand zwangsläufig Konflikte.

**Entwicklungstest:** → Test

**Enuresis:** Einnässen, Bettnässen. Man unterscheidet die E. diurna, eine Unfähigkeit zur Harnverhaltung am Tage, und die E. nocturna, das Bettnässen im Schlaf. Mitunter ergibt sich E. durch Störung der Blasenschließmuskulatur oder Gehirn- und Rückenmarkserkrankungen. Besonders bei Kindern handelt es sich jedoch in den meisten Fällen um eine seelische Störung. Deshalb hat strenge Reinlichkeitserziehung mit Vorwürfen und harten Strafen nur sehr selten Erfolg. Durch verstärkte Aufmerksamkeit und liebevolle Zuwendung ist diese kindliche Verhaltensstörung am ehesten zu beheben. In hartnäckigen Fällen und bei Jugendlichen oder Erwachsenen ist psychotherapeutische Behandlung erforderlich.

**Epidemie:** → psychische Infektion und → Massenpsychologie

**Epilepsie:** Fallsucht, Anfall. Sammelbegriff für verschiedene anfallartig auftretende Krampfzustände, die durch Störungen im Zentralnervensystem verursacht werden und mit mehr oder weniger starken Veränderungen des Wesens und des Charakters verbunden sind. Neben der genuinen (erblichen) E. gibt es mehrere Formen symptomatischer E., die als Folge einer anderen Erkrankung oder Verletzung des Gehirns oder Rückenmarks auftreten. Der eigentliche große epileptische Anfall (grand mal) beginnt mit Beklemmungszuständen und unbestimmten Angstgefühlen, erreicht mit Krämpfen, Schaum vor dem Mund, einem Sturz zum Boden, Urin- und Stuhlabgang und Bewußtlosigkeit den Höhepunkt und klingt dann in einem schlafähnlichen Erschöpfungs- und Dämmerzustand aus. Außerdem gibt es verschiedene Formen kleinerer Anfälle (petit mal), bei denen die Krampfzustände stark vermindert sind oder auch ganz fehlen.

**Epiphyse:** Zirbeldrüse. → Gehirn, → Drüsen und → Hormone

**Erbpsychologie:** Psychologische Genetik. Teilgebiet der Psychologie, das die erbgenetisch bzw. konstitutionsbedingten psychischen Prozesse untersucht. Die E. erhielt wesentliche Anregungen von der Familienforschung (→ Familie), der → Zwillingsforschung und der → Verhaltensforschung, die das Instinktverhalten von Tieren aus angeborenen → Anlagen ableitet (Vergl. → Auslöser und → Verhaltensmuster). Die Untersuchung der angeborenen bzw. ererbten und damit umweltunabhängigen psychischen Vorgänge bezieht sich ebenso auf normale wie auf psychopathologische Prozesse des Individuums, eines Stammes oder einer Rasse.

**Erfahrung:** Sammelbegriff für alle durch Wahrnehmung und Lernen erworbenen Kenntnisse und Verhaltensweisen. Wie viele Erfahrungen ein Mensch sammelt und wie er sie verarbeitet, ist umwelt- und anlagebedingt. Die Erfahrungen der Kindheit und Jugend beeinflussen die ganze spätere Entwicklung. Viele → Neurosen gehen auf unbewältigte Kindheitserfahrungen zurück.
Da unsere technisch und sozial immer komplizierter werdende moderne Welt vom Einzelnen nicht mehr erlebbar ist, werden Kenntnisse und Verhaltensweisen zunehmend von sekundären Erfahrungen bestimmt. Auf vielen Gebieten treten Informationen an die Stelle der primären E.

**Erfolg:** Das Leistungsergebnis einer Folge zweckorientierter Verhaltensweisen. Das individuelle Erfolgs- oder Mißerfolgserlebnis hängt jedoch weniger von der effektiven Leistung als vielmehr vom jeweiligen Anspruchsniveau ab. → Anspruch und → Leistung.

**Erfüllungszwang:** → Vollzugszwang

**Erhebung:** → Meinungsforschung

**Erinnerung:** Gewolltes oder auch ungewolltes Ins-Bewußtsein-treten früherer Erlebnisse und Bedeutungszusammenhänge. Die E. ist eine oft sehr bildhafte Gedächtnisleistung (Vergl. → Gedächtnis), kann aber auch unanschaulich sein und sich auf abstrakte Inhalte beziehen. Erinnerungstäuschungen sind sehr häufig, da lückenhafte Erinnerungen unbewußt nachträglich ergänzt werden, wobei Wunschvorstellungen, Abwehrtendenzen und → Verdrängungen oft eine umdeutende Rolle spielen. Eine Sonderform der

Erinnerungstäuschung ist das Déjà-vu-Erlebnis.
Vergl. → Phantasie

**Erinnerungstäuschung** (Paramnesie, Parekphorie): → Erinnerung und → Déjà vu.

**Erinnerungsverlust:** → Amnesie

**erklärende Psychologie:** Psychologische Forschung, die sich nicht nur auf Beschreibung der psychischen Erscheinungen beschränkt, sondern sie auch zu erklären und in größere Zusammenhänge einzuordnen versucht. → Diltey sah zwischen kausalem naturwissenschaftlichem Erklären und geisteswissenschaftlichem Verstehen einen Gegensatz, der jedoch nicht grundsätzlich aufrecht zu erhalten ist, wenn auch die psychologische Forschung mitunter nur beschreibt und sich möglicher Erklärungsversuche enthält. Vergl. → beschreibende und → verstehende Psychologie.

**Ermüdung:** Das Nachlassen der psychischen und physischen Leistungsfähigkeit. Zu den wichtigsten psychischen Merkmalen der E. gehören nachlassende Konzentrationsfähigkeit und zunehmende Unlust, Ablenkbarkeit und Reizbarkeit. Bei E. einiger arbeitender Organe handelt es sich um partielle E., während die totale Ermüdung oder Erschöpfung den Energieverbrauch des ganzen Organismus signalisiert. E. ist durch verstärkten Willenseinsatz überwindbar. Dieser Verbrauch der letzten Energiereserven hat jedoch eine so starke Beanspruchung der zentralen Funktionen zur Folge, daß es in Extremfällen zu physischen und psychischen Schäden kommen kann (Vergl. → Streß). E. ist eine Schutzmaßnahme des Organismus gegen Überbeanspruchung oder auch eine psychische Abwehrmaßnahme bei Interessenlosigkeit. Die Ermüdbarkeit ist von Dauer und Schwere der Arbeitsleistung, von der individuellen Konstitution und → Motivation sowie von zahlreichen anderen psychischen Faktoren abhängig, deren Erforschung ein wichtiges Teilgebiet der → Arbeitspsychologie ist.

**Erotik:** Von dem griechischen Natur- und Liebesgott Eros abgeleiteter vieldeutiger Begriff, der im weitesten Sinne alle Formen der Liebe umfaßt, zum Teil aber auch nur auf die Liebeskunst bezogen wird. Im allgemeinen Sprachgebrauch versteht man E. heute vor allem als Gegensatz zur Sexualität. Während Sexualität die geschlechtliche Liebe bezeichnet, ist mit E. die von körperlichem Verlangen freie seelisch-geistige Liebe gemeint. Damit gehören alle sublimierten Formen der geschlechtlichen Liebe, auch die des sozialen Lebens und der Kunst, in den Bereich der E.
Eros im Sinne → Freuds → Lebenstrieb.

**Erregung:** Sammelbegriff für die verschiedensten physischen und psychischen Reaktionen auf äußere und innere Reize. Im psychologischen Bereich sind damit die → Emotionen bzw. → Affekte gemeint. Unter Erregbarkeit versteht man ganz allgemein die Fähigkeit, auf Reize zu reagieren, im psychologischen Bedeutungssinne bezieht sich das auf die mehr oder weniger ausgeprägte emotionale Ansprechbarkeit bzw. Affektbereitschaft.

**Ersatzhandlung:** Nach → Freud streben verdrängte bzw. unterdrückte Bedürfnisse nach Ersatzbefriedigung, deshalb treten Ersatzhandlungen bzw. Handlungen an einem Ersatzobjekt an die Stelle der eigentlichen Handlung und schaffen eine Ersatzbefriedigung. Dabei kann allerdings das Handeln auch durch Vorstellungen oder verbale Abreaktionen ersetzt werden.

**Erschöpfung:** → Ermüdung

**erster Eindruck:** → Eindruck

**Erwachsenenpsychologie:** Teilgebiet der Psychologie, das sich mit den speziellen Merkmalen und Problemen der Erwachsenen befaßt. Während die → Kinderpsychologie die Entwicklung von der Geburt bis zum 14. Lebensjahr, die → Jugendpsychologie den Zeitraum vom 14. bis zum 21. Lebensjahr und die → Alterspsychologie die Prozesse des Alterns ab dem 60. Lebensjahr untersucht, widmet sich die E. dem großen Zeitabschnitt vom 21. bis zum 60. Lebensjahr.
Vergl. → Entwicklungsphasen.

**Erwartung:** Gefühlsmäßige Einstellung auf mehr oder weniger deutliche Zielvorstellungen; psychische Vorwegnahme vermuteter zukünftiger Ereignisse. Die E. umfaßt sehr unterschiedliche Gefühle wie Hoffnung und Sorge, Geduld und Ungeduld, Freude und Furcht, Zuversicht und Verzweiflung. Erwartungsgefühle und Erwartungsspannung sind wesentlicher Bestandteil des seelischen Lebens und wirken sich auf die gesamte Gemütslage und auf das Verhalten aus. In Extremfällen können sich übersteigerte Erwartungszustände bis zur Neurose steigern.
Fehlleistungen auf der Grundlage bestimmter Erwartungen, die dann nicht eintreffen, bezeichnet man als Erwartungsfehler.

**Erziehung:** Weitgespannter Begriff, der alle aus inneren Reifegründen und äußeren Umwelteinflüssen hervorgehenden Lernprozesse umfaßt, die der heranwachsende Mensch im Verlaufe seiner → Entwicklung bewußt und unbewußt durchmacht, sowie das planmäßige Einwirken von Erziehern, um die individuellen Anlagen zu fördern oder notfalls auch umzuformen, die Umwelteinflüsse zu regulieren und damit den gesamten Lernvorgang zu unterstützen. Obwohl zwischen Erziehungswissenschaft bzw. → Pädagogik und Psychologie noch immer enge Beziehungen bestehen, hat sich der ursprüngliche Zusammenhang im Verlaufe der Spezialisierung beider Fachrichtungen immer mehr gelockert. Heute berühren sich Psychologie und Erziehungswissenschaft vor allem in der → Entwicklungspsychologie des Kindes und Jugendlichen, in der Erforschung der Lernvorgänge (Vergl. → Lernen), in der Erziehungsberatung und Erziehungshilfe.

**Erziehungsberatung:** → beratende Psychologie und → Beratung

**Erziehungswissenschaft:** → Pädagogik

**Es** (Id): Das → Unbewußte oder auch Unterbewußtsein. Nach → Freud der bewußten Kontrolle entzogene unbewußte Seelenleben im Unterschied zum → Ich, dem bewußten Teil des Seelischen. Das E. unterliegt dem sogenannten

Lustprinzip (Vergl. → Lust), während das Ich nach dem → Realitätsprinzip und das weitgehend mit dem → Gewissen identische → Über-Ich nach dem Moralitätsprinzip (Vergl. → Moral) arbeitet.

**ESP:** Abkürzung der englischen Bezeichnung Extra sensory perception. → außersinnliche Wahrnehmungen.

**Ethik:** Sittlichkeits- oder Wertlehre. Philosophischer Begriff für die Prinzipien sittlichen Handelns. Die psychischen Aspekte der E. sind vor allem die sittliche Grundhaltung (Ethos), das sittliche Wertbewußtsein (→ Gewissen) und das verantwortungsbewußte sittliche Handeln (→ Moral).

**Ethnopsychologie:** → Völkerpsychologie

**Ethnozentrismus:** Überbewertung der Eigenschaften der eigenen Gruppe, Nation, Rasse usw. im Vergleich zu den Wertvorstellungen und Lebensformen anderer Gruppen. E. bedingt → Vorurteile und führt häufig zu → Intoleranz und dogmatisch-autoritären Einstellungen und Verhaltensweisen.

**Ethologie:** Veraltete Bezeichnung für → Ethik oder auch für Charakterkunde (→ Charakter). In der → Tierpsychologie Bezeichnung für vergleichende → Verhaltensforschung.

**Euphorie:** Gegensatz von → Dysphorie; überschwängliches Wohlbefinden und übersteigerter Lebensdrang; der realen Situation unangemessene Gefühle der Begeisterung und Beglückung. Euphorische Zustände sind temperamentsbedingt, können aber auch durch Anregungs- und Rauschmittel entstehen und sind außerdem charakteristisch für manche Geisteskrankheiten.

**eurysom:** Breiter, dicker, wohlbeleibter Körperbautypus; gleichbedeutend mit pyknisch. → Typus.

**Evidenz:** Das Selbstverständliche, unmittelbar Einleuchtende und Einzusehende; die Gewißheit der Richtigkeit einer Erkenntnis.

**Evolution:** Im psychologischen Sprachgebrauch gleichbedeutend mit → Entwicklung.

**Examensangst (Examensstupor):** → Prüfungsangst

**Exerzitien:** Meditationsübungen, geistig-körperliche Zuchtübungen. → Entspannungstechniken.

**Exhibitionismus:** Sexuelle Lustempfindung bei der Entblößung und Zur-Schau-Stellung der eigenen Geschlechtsteile. Im Ansatz gehören Tendenzen des E. zum normalen → Sexualverhalten. In Extremfällen, wenn exhibitionistische Praktiken mit → Masturbation mehr oder weniger ausschließlich an die Stelle des Geschlechtsverkehrs treten und andere Personen belästigt bzw. unfreiwillig einbezogen werden, handelt es sich um eine ernsthafte sexuelle Störung, die auch strafrechtliche Folgen hat.
Vergl. → Entwicklungsstörungen und → Perversionen.

**Existenzanalyse:** → Daseinsanalyse und → Logotherapie

**Existenzpsychologie:** → Daseinsanalyse

**exogen:** → endogen

**Exorzismus:** Beschwörung und Austreibung böser Geister. Ein magisches Ritual zur Heilung Geisteskranker, sogenannter vom Teufel Besessener. Der E. ist ein uraltes religionspsychologisches Phänomen und sollte heute nur noch unter ärztlicher Kontrolle ausgeübt werden.

**Experiment:** Ein wissenschaftlicher Versuch; eine planmäßige, variierbare und beliebig wiederholbare → Beobachtung unter kontrollierten Bedingungen zur Erforschung von Gesetzmäßigkeiten und zur Überprüfung von → Hypothesen. Das E. ist ein wichtiges methodisches Hilfsmittel der Psychologie, wobei möglichst alle → Variablen konstant gehalten werden, während eine (oder mehrere) unabhängige Variable verändert bzw. planmäßig variiert wird, um die dadurch herbeigeführte Wirkung auf abhängige Variablen zu beobachten.

**experimentelle Psychologie:** Im weitesten Sinne alle Teilgebiete der Psychologie und alle psychologischen Richtungen, die sich experimenteller Methoden bedienen. Im engeren Sinne die vorwiegend experimentell orientierten psychologischen Schulen wie der → Behaviorismus, die → Denkpsychologie der → Würzburger Schule, die → Gestaltpsychologie und die → objektive Psychologie.
Von → Fechner inspiriert, der die experimentelle Methode der Physik in der zweiten Hälfte des 19. Jahrhunderts der Psychologie zugänglich machte, entwickelte sich diese Forschungsweise sehr schnell, und ihre Verfahren, zu denen auch die Testpsychologie (→ Test) gerechnet werden kann, setzten sich allgemein durch. Wenn auch der Anwendbarkeit des Experiments, trotz neuester mathematisch-statistischer Methoden, Grenzen gesetzt sind, ist die e.P. heute doch wesentlicher Bestandteil der modernen psychologischen Forschung und Praxis.

**Exploration:** Diagnostische Methode. Informationsgespräch des Psychologen bzw. Psychotherapeuten mit der zu untersuchenden Person. Um der individuellen Situation angemessene Maßnahmen treffen zu können, werden durch gezielte Fragen die Lebensverhältnisse, die psychische Gesamtsituation und die besonderen Probleme erhellt oder auch diagnostische Informationslücken geschlossen, Unklarheiten und Widersprüche beseitigt.

**Extraversion** (extravertiert): Ein von → Jung in die Psychologie eingeführter Persönlichkeitstypus, dessen Grundstruktur angeboren ist. Der extravertierte Typus ist in seiner Grundeinstellung nach außen gewendet, aufgeschlossen, kontaktfreudig, anpassungsfähig und am praktischen und sozialen Leben der Umwelt orientiert. Der Gegensatz ist → Introversion.

# F

**Fähigkeiten:** Verschieden interpretierter Begriff für Leistungsbereitschaften bzw. Leistungsbedingungen. Alle spezifischen Vorausset-

zungen für bestimmte Leistungen. Alle Bedingungen, die zur Ausführung einer bestimmten Tätigkeit bzw. Leistung notwendig sind. Häufig werden F. mit → Eigenschaften oder → Dispositionen gleichgesetzt. Vergl. → Anlage, → Begabung und → Eignung.
Um eine Abgrenzung und Analyse der F. ist die → Faktorenanalyse bemüht.

**Faktorenanalyse:** Statistisches Verfahren zur Auswertung experimentell gewonnener Daten oder Testdaten und der → Korrelationen zwischen den einzelnen Daten. Die quantitative Analyse aller Wechselbeziehungen der → Variablen eines bestimmten Untersuchungsgebietes führt die Wechselbeziehungen auf die Wirkung einer möglichst kleinen Faktorenzahl zurück und dient damit der Bestimmung, ob verschiedene Leistungen durch einen Faktor oder mehrere Faktoren bedingt sind. Bevorzugtes Anwendungsgebiet dieses von → Spearman, → Thorndike und → Thurstone u.a. entwickelten Verfahrens ist die Untersuchung von Zahl und Art der menschlichen → Fähigkeiten bzw. → Eigenschaften.
Vergl. → Englische Schule, → Experiment, → Statistik und → Test.

**Fallstudie:** Methode der → Diagnose und der Persönlichkeitsforschung (→ Charakter). Sammlung und Ordnung aller wesentlichen Unterlagen und persönlichen Daten einer zu untersuchenden Person, um den Gesamtzusammenhang der individuellen psychischen Situation und der speziellen Probleme besser überblicken zu können. Dazu gehören u.a. Test- und Gesprächsergebnisse, Krankengeschichten, Bildungsverlauf, persönliche Lebensverhältnisse. Vergl. → Anamnese, → Biographie, → Exploration und → Selbstanalyse.

**Familie:** Wichtigste soziale Gruppenstruktur, deren Konstellation nicht nur für die Pflege und → Erziehung der Kinder, sondern für die gesamte → Entwicklung der Persönlichkeit von entscheidender Bedeutung ist. Da die → Anlagen des Kindes vom Erbgut der Eltern abhängen und der heranwachsende Mensch in der F. die frühesten Umwelterfahrungen macht und somit in dieser → Gruppe die erste Formung seiner gesamten → Disposition erfährt, sind die grundlegende psychische Kondition und das spätere Verhalten im Erwachsenenalter wesentlich von der Beschaffenheit der F. abhängig.
Familienforschung ist vor allem Bestandteil der → Erbpsychologie, der Persönlichkeitsforschung (→ Charakter), der → Sozialpsychologie und der → Völkerpsychologie, aber auch andere Teilgebiete der Psychologie untersuchen Aspekte des Familienlebens und der Familienfunktionen.

**Fanatismus:** Übertriebene, unkritische Begeisterung, blinder, unduldsamer Eifer für eine Idee bzw. Überzeugung mit rücksichtslosem Einsatz für deren Verwirklichung. F. ist mit → Intoleranz verbunden und findet sich vor allem bei Anhängern extremer religiöser und politischer Richtungen. Zur Durchsetzung ihrer Überzeugung ist Fanatikern nahezu jedes Mittel recht. Dabei stehen ihre skrupellosen und in neuerer Zeit zunehmend inhumanen, terroristischen Methoden oft in schroffem Gegensatz zu den von ihnen postulierten Ideen. Fanatiker sind labi-

le, unsichere, unselbständige, entwicklungsgestörte Menschen mit starken → Minderwertigkeitsgefühlen, deren ethische Grundlagen (→ Ethik) durch krankhafte Besessenheit von einer weltverbessernden Idee zerstört sind.
Oft ist F. auch das Produkt einer Massenhysterie.
Vergl. → Abhängigkeit und → Massenpsychologie.

**Farben:** Alle durch das Auge vermittelten Wahrnehmungen sind Licht, das durch verschiedene Wellenlängen in einer bestimmten Qualität bzw. Farbe erscheint. Die einzelnen physiologischen Vorgänge des Licht- bzw. Farbensehens sind bis heute nicht restlos geklärt. Farbenfehlsichtigkeit ist eine angeborene, mitunter auch erworbene Störung der Farbempfindung. Bei partieller Farbenfehlsichtigkeit handelt es sich um eine Unfähigkeit, bestimmte Farben zu unterscheiden. Bei vollständiger Farbenfehlsichtigkeit bzw. Farbenblindheit werden nur Grauschattierungen wahrgenommen.
Da Farbempfindungen offenbar nicht nur durch das Auge vermittelt werden, sondern tief mit dem Gesamterleben und der Persönlichkeitsstruktur verbunden sind und Stimmungen, Gefühle und Reaktionen beeinflussen, befaßt sich die psychologische Forschung schon seit längerem mit den vielseitigen Problemen der Farbeindrücke.
Symbolische Bedeutung der Farben ist zu allen Zeiten nachweisbar, wenn sie auch nicht bei allen Völkern die gleiche ist. So ist in unserem Kulturkreis beispielsweise schwarz das Symbol für Trauer und geheimnisvolle Macht, weiß für Reinheit und Unschuld, rot für Aktivität, Mut und Leidenschaft, gelb für Intuition, Glauben und Enttäuschung, grün für Freude, Hoffnung und Realitätssinn, blau für Klarheit, Wahrheit und Treue. Davon ausgehend, werden heute alte Farbsymbole und neue Erkenntnisse über psychische Farbwirkungen in der Raumgestaltung, in der Werbung, im Unterricht usw. eingesetzt. Dabei wird sogenannten warmen Farbtönen wie rot und orange eine anregende und kühlen Farben wie blau und weiß eine beruhigende Wirkung zugesprochen. Bei manchen Menschen löst das Hören bestimmter Geräusche oder Tonfolgen bestimmte Farbvorstellungen aus. Bei Neurosen können Farben so erregend oder hemmend wirken, daß es zu einem sogenannten Farbschock kommt. Die noch weitgehend ungeklärten Beziehungen zwischen individuell anziehenden und abstoßenden Farben und Charaktermerkmalen werden u.a. mit Hilfe von Farbtests untersucht, während sich die sogenannte Farbe-Form-Forschung mit Farb- bzw. Formreaktionen befaßt. Auch die besonderen Erscheinungsweisen der Farben in komplexen Wahrnehmungssituationen sind Gegenstand psychologischer Untersuchungen, doch vorerst sind unseren physiologischen und psychologischen Einsichten noch relativ enge Grenzen gesetzt.

**Fechner, Gustav Theodor:** Geb. 19.4.1801 in der Niederlausitz, gest. 18.11.1887 in Leipzig; deutscher Philosoph, Anthropologe und Begründer der → Psychophysik, von 1834 bis 1840 Professor für Physik in Leipzig. In seinen philosophischen Schriften verschmelzen exakte naturwissenschaftliche Erkenntnisse mit spekulativen Tendenzen. Für die Psychologie waren seine Arbeiten über Psychophysik von bahnbrechender Bedeutung. Seine Untersuchungen über die Beziehungen zwischen Reiz und Empfindung führten zur Weiterentwicklung des sogenannten Weberschen Gesetzes (→ Weber). Nach dem Weber-Fechnerschem Gesetz gilt die psychophysische Maßformel, daß die Empfindungsstärken in arithmetischer Reihe zunehmen, wenn die zugehörigen Reize in geometrischer Reihe wachsen. F. veröffentlichte u.a. die Schriften »Elemente der Psychophysik« 1860, »In Sachen der Psychophysik« 1877, »Revision der Hauptpunkte der Psychophysik« 1882 und »Über die psychischen Maßprinzipien und das Webersche Gesetz« 1887.

**Feedback:** Rückkoppelung, Rückmeldung. Begriff der → Kybernetik für rückmeldende Signale. Die physischen und psychischen Funktionen des Menschen werden durch verschiedene Rückmeldesysteme gesteuert und kontrolliert. So z.B. die Muskeltätigkeit und die Koordination organischer und psychischer Vorgänge. Im übertragenen Sinne handelt es sich auch bei Gegenreaktionen wie → Gestik und → Mimik u.a. um Rückmeldesignale der Umwelt, ob und wie ein bestimmtes Verhalten aufgenommen wurde.
Vergl. → Informationstheorie und → Kommunikation.

**Fehlleistungen** (Fehlhandlungen): Fehler des Versprechens, Verlesens und Verschreibens durch Wortverwechslungen oder Wortverdrehungen. Auch zeitweiliges Vergessen bestimmter Wörter und Namen, das Verlegen, Verlieren oder scheinbar absichtslose Beschädigen bestimmter Gegenstände usw. gehört zu den F., die nach → Freud selbst dann, wenn sie aus Abgelenktsein, Erregung oder Übermüdung geschehen, tiefere Bedeutung haben und auf verheimlichte oder auch unbewußte Wunschtendenzen hinweisen.
Vergl. → Verdrängung.

**Feld:** Der aus der Physik übernommene Begriff wird oft als Synonym für Raum, Bereich, Gebiet benutzt, bezeichnet aber eigentlich ein ganzheitliches dynamisches Kraftfeld, ein feldartiges Energiesystem. Im Rahmen dieser Vorstellung werden alle Prozesse und Verhaltensweisen, soweit sie nicht mechanischen Zwangsbedingungen unterliegen, als Feldwirkungen beschrieben. → Wahrnehmung, → Denken, → Erinnerung usw. ist Feldgeschehen. Jedes → Verhalten ist durch ein Feld bedingt, dessen Struktur sich aus → Antrieben, → Bedürfnissen, → Aufforderungscharakteren usw. als Feldkräften ergibt.
In der → Sozialpsychologie versteht man unter F. den sozialen Lebensraum des Individuums. Dabei sind die Bedingungen der Umwelt bzw. der Gesellschaft als Feldkräfte wirksam.

**Feldstudie:** Bezeichnung für Beobachtungen, Untersuchungen und Datenermittlungen, die keiner künstlichen Versuchsanordnung unterliegen, sondern in der natürlichen Umgebung vorgenommen werden, so z.B. in der Schulklasse, im Betrieb oder auf dem Sportplatz.

**Feldtheorie:** Im weitesten Sinne alle psychologischen Betrachtungsweisen, die von dem Begriff des → Feldes als grundlegende Erklä-

rung der psychischen Vorgänge ausgehen. Im engeren Sinne die → Gestaltpsychologie nach den Theorien von → Wertheimer, → Köhler und → Koffka und die → topologische Psychologie nach → Lewin.
Wertheimer und andere Gestalttheoretiker gehen von einem in der Hirnrinde lokalisierten physikalisch-physiologischen Feld und von elektro-chemischen Kräften als Feldwirkungen aus und betrachten die psychischen Prozesse als dementsprechende Vorgänge der Nervenerregung. Dagegen orientiert sich Lewin an der nicht quantitativen topologischen Psychologie, läßt die physikalisch-physiologischen Aspekte unberücksichtigt und benutzt das psychische Feld als Hilfsvorstellung, um die Vielzahl miteinander verbundener gleichzeitiger Faktoren in ihren Relationen beschreiben und damit Einsichten in die psychische Verhaltensdynamik gewinnen zu können.

**Fellatio:** Oral-genitaler Kontakt der Frau beim Manne.
Vergl. → Cunnilingus, → Oralverkehr und → Sexualverhalten.

**Fetischismus:** Der Glaube an dämonische Kräfte, die in leblosen Gegenständen ruhen bzw. in ihnen gebannt sind. Amulette und Talismane sind noch heute weit verbreitete Spielarten dieses uralten magischen Zauberglaubens. Auf das → Sexualverhalten bezogen, bedeutet das im übertragenen Sinne, daß bestimmte Körperteile oder auch Gegenstände verehrt und geliebt werden. Übt der Fetisch einen so starken Reiz aus, daß der Sexualpartner nur deshalb begehrt oder sogar vollständig überflüssig wird, also die Beziehung zum Fetisch den Partner ersetzt, dann handelt es sich um eine ernsthafte psychische Störung.
Vergl. → Entwicklungsstörungen, → Magie und → Perversionen.

**Fixierung:** Nach → Freud das Festhalten an → Bindungen ohne die Fähigkeit zur → Ablösung. Eine → Entwicklungsstörung, bei der in Vorstellungen und Verhaltensweisen verharrt wird, die einer früheren → Entwicklungsphase angehören. Das gilt vor allem für das → Sexualverhalten, im erweiterten Sinne aber für jedes fixierte Verhalten, das auf ungenügend verarbeitete Kindheitserlebnisse zurückzuführen ist.

**Flagellantismus:** Selbstgeißelung; Mißhandlung, insbesondere Auspeitschung des eigenen Körpers. Ein religionspsychologisches Massenphänomen (Vergl. → Massenpsychologie), das im christlichen Abendland mit den fanatischen Selbstkasteiungen der Büßergenossenschaften des 14./15. Jahrhunderts seinen Höhepunkt erreichte. Als sexuelle → Perversion kommt F. oder Flagellomanie auch heute noch vor. Dabei lösen die selbst zugefügten Schmerzen masochistische Lustempfindungen und sexuelle Befriedigung aus.
Vergl. → Algolagnie und → Masochismus.

**Flegeljahre:** Volkstümlicher Ausdruck für die → Entwicklungsphase männlicher Jugendlicher kurz vor und während der → Pubertät, die durch Unausgeglichenheit, Rechthaberei, Überheblichkeit, betont forsches Benehmen und Aggressivität gekennzeichnet ist. Den F. entspricht bei Mädchen die früher Backfischjahre genannte → Teenagerzeit.

**Flexibilität:** Aufgeschlossenheit, Anpassungsfähigkeit, nuanciertes Reaktionsvermögen, weitgehende Bereitschaft, das individuelle Verhalten zu verändern und auf unerwartete oder neue Situationen schnell und angemessen zu reagieren. Der Gegensatz ist → Rigidität.

**Fluchtverhalten:** Bei Tieren ein Instinktverhalten zur Feindvermeidung bzw. Gefahrenabwehr durch Ortsveränderung. Der Reaktionsablauf des Fluchtverhaltens wird durch bestimmte Reize ausgelöst (→ Auslöser), wobei Reize und Reaktionen ebenso artspezifisch programmiert sind wie die sogenannte Fluchtdistanz, die Entfernung, auf die sich ein Feind bzw. eine Gefahr nähern kann, bis das F. einsetzt.

**forensische Psychologie:** Gerichtliche Psychologie. Von → Stern u.a. begründetes Teilgebiet der → angewandten Psychologie, das in sehr enger Beziehung zur → Kriminalpsychologie steht und sich mit den vielseitigen psychologischen Problemen der Rechtssprechung und des Strafvollzugs, insbesondere der Glaubwürdigkeit von Zeugenaussagen (→ Aussagepsychologie) und der Schuldfähigkeit befaßt.

**Fragealter:** Bezeichnung für die kindlichen → Entwicklungsphasen um das 2. und um das 4. Lebensjahr. Die etwa im 2. Lebensjahr liegende 1. Frageperiode ist durch die kindliche Sprachentwicklung bedingt und bezieht sich auf die Entdeckung der Nennfunktion der Wörter. Das Kind erkundigt sich, wie dieses oder jenes genannt wird, fragt also nach dem Namen der Dinge. Die 2. Frageperiode im 4. Lebensjahr ist auf das Warum der Dinge konzentriert und bezieht sich auf das zunehmende Interesse an den Sachverhalten und Zusammenhängen der Umwelt.

**Fragebogenmethode:** Eine nach bestimmten methodischen Gesichtspunkten zusammengestellte Liste von Fragen, die meistens mit ja oder nein oder unentschieden zu beantworten sind und vor allem der Ermittlung von Charaktereigenschaften und von Einstellungen zu bestimmten Themenbereichen dienen. Die dem → Test verwandte F. wird bevorzugt von der Sozialpsychologie und der Persönlichkeitsforschung, aber auch in der Markt- und Meinungsforschung eingesetzt.

**Frankl, Viktor:** Geb. 26.3.1905 in Wien; österreichischer Neurologe und Psychiater, Begründer der Existenzanalyse bzw. → Logotherapie. Er wirkte als Professor für Neurologie und Psychiatrie an der Wiener Universität und lehrte Logotherapie in Kalifornien. Zu seinen bekanntesten Schriften, die zum Teil in mehreren Auflagen erschienen, gehören u.a. »Ärztliche Seelsorge« 1950, »Die Psychotherapie in der Praxis« 1959, »Theorie und Therapie der Neurosen« 1967 und »Der Wille zum Sinn« 1972.

**Frettchen-Effekt:** Von Günter Pössiger aus der Verhaltensforschung abgeleiteter und in die Angstpsychologie eingeführter Begriff für ernsthafte psychische und physische Störungen durch übersteigerte Furchtreaktion auf der Grundlage persönlichkeitsbedingter Angst.
Die Todesangst der Wildkanin-

chen über in ihre Baue eindringende Frettchen führt zu einem Schilddrüsenschaden, dem sogenannten Schreck-Basedow, an dessen Folgen sie auch nach überstandener Gefahr sterben. In diesem Sinne löst beim Menschen der Schreck über eine eingebildete oder auch tatsächliche Gefahr bei entsprechendem subjektiven Angsthintergrund übersteigerte Furchtreaktionen aus und führt zu psychosomatischen Störungen, die weit über den gegebenen äußeren Anlaß hinaus wirksam bleiben. Der davon Betroffene ist nicht durch die akute Gefahr geschädigt, sondern durch den hinter der übermäßigen Schreckreaktion verborgenen latenten psychischen Angstzustand.
Zu diesem Thema des Furcht- und Angstverhaltens siehe auch Günter Pössiger »Angst erkennen - Angst überwinden«, Humboldt-Taschenbuch Nr. 276.

**Freud, Sigmund:** Geb. 6.5.1856 in Freiberg, Mähren, gest. 23.9.1939 in London; österreichischer Psychiater, seit 1885 Dozent, ab 1902 Professor in Wien, Begründer der → Psychoanalyse und der modernen → Traumpsychologie. Seine Theorien wurden rasch international bekannt und gaben der psychologischen Entwicklung unseres Jahrhunderts entscheidende Impulse. 1938 emigrierte F. nach London. Er veröffentlichte u.a. »Die Traumdeutung« 1900, »Zur Psychopathologie des Alltagslebens« 1901, »Drei Abhandlungen zur Sexualtheorie« 1904, »Vorlesungen zur Einführung in die Psychoanalyse« 1917, »Das Ich und das Es« 1923. Die 4. Auflage seiner gesammelten Werke in 18 Bänden erschien 1968 ff.

**Frigidität:** Gefühlskälte, sexuelle Empfindungslosigkeit der Frau. Stark verminderte oder völlig fehlende Orgasmusfähigkeit und dementsprechend geringes Verlangen nach sexuellen Beziehungen. Wie beim Mann die → Impotenz, so hat bei der Frau die F. häufig psychogene Ursachen. So zum Beispiel unbewältigte frühe Sexualerlebnisse, Schock, neurotische Hemmungen oder unbewußte sexuelle Ablehnung des Partners.

**frühreif:** → Einzelkind, → Entwicklungsalter und → Entwicklungsstörungen

**Frustration:** Behinderung, Abweisung, Versagung, unfreiwilliger Verzicht und die sich daraus entwickelnde Enttäuschung. Häufige bzw. länger anhaltende Frustrationserlebnisse schlagen oft in → Aggressionen und → Regression um.

**fühlen:** 1. Bezeichnung für Tastempfindungen (Druck bzw. Berührung), Temperaturempfindungen (heiß und kalt) und Schmerzempfindungen, die durch die Hautsinne und Tastorgane vermittelt werden.
Vergl. → Haptik, → tasten und → Sinneswahrnehmungen.
2. Emotionales Erleben. → Emotion und → Gefühl.

**Funktion:** Tätigkeit, Aufgabe, Zweck, insbesondere die auf einen bestimmten Zweck ausgerichteten psychischen Tätigkeiten wie Wahrnehmen (→ Wahrnehmung), → Gedächtnis und → Denken, aber auch die → Bedürfnisse und → Triebe u.a. Die Untersuchung der einzelnen Funktionen im Ge-

samtzusammenhang der Persönlichkeit ist ein wichtiges Forschungsgebiet der Psychologie, wobei es über die sogenannten Grundfunktionen und über die klassifizierende Aufteilung der psychischen Tätigkeiten in bestimmte Funktionsbereiche je nach psychologischer Richtung sehr unterschiedliche Auffassungen gibt.
In der mathematisch-statistischen Psychologie versteht man unter F. die Beziehungen zwischen zwei voneinander abhängigen Größen bzw. → Variablen.

**Funktionalismus:** Dem → Behaviorismus nahestehende Hauptrichtung der amerikanischen Psychologie, die das psychische Leben auf biologischer Grundlage als Anpassungsfunktion des Gesamtorganismus betrachtet und dementsprechend den psychischen Vorgängen bzw. Funktionen mehr Bedeutung zuspricht als den Zuständen bzw. Inhalten.

**funktionelle Störungen** (Funktionsstörungen): Psychische Störungen der Verhaltensweisen oder Intelligenzabläufe ohne erkennbare organische Schäden. → Neurosen.

**Furcht:** → Angst

**Furor:** Starker Erregungszustand, Wutanfall, Jähzorn, Tobsucht, Raserei.

**Fusion:** Vereinigung, Verschmelzung. In der → Psychoanalyse Bezeichnung für die Einheit von → Lebens- und → Todestrieb, die im Normalfall gegeben ist und als wichtige Voraussetzung zu selbständiger Lebensbewältigung gehört, sich aber bei Geisteskrankheiten häufig auflöst.

# G

**Galton, Francis:** Geb. 16.2.1822 in Birmingham, gest. 17.1.1911 in London; englischer Psychologe und Vererbungsforscher. Er begründete die → Zwillingsforschung und entwickelte die Voraussetzungen für die Erforschung der Erbgesetze der → Begabung. Auch die Anwendung statistischer Methoden in der Persönlichkeitsforschung geht auf ihn zurück. Die sogenannte Galtonsche Pfeife ist eine kleine Pfeife mit verschiedenen Tonhöhen zur Ermittlung der oberen Hörgrenze. Er veröffentlichte u.a. »Hereditary Genius« 1869 (deutsch »Genie und Vererbung« 1910), »Zwillingsforschung« 1875 und »Untersuchungen über die menschlichen Fähigkeiten« 1883.

**Gang:** Die Fortbewegung von Mensch und Tier ist seit langem Gegenstand zahlreicher physiologischer und psychologischer Untersuchungen, die vor allem der Anatomie und Koordination des Bewegungsablaufes, aber auch dem Rhythmus, Gestaltcharakter und der Ausdrucksbedeutung gelten. → Ausdruckspsychologie und Persönlichkeitsforschung (Vergl. → Charakter) versuchen, typische Gangformen und deren charakterologischen Gehalt zu ermitteln. → Ausdruck.

**Ganglienblocker:** Zu den → Tranquillantien gehörende Mittel zur Blockierung der Ganglien (Vergl. → Nervensystem), um dadurch Erregungen der vegetativen Nervenleitungen im sympathischen und auch im parasympathischen (Vergl. → Sympathikus) Bereich zu dämpfen.
Vergl. → Psychopharmaka.

**Ganzheitspsychologie:** Eine von → Krueger u.a. begründete psychologische Richtung (Vergl. → Leipziger Schule), die sich gegen die Theorien der → experimentellen Psychologie richtet, aber deren exakte Untersuchungsmethoden übernahm. Die G. steht der → Gestaltpsychologie nahe und untersucht die ontogenetische (→ Ontogenese) und phylogenetische (→ Phylogenese) Entwicklung von Ganzheiten bzw. Gestalten.
Vergl. → Aktualgenese.
Nach Auffassung der G. ist das psychische Leben auf allen Gebieten vom Ganzheitsprinzip bestimmt. Danach sind Erlebnisganzheiten in ihrer Komplexität nicht auf einzelne Komponenten zurückführbar, sondern weisen außer den Einzelelementen noch andere Eigenschaften auf, die das Struktursystem einer Ganzheit bzw. Gestalt ergeben.

**Gebärde:** Seelische Ausdrucksbewegung, die als Hilfsmittel der Verständigung zur Ergänzung der Sprache dient, aber auch unbewußte und ungewollte Informationen liefert. Sammelbegriff für Ausdrucksphänomene, die im Einzelnen in den Bereich der → Gestik, → Mimik und → Pantomimik gehören und von der → Ausdruckspsychologie (Vergl. → Ausdruck) zur Charakteranalyse der Persönlichkeit herangezogen werden.
In der → Tierpsychologie bzw. → Verhaltensforschung versteht man unter G. bzw. Gebaren instinktgeleitete Verhaltensweisen. So spricht man z.B. von Drohgebärden oder Drohverhalten, von Unterwerfungsgebärden oder Unterwerfungsverhalten usw.
Vergl. → Auslöser.

**Geburtstrauma:** An der → Psychoanalyse orientierte Auffassung, daß die Geburt ein traumatisches (→ Trauma) Angsterlebnis des Neugeborenen sei und sich viele spätere → Neurosen auf diese Urangst zurückführen lassen.

**Gedächtnis:** Ein von den verschiedenen psychologischen Richtungen und Schulen unterschiedlich gedeutetes Phänomen, dessen physiologische und psychische Einzelvorgänge noch nicht restlos geklärt sind. Die ersten umfassenden Untersuchungen über Gedächtnisleistungen unternahm → Ebbinghaus.
Die Fähigkeit, Bewußtseinsinhalte über längere Zeit zu speichern und dann beliebig neu zu reproduzieren, wird von → Assoziationen wesentlich mitbestimmt, wenn sich auch die Gedächtnisleistung nicht allein damit erklären läßt. Es wird angenommen, daß Erlebnisse im Gehirn Spuren hinterlassen, sogenannte → Engramme, die eine Reproduktion früherer Erlebnisinhalte ermöglichen.
Zum Prozeß der bewußten Einprägung von Eindrücken als Vorgang zur Bildung von Gedächtnisinhalten → Lernen. Nach der hypothetischen Ähnlichkeitshemmung oder retroaktiven → Hemmung soll das Einprägen und Reproduzieren eines Bewußtseinsin-

halts besonders dann durch einen späteren Inhalt behindert werden, wenn der zweite Eindruck dem ersten ähnlich ist, während bei der proaktiven Hemmung der zuerst gelernte Stoff die Speicherung des nachfolgenden Inhalts beeinträchtigt. Von welchen Faktoren es abhängt, ob eine Gedächtnishemmung in retroaktiver oder proaktiver Form auftritt, ist ungeklärt.
Oft wird zwischen Kurz- und Langzeitgedächtnis unterschieden. Im Unterschied zum langzeitigen G. bezeichnet man die kurzzeitige Reproduktionsfähigkeit frischer Eindrücke als Merkfähigkeit.
Das sogenannte visuelle oder optische G. ist vorwiegend an gesehenen, bildhaften Eindrücken, das auditive oder akustische G. an Hörerlebnissen und das motorische oder kinästhetische G. am Bewegungseindruck orientiert.
Gedächtnisstörungen sind durch Gehirnschädigungen, Neurosen, Altersdemenz oder auch durch Erschöpfungszustände bedingt.
Vergl. → Erinnerung.

**Gedächtnistest:** → Test

**Gedächtnisverlust:** → Amnesie

**Gedankenübertragung:** → Telepathie

**Gefühl:** Nicht deutlich von anderen psychischen Vorgängen abgrenzbarer Begriff, der heute meistens im Sinne von → Emotion benutzt wird. Das G. ist ein subjektiver Ich-Zustand, eine individuelle Stellungnahme der Persönlichkeit zu den Inhalten ihres Erlebens, die meistens eine Zu- oder Abwendung, eine Lust- oder Unlustbetonung ausdrückt. Als Grundphänomen des Erlebens schließt das in Intensität und Differenziertheit individuell sehr unterschiedliche G. zahlreiche physiologische Vorgänge ein, beeinflußt durch seine subjektive Färbung das Erleben und Verhalten und hat an der Ausbildung der Persönlichkeit wesentlichen Anteil.
Vergl. → Stimmung.

**gehen:** → Gang

**Gehirn** (Cerebrum, Encephalon, Enkephalon): Das im Schädel liegende G. bildet mit dem → Rückenmark das Zentralnervensystem (→ Nervensystem). Das Großhirn (Telenkephalon) besteht aus zwei Hälften (Hemisphären), die durch den sogenannten Balken miteinander verbunden sind, und ist von der aus zahlreichen Windungen und Furchen bestehenden Großhirnrinde (Cortex) mit Milliarden von Ganglienzellen umgeben. Unterhalb des Großhirns im hinteren Teil des Schädels liegt das Kleinhirn (Cerebellum), das durch einen dicken Nervenstrang, die sogenannte Brücke (Pons), mit der Hirnrinde verbunden ist. Von den beiden Hälften des Großhirns überwölbt, liegen innerhalb des Großhirns das Zwischenhirn (Dienkephalon) mit → Thalamus und → Hypothalamus und das Mittelhirn (Mesenkephalon). Der über dem verlängerten Mark (→ Medulla oblongata) gelagerte stammesgeschichtlich älteste Teil des Gehirns, das sogenannte Stammhirn (Paläenkephalon) mit Zwischenhirn, Zirbeldrüse (Epiphyse) und Hirnanhangdrüse (Hypophyse) steht in engem Zusammenhang mit dem vegetativen Nervensystem. Das Mittelhirn und das verlängerte Mark bilden dann den Übergang zum → Rückenmark (Medulla spinalis).

**Gehirnwäsche:** Volkstümliche Bezeichnung für verschiedene Methoden mit und ohne Drogeneinfluß, von Gefangenen Geständnisse sowie Selbstbezichtigungen und Selbstverurteilungen zu erpressen. Ausgeklügelte Verhörtechniken, Isolations- und Dunkelhaft und andere moderne Methoden der → Deprivation dienen dem Zweck, die Willenskontrolle weitgehend auszuschalten, alle vorherigen Einstellungen abzubauen und durch Persönlichkeitsveränderung den Gefangenen dazu zu bringen, an die ihm suggerierten Aussagen selbst zu glauben. Der entsprechende moderne Fachausdruck ist Mentizid, Geistesmord.

**Gehstörungen:** → Abasie

**Geist:** Ganz allgemein und umfassend soviel wie Bewußtsein, Denkfähigkeit, Verstand, Intelligenz, Objektivierung, Reflexion, planmäßiges, vorausschauendes Handeln. Alle höheren und nur dem Menschen eigenen Fähigkeiten und Leistungen. Damit umschließt der Begriff das gesamte individuelle psychische Leben des Menschen und alle Bereiche der Kultur. In der Psychologie bezeichnet das Seelisch-Geistige den Unterschied zum Körperlich-Stofflichen.

**Geisteskrankheiten:** → Psychosen

**Geistesschwäche:** →Schwachsinn

**geisteswissenschaftliche Psychologie:** Eine vor allem von → Dilthey und → Spranger entwickelte psychologische Richtung, die sich im Gegensatz zur naturwissenschaftlich orientierten → experimentellen Psychologie als geisteswissenschaftliche Grunddisziplin versteht und mit dementsprechenden geisteswissenschaftlichen Darstellungsmethoden des Nacherlebens und Verstehens, der Interpretation und Deskription arbeitet.
Vergl. → beschreibende und → verstehende Psychologie.

**Geltungsbedürfnis:** Streben nach Beachtung, Erfolg, Anerkennung, Lob und Einfluß. Als → Antrieb der Ich-Behauptung gegenüber der Umwelt, als Ausdruck eines gesunden Selbstwertgefühls dient das G. der Selbstdurchsetzung und Selbstverwirklichung. Bei übersteigertem G. handelt es sich um uneingestandene Unsicherheit, Unausgeglichenheit und → Minderwertigkeitsgefühle. Der Mangel an Erfolgserlebnissen und Leistungsbewußtsein wird mit Geltungssucht und Machtstreben im Sinne von A. → Adlers → Individualpsychologie kompensiert. Daher wird G. im allgemeinen Sprachgebrauch meistens als Bemühen verstanden, sich wichtig zu machen und bedeutender zu erscheinen, als man wirklich ist.
Vergl. → Bedürfnisse, → Kompensation und → Selbstbewußtsein.

**Gemeinschaft:** Im Gegensatz zur zweckgebundenen Gesellschaft mit erzwungener Ordnung ist die G. eine aus natürlicher Verbundenheit gewachsene → Gruppe mit besonders engen Bindungen der einzelnen Mitglieder an gefühlsbetonte gemeinsame Ziele. Dabei gehen die einzelnen Individualitäten nicht in der G. auf, sondern werden durch gegenseitige Anerkennung bestärkt und gefördert.
Das Gemeinschaftsgefühl ist ein intensives Erlebnis der Verbun-

denheit und Zusammengehörigkeit, das die G. jedem einzelnen Angehörigen vermittelt.

**Gemüt:** Ältere und sehr ungenaue Bezeichnung für die gefühls- und stimmungsmäßigen Aspekte des Seelenlebens im Unterschied zum intellektuellen, verstandesmäßigen Bereich. Oft auch alle Gefühle der Anteilnahme, alle individuellen Werthaltungen und Bindungen.

**Genetik:** Entwicklungslehre, Vererbungsforschung. Die psychologische G. untersucht das sogenannte Anlage-Umwelt-Problem, d.h. welche psychischen Merkmale auf Gene, in den Chromosomen der Zellkerne lokalisierte Erbanlagen, zurückzuführen sind und welche sich durch äußere Umwelteinflüsse entwickeln. → Entwicklungspsychologie, → Erbpsychologie und → Ganzheitspsychologie.

**Genfer Schule:** Eine Gruppe Schweizer Psychologen, die seit Anfang unseres Jahrhunderts mit bedeutenden Arbeiten zur → angewandten und genetischen (→ Genetik) Psychologie hervortrat. Die u.a. am Institut Jean-Jacques Rousseau in Genf wirkenden Psychologen Edouard Claparède (1873-1940) und Jean Piaget (1879-1968) gehörten zu den namhaftesten Repräsentanten dieser Schule.

**Genialität:** Überragende schöpferische Begabung mit originären Leistungen auf künstlerischem, wissenschaftlichem, technischem oder auch auf irgendeinem anderen Gebiet. Über die psychologischen und soziologischen Aspekte der G. wurden zahlreiche Untersuchungen durchgeführt, so u.a. über die Vererbung der G. und über den Zusammenhang von Genie und Wahnsinn, die jedoch das Phänomen bisher nur ungenügend erhellt haben.
Geniologie ist die Lehre von der Herkunft und den Formen der G.

**genitale Phase:** Von → Freud geprägte Bezeichnung für das Endstadium der normalen sexuellen Entwicklung nach der → oralen, → analen und phallischen Phase. Die Bezeichnung soll keineswegs ein übersteigertes Interesse an den Genitalien zum Ausdruck bringen, sondern bedeutet vielmehr die Objektfindung, die Zuwendung zum anderen Geschlecht im Verlaufe der → Pubertät und damit die endgültige sexuelle Ausprägung des Erwachsenen.
Vergl. → Entwicklungsphasen.

**Genotypus:** Im Unterschied zum → Phänotypus die Gesamtheit aller Erbanlagen eines Individuums.

**Geopsychologie:** Von → Hellpach geprägte Bezeichnung für das Teilgebiet der Psychologie, das sich mit den kosmischen und atmosphärischen Einflüssen auf das Seelenleben des Menschen befaßt und u.a. die Auswirkungen von solaren und lunaren Vorgängen, von Erdstrahlungen, magnetischen Vorgängen, Landschaft, Klima, Wetter, Luftfeuchtigkeit und Luftelektrizität auf die leibseelische Gesamtverfassung und auf Stimmungen, Verhaltensweisen, Leistungsfähigkeit und Reaktionsvermögen usw. untersucht.

**Gerichtetheit:** Allgemeine und dem Begriff der → Einstellung sehr nahestehende Bezeichnung für auf ein Ziel gerichtete Denk- und

Handlungsvorgänge. G. drückt sich u.a. in Drang, Gesinnung, Interesse, Neigung, Sucht, Trieb und Wunsch aus.

**gerichtliche Psychologie:** → forensische Psychologie

**Gerontologie:** Wissenschaft vom Altern; psychologische und physiologische Altersforschung. → Alterspsychologie.

**Geschlechterpsychologie:** Teilgebiet der Psychologie, das die psychischen Unterschiede zwischen den Geschlechtern untersucht. Ohne Zweifel gibt es zahlreiche biologisch bedingte Unterschiede, obwohl viele typisch männliche und weibliche Verhaltensmuster, die sogenannten Geschlechterrollen, von den jeweiligen gesellschaftlichen und kulturellen Verhältnissen abhängen und erlernt werden, denn jede Gesellschaft hat bestimmte Anschauungen über die Rolle von Mann und Frau in Familie und Gesellschaft, und diese Normen werden von frühester Kindheit an in allen Erziehungsmaßnahmen und sozialen Strukturen wirksam. Deshalb sollten sich die Emanzipationsbestrebungen der Frau bei Berücksichtigung der biologisch gegebenen körperlich-seelischen Geschlechtsunterschiede auf beruflich-soziale Gleichstellung und auf den Abbau der sexuellen Vorrechte des Mannes konzentrieren, da sonst die bisherige ungerechte Dominanz des Mannes durch eine ebenso unnatürliche Gleichmacherei ersetzt würde.

**Gesprächstherapie:** Das Gespräch als Methode der psychotherapeutischen Behandlung dient vor allem in der → analytischen Psychologie und in der → Psychoanalyse dem Zweck, Konflikte der Lebensbewältigung zu lösen, die sich aus einem gestörten Selbst-Konzept ergeben. Dabei wird das den individuellen Möglichkeiten und dem tatsächlichen Verhalten mehr oder weniger unangepaßte Idealbild, das der Patient von sich selbst hat, schrittweise abgebaut und durch ein realeres Bild ersetzt. Im engeren Sinne versteht man unter G. die sogenannte nicht direktive Therapie, eine von der Psychoanalyse abweichende psychotherapeutische Methode. Dabei verhält sich der Therapeut völlig neutral. Er lenkt das Gespräch nicht, ergreift keine suggestiven Maßnahmen, stellt keine Fragen, erteilt keine Ratschläge und gibt keine Deutungen, sondern schafft lediglich die Voraussetzungen, daß sich der Patient frei aussprechen und durch Selbstanalyse ein besseres Selbstverständnis entwickeln und seine Probleme selbständig erkennen und lösen kann.

**Gestalt:** Begriff der → Gestaltpsychologie für eine Einheit oder Ganzheit, die zwar aus unterscheidbaren Einzelelementen zusammengesetzt ist, aber in ihrem ganzheitlichen Zusammenhang Merkmale aufweist, die sich aus dem Ganzen ergeben und nicht den einzelnen Elementen zugeschrieben werden können. Diese von ihrer Umgebung abgehobene Ganzheit ist mehr als die Summe ihrer Einzelteile und ihre Qualität bleibt auch dann erhalten, wenn die Einzelteile ausgetauscht werden, solange die Struktur, die Beziehung zwischen den Teilen, gewahrt bleibt. Das gilt nicht nur für Wahrnehmungen (Wahrnehmungsgestalten) sondern auch für andere psychische Prozesse wie

z.B. für Denkverläufe und Verhalten. Die Organisationsprinzipien der Gestaltbildung sind die sogenannten Gestaltgesetze der Nähe bzw. räumlichen Nachbarschaft, der Gleichheit bzw. Ähnlichkeit, der Kontinuierlichkeit, der Geschlossenheit usw.
Vergl. → Aktualgenese und → Feldtheorie.

**Gestaltpsychologie:** Eine vor allem von der → Berliner Schule, von → Wertheimer, → Koffka, → Köhler und → Lewin repräsentierte psychologische Richtung, die im Gegensatz zur → Elementenpsychologie und zum → Behaviorismus nicht von Einzelelementen und deren Verbindungen, sondern von einer primären Ganzheitlichkeit und Gestaltetheit des psychischen Lebens ausgeht. Danach sind die psychischen Prozesse nicht aus Einzelelementen zusammengesetzt, sondern unterliegen gesetzmäßigen Organisationsprinzipien der Ordnung und Gestaltbildung. → Gestalt, → Feldtheorie und → Ganzheitspsychologie.

**Gestik:** Die Ausdrucksbewegungen der Hände. Die G. ist wichtiger Bestandteil des gesamten Ausdrucksgeschehens (→ Ausdruck) und ergänzt als Verständigungsmittel die Sprache. Zugleich dient sie der → Ausdruckspsychologie als Hilfsmittel zur Charakteranalyse der Persönlichkeit. Dabei sind Handschrift (Vergl. → Graphologie) und Zeichnungen als Produkte der seelischen Ausdrucksbewegungen der Hände in die psychologische Analyse eingeschlossen.
Vergl. → Hand.

**Gewissen:** Die individuellen sittlich-moralischen (→ Moral) Überzeugungen; das persönliche Ethos (→ Ethik); die volkstümlich oft als innere Stimme bezeichnete Kontrollinstanz des Individuums, die das Denken und Handeln einem moralisch-sozialen Pflichtbewußtsein unterwirft und damit die selbständige Entscheidungsfähigkeit des Menschen als verantwortungsbewußtes Sozialwesen steuert. Im Sinne eines → Wertsystems wird das G. weitgehend von anerzogenen gesellschaftlichen Normen bestimmt. Um die Persönlichkeit in Übereinstimmung mit moralisch-sozialen Wertvorstellungen zu bringen, warnt das G. oder spornt an, wobei Handlungen gegen das G. zu einem schlechten G. bzw. zu Scham und → Schuldgefühlen führen, während ein gutes G. die Gemütsverfassung (→ Gemüt) entspannt und das Selbstwertgefühl steigert.
In der → Psychoanalyse ist G. weitgehend mit dem sogenannten → Über-Ich identisch.

**Gewohnheit:** Durch Wiederholung bzw. Übung erlernter automatisierter Reaktionsablauf. Gewohnheiten dienen der Entlastung und Anpassung, denn der Vollzug erfordert keine große Aufmerksamkeit und nimmt Selbstverständlichkeitscharakter an. Das erleichtert die soziale Einordnung des Individuums, führt aber auch oft zu Quasibedürfnissen (→ Bedürfnisse) und reduzierter Persönlichkeitsentfaltung.
Vergl. → Habit und → Habitus.

**Gradient:** Graphische Darstellung der abnehmenden (Gefälle) oder zunehmenden (Steigung) graduellen Veränderungen einer Größe (Reaktionstendenz) in zeitlicher oder anderer Folge.

**Graphologie:** Handschriftenkun-

de, Lehre vom Ausdrucksgehalt der Handschrift und ihrer psychologischen Deutung. Als wissenschaftliche Methode der diagnostischen Psychologie ist die G. umstritten, denn zwischen Form und Bewegungsablauf der Schrift und der Persönlichkeit des Schreibers bestehen zwar Zusammenhänge, doch deren objektive Deutungsmöglichkeiten werden häufig überschätzt. Deshalb sollte die G. nur im Zusammenhang mit anderen, exakteren Methoden diagnostisch eingesetzt werden. Besonders problematisch ist der alleinige Einsatz der G. bei der Personalauslese. Dagegen hat sie sich bei Schriftvergleichen, so z.B. bei der Prüfung der Echtheit von Unterschriften, sehr bewährt.
Vergl. → Ausdruck, → Gestik und → Darstellung.

**Grazer Schule:** Eine Gruppe österreichischer Psychologen um die Grazer Professoren Alexis Meinong (1853-1920), der 1884 das erste psychologische Laboratorium in Österreich gründete, und Christian von Ehrenfels (1859-1932), der die Gestaltqualitäten (→ Gestalt) entdeckte. Vor allem an → Brentano anknüpfend, bereitete die G. oder auch Österreichische Schule der späteren → Gestaltpsychologie den Weg.

**Greifreflex** (Greifraum): Frühkindliche → Entwicklungsphase der räumlichen Orientierung im Alter bis zu etwa 6 Monaten. Dabei wird nach allem gegriffen, was im sogenannten Greif- oder Nahraum erreichbar und beobachtbar ist. Etwa ab dem 7. Monat lernt dann das Kind durch Kriechen, Rutschen und Gehen den Fernraum kennen.

**Grenzmethode:** Verfahren der → Psychophysik zur Ermittlung der Grenzwerte eines Reizes im Vergleich mit einem anderen Reiz, der sogenannten Unterschiedsschwellen, d.h. der gerade noch bemerkbaren Unterschiede.
Vergl. → Fechner und → Schwelle.

**Größenwahn:** Maßlos übersteigertes → Geltungsbedürfnis, vollständige Kritiklosigkeit gegenüber der eigenen Person, weitgehende Überschätzung der eigenen Bedeutung und gesellschaftlich-sozialen Position. Oft wird dabei auch die eigene Person in Parallele zu berühmten Persönlichkeiten gesehen. G. ist Symptom bei → Psychosen, insbesondere bei → Schizophrenie.

**Grundbedürfnisse:** → Bedürfnisse

**Grundcharakter:** Im Unterschied zum individuellen → Charakter bezeichnet der G. das dominierende charakterliche Grundprinzip, den Charaktertypus.
Vergl. → Typus, → Grundeigenschaften und → Grundfunktionen.

**Grundeigenschaften:** Begriff mit unterschiedlichem Bedeutungsgehalt, der sich am häufigsten auf elementare Persönlichkeitsqualitäten oder auf die Konstanzbereiche, die relativ gleichbleibenden Persönlichkeitsmerkmale oder auch auf die → Eigenschaften bezieht, durch die sich die einzelnen Individuen grundsätzlich voneinander unterscheiden.
Vergl. → Grundcharakter und → Grundfunktionen.

**Grundfunktionen:** Angeborene seelische Hauptfunktionen, die als Voraussetzung für einen störungsfreien Verlauf des psychischen Ge-

schehens und der psychischen Entwicklung unerläßlich sind. Die individuelle Kombination der G., das Grundfunktionsgefüge, ermöglicht nach → Pfahler die Einteilung der Individuen in zwei Grundfunktions-Haupttypen, in den sogenannten → Typus der festen Gehalte mit enger, fixierender → Aufmerksamkeit und starker → Perseveration sowie in den Typus der fließenden Gehalte mit weiter, fluktuierender Aufmerksamkeit und geringer Perseveration. → Jung spricht von vier Haupt- bzw. Grundfunktionen: Empfinden, Anschauen, Fühlen, Denken.
Vergl. → Grundcharakter und → Grundeigenschaften.

**Gruppe:** Grundbegriff und wichtiges Aufgabengebiet der Soziologie und der → Sozialpsychologie. Zu einer G. gehören mindestens zwei Personen mit aufeinander bezogenen → Interaktionen und gemeinsamen Zielen. Gruppen entwickeln spezifische Normen und Strukturen, aus denen sich das → Rollenverhalten der einzelnen Mitglieder ergibt. Die Zugehörigkeit zu verschiedenen Gruppen, die alle über eine eigene innere Dynamik verfügen, ist für die psychische Entwicklung von entscheidender Bedeutung, denn Gruppenzugehörigkeit ist ein Erziehungs- und Lernprozeß, vermittelt soziale und andere Normen und Wertvorstellungen, befriedigt grundlegende individuelle → Bedürfnisse und schafft ein Wir-Gefühl der Verbundenheit, des Zusammenhalts, der Sicherheit und Geborgenheit in der → Gemeinschaft. Das stärkt das individuelle Selbstwertgefühl und fördert die Selbstverwirklichung, zugleich aber auch die gesunde soziale → Anpassung (Vergl. → Adaptation).
Gruppen bilden sich vor allem nach Prinzipien der Nähe und der → Ähnlichkeit, aber auch die Anziehungskraft der Gegensätze kann zu Gruppenbildungen führen.
Man unterscheidet u.a. zwischen Groß- und Kleingruppen, Primär- und Sekundärgruppen sowie formellen (organisierten) und informellen (spontan entstandenen, zwanglosen) Gruppen. Die kleinste G. ist ein Paar. Zu den Kleingruppen gehört auch die Familie. Großgruppen sind Betriebsbelegschaften, Vereine, Parteien usw. Unter Primärgruppen versteht man fester gefügte, überschaubare Gemeinschaften, in denen einer den anderen gut kennt und daher die Formung der Persönlichkeit besonders intensiv ist, während Sekundärgruppen lockerer gefügt und weniger überschaubar sind. Formelle, d.h. planmäßig entstandene und organisierte Gruppen haben meistens feste Regeln bzw. Satzungen und werden den emotionalen Bedürfnissen der Mitglieder weniger gerecht als die intimeren Gemeinschaften informeller Gruppen mit engeren persönlichen Kontakten. Deshalb bilden sich oft auch in formellen Großgruppen kleinere informelle Gruppen. Da sich die Gruppeneinteilungen nach Größe, Funktion und Entstehungsart nicht gegenseitig ausschließen, ist z.B. eine G. gleichaltriger Klassen- oder Schulkameraden zugleich eine Kleingruppe, Primärgruppe und informelle G., während die Gesamtheit der Schüler einer Schule eine Großgruppe, Sekundärgruppe und formelle G. bildet.
Das sogenannte Team oder Kollektiv gehört zu den besonders

produktiven Arbeits- oder Interessengruppen, während die Clique eine die Gesellschaft eher störende G. mit oft unsozialen Anschauungen und Verhaltensweisen ist.
Als Eigengruppe (Ingroup) bezeichnet man die G., der man selbst angehört, während die Fremdgruppe (Outgroup) eine Gemeinschaft ist, der man meistens mit Vorurteilen gegenübersteht und von der man sich mehr oder weniger distanziert.
Vergl. → Affinität.

**Gruppenbewußtsein:** Die gemeinsamen Anschauungen und Verhaltensweisen einer Gemeinschaft, die sich nicht aus individuellen Gegebenheiten erklären lassen, sondern aus der spezifischen Struktur und Dynamik, den Normen und Zielsetzungen der Gemeinschaft ergeben. Das G. kann sozial und konstruktiv (Team, Kollektiv), aber auch unsozial und destruktiv (Clique) sein. → Gruppe.

**Gruppenpädagogik:** Erziehung mit Selbstverwaltung in der → Gruppe für die → Gemeinschaft.
Vergl. → Pädagogik.

**Gruppenpsychologie:** Teilgebiet der → Sozialpsychologie, das speziell Gruppenbildungen, Gruppenarten, Gruppendynamik, Gruppennormen, Gruppenfunktionen, → Gruppenbewußtsein, Gruppenverhalten usw. untersucht.
Vergl. → Gruppe, → Affinität und → Massenpsychologie.

**Gruppentherapie:** Psychotherapeutische Behandlung in einer kleineren Gemeinschaft mit Diskussionen, Spielen (Vergl. → Psychodrama), Entspannungsübungen, Gruppenarbeit usw. Um Kontakthemmungen abzubauen, das Gemeinschaftsbewußtsein und das Selbstwertgefühl zu stärken und die Anpassungsfähigkeit zu erhöhen, wird seit einiger Zeit in zunehmendem Maße die Gruppendynamik therapeutisch genutzt und auch bei lernbehinderten und milieugeschädigten Kindern und Jugendlichen eingesetzt.
Vergl. → Gruppe und → Psychotherapie.

# H

**Habit:** Anpassung durch Erfahrung, → Gewohnheit. Aus der angelsächsischen Psychologie und Pädagogik übernommener Begriff für erlernte bzw. erworbene Verhaltensweisen jeder Art. Im engeren Sinne der Lerntheorie die kleinste Einheit des Lernprozesses. Nach Auffassung des → Behaviorismus entsprechen die als Habits bezeichneten Lernvorgänge den → bedingten Reflexen.

**Habitus:** Die Summe der → Gewohnheiten, der relativ gleichbleibenden Einstellungen und Verhaltensweisen. Im erweiterten Sinne die geistig-seelische Grundhaltung eines Menschen oder auch die äußere Erscheinung, die Rückschlüsse auf physische und psychische Dispositionen zuläßt.

**Hackordnung:** Bezeichnung der Tierpsychologie für die soziale Ordnung der Haushühner. Im übertragenen Sinne hackt nach →

Lorenz auch ein Mensch den anderen, um einen möglichst guten Platz in der sozialen Ordnung zu erwerben. Der in der Ranghierarchie ganz oben Stehende teilt die meisten Hackhiebe aus, während der ganz unten Stehende am meisten gehackt wird.
Vergl. → Rangordnung.

**halbstark:** Neuerer volkstümlicher Ausdruck für das pubertäre Aggressionsverhalten männlicher Jugendlicher. → Flegeljahre und → Pubertät.

**Halluzination:** Trugwahrnehmung, Wahrnehmungstäuschung ohne entsprechende äußere Sinnesreize. Halluzinationen treten gleichzeitig mit realen Wahrnehmungen auf und sind oft kaum von intensiven → Vorstellungen zu unterscheiden. Sie betreffen alle Sinnesbereiche. So gibt es akustische (Vergl. → Akoasma), optische (Vergl. → Vision), kinästhetische (Vergl. → Kinästhesie), haptische (Vergl. → Haptik), aber auch Halluzinationen des Geruchs- (Vergl. → Parosphresie) und des Geschmackssinnes. Elementarhalluzinationen sind gestaltlose, ungeformte Erscheinungen wie Licht- bzw. Farbhalluzinationen oder Rascheln, Rauschen, Knistern usw. Unter negativen Halluzinationen versteht man das Ausbleiben von Wahrnehmungen real vorhandener Sinnesreize.
Halluzinationen können unter → Hypnose und durch halluzinogene Stoffe wie z.B. bestimmte Rauschgifte (Vergl. → Drogen) erzeugt werden. Sie können auch bei Halbschlaf- und Trancezuständen, Überanstrengung und starker Erregung auftauchen, sind aber vor allem bei → Psychosen häufig. Wird eine H. als irreale Wahrnehmungstäuschung erkannt, d.h., ist dem Halluzinierenden völlig bewußt, daß er eine H. erlebt, dann bezeichnet man das als Pseudohalluzination.
Vergl. → Illusion und → hypnagoger Zustand.

**Haltung:** → Ausdruck

**Hand:** Die H., deren stammesgeschichtliche Ausbildung zu den wichtigsten Grundlagen der menschlichen Kultur und Zivilisation gehört, ist von starker psychischer Ausdruckskraft und außerordentlich vielseitiger Leistungsfähigkeit. Die Bewegungen der Hände ergänzen als Verständigungsmittel die Sprache und drücken seelische Beschaffenheiten aus. Vergl. → Ausdruck, → Gebärde, → Gestik und → Pantomimik. Zugleich bestimmt die → Motorik der Hände auch Handschrift (Vergl. → Graphologie) und Zeichnung sowie im Zusammenwirken mit den Sinnesempfindungen der Hände die vielfältigen und oft äußerst differenzierten Vorgänge der manuellen Arbeit. Die sich aus all diesen Aspekten ergebenden vielschichtigen psychologischen Probleme werden vor allem von der → Ausdruckspsychologie und der → Arbeitspsychologie untersucht, während sich die → Chirologie mit der Erforschung des seelischen Ausdrucksgehalts der Handform und der Handlinien befaßt. Dieses Untersuchungsgebiet darf jedoch nicht mit der Chiromantie verwechselt werden, einer uralten unwissenschaftlichen Wahrsage-Praktik, aus der Hand vergangenes und zukünftiges Schicksal zu lesen.
Welche psychische Bedeutung der → Rechts- oder → Linkshändigkeit und der Beidhändigkeit (Ver-

gl. → ambidexter) zukommt, ist noch weitgehend ungeklärt.

**Handlesen:** → Hand und → Chirologie

**Handlung:** Aus einer Folge koordinierter Bewegungen bestehendes sinnvolles Handeln; zielgerichtetes Verhalten auf der Grundlage kognitiver (Vergl. → kognitiv) und emotionaler (Vergl. → Emotion) Prozesse. Als konkreter Ausdruck der willkürlichen und unwillkürlichen, reflexiven und triebmäßigen Aktivität der Persönlichkeit ist die H. ein spezifisch menschliches Merkmal und unterscheidet sich grundsätzlich vom Instinktverhalten der Tiere. Normales, kontrolliertes Handeln ergibt sich aus dem Zusammenwirken kognitiver und emotionaler Faktoren, während bei unkontrollierten Affekt- und Triebhandlungen, die jedoch ebenfalls immer zielgerichtet sind, die kognitive Steuerung mehr oder weniger vermindert ist. Alltägliches Handeln, die sogenannte Gewohnheitshandlung (Vergl. → Gewohnheit) ist durch Lernen weitgehend automatisiert und daher nicht voll bewußt.

**Handschriftendeutung:** → Hand und → Graphologie

**Haptik** (haptisch): Die Gesamtheit der Tastwahrnehmungen, d.h. der Druck- bzw. Berührungsempfindungen, die durch die Hautsinne bzw. Tastorgane vermittelt werden. Störungen der Tastwahrnehmungen bezeichnet man als haptische Schädigungen, Störungen oder Täuschungen.
Vergl. → Agnosie, → Halluzination und → Sinneswahrnehmungen.

**Haß:** Intensivstes Gefühl der Abneigung, das sich bis zum Zerstörungswillen steigern kann. H. ist der äußerste Gegensatz der → Liebe, doch können beide Gefühle zur Haßliebe verschmelzen.

**Hautreaktion:** → psychogalvanische Reaktion

**Hawthorne-Untersuchungen:** Zwischen den beiden Weltkriegen führte der amerikanische Betriebspsychologe und Soziologe Elton → Mayo mit seinen Mitarbeitern in den amerikanischen Hawthorne-Elektrowerken jahrelange psychologische Untersuchungen durch, die der modernen → Arbeitspsychologie, → Betriebspsychologie und → Sozialpsychologie entscheidende neue Impulse gaben. Die wichtigsten Ergebnisse der H.-U. waren u.a., daß die offiziellen und inoffiziellen innerbetrieblichen sozialen Beziehungen, vor allem die sogenannten informellen → Gruppen, für das Betriebsklima, das Betriebsengagement der Mitarbeiter und für die Arbeitsleistung wesentlicher sind als soziale Betriebsmaßnahmen und Einrichtungen wie Arbeitszeit, Pausen, moderne Wasch- und Freizeiträume usw.

**Hebephrenie:** Auch Jugendwahnsinn oder Jugendirresein genannt. Eine besondere Form der → Schizophrenie, die häufig schon im Pubertätsalter einsetzt.
Vergl. → Dementia.

**Heilpädagogik:** Spezialgebiet der → Pädagogik mit besonderen Methoden und Einrichtungen wie Erziehungsheime, Sonderschulen u.a. zur Erziehung und Fürsorge für körperlich, seelisch und geistig behinderte und schwer erziehbare Kinder und Jugendliche.

**Heilschlaf:** → Schlaftherapie

**Heimerziehung:** Die Erziehung der in Heimen aufwachsenden Kinder wirft viele Probleme auf, die bis heute noch nicht zufriedenstellend gelöst werden konnten. Heimkinder leben in zu großen Gruppen und sind durch die Hausordnung in ihrem Verhalten zu stark eingeschränkt. Ihnen fehlen Nestwärme und Familienatmosphäre. Neuere Untersuchungen über → Hospitalismus haben ergeben, daß vor allem die Zuwendung der Mutter oder einer sie ersetzenden Bezugsperson für eine umweltangepaßte Entwicklung von entscheidender Bedeutung ist. Die Gefahren der → Frustration und → Deprivation mit entsprechenden Verhaltensstörungen bzw. psychischer Fehlentwicklung sind bei Heimkindern erheblich größer als bei Kindern, die in der Familie aufwachsen. Dagegen gleicht bei von den Eltern verwöhnten → Einzelkindern der zeitweilige Aufenthalt in größeren Gemeinschaften wie Kindergärten und Ferienheimen übersteigerte Ich-Bezogenheiten aus und fördert eine gesunde Ich-Durchsetzung im Rahmen sozialer Anpassung.

**Hellpach, Willy:** Geb. 26.2.1877 in Öls, Schlesien, gest. 6.7.1955 in Karlsruhe; deutscher Psychologe, Mediziner und Politiker. Er war ab 1906 Privatdozent an der Technischen Hochschule in Karlsruhe, wurde dort 1911 Professor, war dann 1922-1925 badischer Kultusminister und 1924/25 zugleich badischer Staatspräsident, anschließend Professor in Heidelberg und nach 1945 wieder Professor in Karlsruhe. Von der Völkerpsychologie und der klinischen Psychologie inspiriert, hat er vor allem zu kultur- und sozialpsychologischen Problemen Stellung genommen und vielbeachtete Beiträge über Religionspsychologie und Ethik, Geopsychologie und psychische Epidemien geliefert. Von seinen zahlreichen Veröffentlichungen waren besonders erfolgreich: »Geopsyche« 1911, »Sozial-Psychologie« 1933, »Einführung in die Völker-Psychologie« 1938, »Mensch und Volk der Großstadt« 1939, »Deutsche Physiognomik« 1942 und »Klinische Psychologie« 1946.

**Hellsehen:** Volkstümliche Bezeichnung für das Voraussehen zukünftiger Ereignisse. In der → Parapsychologie wird zwischen räumlichem und zeitlichem H. unterschieden. Beide Kategorien werden den sogenannten → außersinnlichen Wahrnehmungen zugeordnet. Unter räumlichem H. versteht man das Wissen über einen bestimmten Sachverhalt irgendwo auf der Welt in Vergangenheit oder Gegenwart, der niemandem bekannt ist. Nach Auffassung des → Okkultismus empfängt der Hellseher dieses Wissen als Eingebung, Vision oder Traumbild auf völlig unbekanntem Wege. Da jedoch fast alle außersinnlich wahrgenommenen Sachverhalte irgendwelchen Menschen bekannt sind, hält die Parapsychologie räumliches H. für verhältnismäßig selten und nimmt an, daß dieses scheinbar hellseherische Wissen in den meisten Fällen telepathisch (→ Telepathie) erworben wird. Über zeitliches H. → Prophetie.

**Helmholtz, Hermann von:** Geb. 31.8.1821 in Potsdam, gest.

8.9.1894 in Charlottenburg; deutscher Mediziner, Physiologe, Physiker und Mitbegründer der experimentellen Psychologie. Er war ab 1849 Professor in Königsberg, ab 1855 in Bonn, ab 1858 in Heidelberg und ab 1871 in Berlin, wo er seit 1888 zugleich Präsident der Physikalisch-Technischen Reichsanstalt war. Er schuf das Gesetz der spezifischen Sinnesenergien, entwickelte neue Theorien des Sehens und Hörens, untersuchte die Farbwahrnehmungen und die Leitungsgeschwindigkeit der Nerven und vermittelte der physiologischen und psychologischen Forschung eine Fülle von Anregungen. Er veröffentlichte »Die Lehre von den Tonempfindungen als physiologische Grundlage für die Theorie der Musik« 1862 und das »Handbuch der physiologischen Optik« in 3 Bänden 1856-1867.

**Hemmungen:** Allgemeine Bezeichnung für die Behinderung bzw. Unterdrückung einer Funktion, einer Aktivität, eines Ausdrucksverhaltens oder eines Bedürfnisses durch andere Funktionen. So z.B. in der Physiologie die Hemmung einer Muskelbewegung oder einer Nervenerregung oder auch die Löschung eines → bedingten Reflexes. Neuro-physiologisch versteht man unter Hemmung den der Erregung entgegenwirkenden Vorgang. In der Lernpsychologie spielen die verschiedenen Hemmungsprozesse, die vor allem von → Hull in ein System gebracht wurden, eine große Rolle. So unterscheidet man u.a. zentrale und periphere, äußere und innere, konditionierte, proaktive, reaktive, reproduktive, retroaktive (Ähnlichkeitshemmung) und reziproke H.
Vergl. → Behaviorismus, → Gedächtnis und → Lernen.

Im engeren psychologischen Sinne versteht man unter seelischen H. unbewußte und bewußte psychische Widerstände gegen persönliche Bedürfnisse und dementsprechende Verhaltensweisen. Im positiven Sinne handelt es sich dabei um moralische bzw. soziale H., im Interesse der Selbstverwirklichung gegen gültige Werte und Normen zu verstoßen. Von solchen H. befreit und damit bis zur Hemmungslosigkeit enthemmt zu sein, ist als unangepaßtes Verhalten (Vergl. → Anpassung) ebenso eine Entwicklungs- bzw. Persönlichkeitsstörung wie ein zu stark ausgeprägter Hemmungsmechanismus. Extreme H. sind eine Antriebsschwäche (Vergl. → Antrieb), die häufig mit Kontaktschwierigkeiten, → Minderwertigkeits-und Schuldgefühlen zusammenhängt und sich bis zu → Depressionen, Angstgefühlen (Vergl. → Angst) und anderen neurotischen Zuständen (Vergl. → Neurosen) steigern kann. Vor allem in der Jugend sind Schüchternheit und Ängstlichkeit Symptome von H., die im Zusammenwirken mit → Nervosität, → Stottern oder anderen Verhaltensstörungen auf eine drohende Fehlentwicklung hinweisen.

**Hemmungslosigkeit:** → Hemmungen

**Herbart, Johann Friedrich:** Geb. 4.5.1776 in Oldenburg, gest. 14.8.1841 in Göttingen; deutscher Philosoph, Psychologe und Pädagoge. Er war ab 1802 Privatdozent in Göttingen, ab 1809 Professor in Königsberg und kehrte dann 1833 wieder nach Göttingen zurück. Mit seiner auf Erfahrung, Metaphysik und Mathematik gegründeten philosophisch-psychologischen Lehre übte er auf die → Assoziationspsychologie und die → pädagogische Psychologie des 19. Jahrhunderts beträchtlichen Einfluß aus. Er veröffentlichte u.a. ein »Lehrbuch der Psychologie« 1816 und »Psychologie als Wissenschaft, neu gegründet auf Erfahrung, Metaphysik und Mathematik« in 2 Bänden 1824-1825.

**Hering, Ewald:** Geb. 5.8.1834 in Alt-Gersdorf, Sachsen, gest. 27.1.1918 in Leipzig; deutscher Physiologe, Professor in Wien, Prag und Leipzig, dessen Arbeiten über Sinnesphysiologie, über Raum- und Farbwahrnehmungen der Psychologie neue Erkenntnisse und wertvolle Anregungen lieferten. Besonders bekannt wurden seine Vierfarben- oder Gegenfarbentheorie, die Heringsche Sternfigur, eine geometrisch-optische Täuschung, und seine Theorie, daß Gedächtnis eine allgemeine Funktion der lebenden organischen Substanz sei und auf bleibenden Spuren, sogenannten Engrammen, basiere, die sich in den Ganglienzellen im Gehirn eingraben. Er veröffentlichte u.a. »Über das Gedächtnis als eine allgemeine Funktion der organisierten Materie« 1870, »Der Raumsinn und die Bewegung des Auges« 1879, »Der Lichtsinn« 1905, »Deutungen des psycho-physischen Gesetzes« 1909 und »Grundzüge der Lehre vom Lichtsinn« 1920 postum.

**Hermaphroditismus:** → Bisexualität

**Heterosexualität:** Im Gegensatz zur → Homosexualität die auf das andere Geschlecht gerichtete Sexualität; die sexuelle Neigung des Mannes zur Frau und der Frau zum Mann.
Vergl. → Sexualverhalten.

**Homöostase:** Bezeichnung für das allen Organismen eigene Prinzip und für die dazu notwendigen Reaktionen, das Gleichgewicht im Körperhaushalt (Blutdruck, Zukkerspiegel, Körpertemperatur usw.) konstant zu erhalten. Dabei lösen durch veränderte Lebensbedingungen entstehende Abweichungen sogenannte Rückmeldungen, Regelungsmechanismen und entsprechende Bedürfnisse wie Durst, Hunger oder Müdigkeit aus, die im Normalfall das Gleichgewicht wieder herstellen.
Im übertragenen Sinne alle selbsttätigen Reaktionen zur Steuerung psychischer Antriebe und Spannungen.
Vergl. → Adaptation und → Abwehrmechanismen.

**Homosexualität:** Im Gegensatz zur → Heterosexualität die auf das gleiche Geschlecht gerichtete Sexualität; die sexuelle Neigung des Mannes zum Mann und der Frau zur Frau. Die weibliche H. wird auch lesbische Liebe genannt und meistens mehr toleriert als die männliche H. Die Auffassungen über Entstehung (angeboren oder erworben) und Bewertung (abnorm oder normal) der H. gehen weit auseinander. Da gesellschaftliche Ablehnung und soziale Diskriminierung trotz vielfältiger Bemühungen um Toleranz noch immer weit verbreitet sind, ergeben sich die psychischen Konflikte Homosexueller (Verdrängungen, Minderwertigkeits- und Schuldgefühle, Doppelleben, Angst vor Entdeckung usw.) vor allem aus

der moralischen und sozialen Außenseitersituation.
Vergl. → Sexualverhalten.

**hören:** Bezeichnung für Wahrnehmungen durch den Gehörsinn, → Sinneswahrnehmungen.

**Hörigkeit:** → Abhängigkeit

**Hormone:** Stoffe (Inkrete), die von den endokrinen → Drüsen (Hirnanhang-, Schild- und Zirbeldrüse, Keimdrüsen, Bauchspeicheldrüse, Nebennieren und Epithelkörperchen) gebildet und direkt ins Blut abgesondert werden. Sie haben auf die Tätigkeit des Organismus und seiner Organe aktivierenden und hemmenden Einfluß und sind ebenso an der Steuerung der psychischen Vorgänge beteiligt. Die sogenannten Neurohormone werden im Bereich des Zentralnervensystems, vor allem im Zwischenhirn (Hypothalamus), gebildet. Die einzelnen H. und Neurohormone haben vielfältige Wirkungen und sind so differenziert aufeinander abgestimmt, daß der Ausfall eines Hormons oder eine Über- oder Unterproduktion schon schwere Störungen auslösen kann. Die hormonalen Wirkungen sind bisher nur teilweise erforscht, haben aber in jedem Fall erheblichen Einfluß auf das psychische Leben, wenn vielleicht auch nicht in dem weitgehenden Maße, wie das manchmal angenommen wird. So gibt es Hypothesen, die bestimmte Geisteskrankheiten ausschließlich auf einen Mangel oder Überschuß an Neurohormonen zurückführen oder sogar so weit gehen, den Menschen physiologisch und psychisch als Produkt seiner endokrinen Drüsen anzusehen.
Auch die bekannten Androgene und Östrogene gehören zu den Hormonen. Sie werden in den Keimdrüsen und Nebennieren gebildet und fördern die männlichen bzw. weiblichen Geschlechtsmerkmale.
Vergl. → Adrenalinausschüttung.

**Hospitalismus:** Sammelbezeichnung für die physischen und psychischen Folgeerscheinungen nach längerem Aufenthalt in einem Krankenhaus, einem Pflegeheim oder einer ähnlichen Anstalt. Auch Sammelbezeichnung für die Verhaltensstörungen und Fehlentwicklungen bei Kindern, die in Heimen leben, dort zwar materiell und hygienisch einwandfrei versorgt werden, aber ohne Mutter oder eine entsprechende Bezugsperson, ohne Nestwärme und Familienatmosphäre aufwachsen. Vor allem durch sogenannte Kinderdörfer, in denen die Kinder in kleinen familienähnlichen Gruppen bzw. Hausgemeinschaften erzogen werden, versucht man, die Gefahren des H. weitgehend zu vermeiden.
Vergl. → Heimerziehung und → Deprivation.

**Hull, Clark Leonhard:** Geb. 24.5.1884 in Akron, New Jersey, gest. 10.5.1952 in New Haven, Connecticut; amerikanischer Psychologe, Professor an der Yale Universität, führender Repräsentant des → Behaviorismus. Er arbeitete vor allem über Begabungsforschung und Lernpsychologie, entwickelte differenzierte moderne Testverfahren und schuf eine umfassende Lerntheorie. Er veröffentlichte u.a.: »Hypnosis and suggestibility« 1933, »Mathematicodednetive theory of rote learning« 1940, »Principles of behavior« 1943, »Essentials of behavior« 1951 und »A behavior system« 1952.

**human engineering:** Aus dem Amerikanischen übernommene Bezeichnung für psychologische Untersuchungen über Arbeitsplatz-Einrichtungen, Maschinen, Arbeitsprozesse usw. im Hinblick auf ihre Anpassung an den arbeitenden Menschen. → Arbeitspsychologie.

**Husserl, Edmund:** Geb. 8.4.1859 in Proßnitz, Mähren, gest. 26.4.1938 in Freiburg i.Br.; deutscher Philosoph und Psychologe. Er war ab 1887 Privatdozent in Halle, ab 1901 Professor in Göttingen und ab 1916 Professor in Freiburg. Er begründete mit seinen Schriften die phänomenologische Forschungsrichtung der Psychologie (Vergl. → Phänomenologie) und gab der → beschreibenden Psychologie sowie der späteren → Gestaltpsychologie wesentliche Anregungen. Zu seinen wichtigsten weit verbreiteten Schriften gehören: »Logische Untersuchungen« 1900/1901, »Ideen zu einer reinen Phänomenologie und phänomenologischen Philosophie« 1913, »Formale und transzendentale Logik« 1929 und »Méditations cartésiennes« 1931, deutsch 1950.

**Hygiene:** → Psychohygiene

**Hyperästhesie:** Auf Erkrankung des Nervensystems beruhende abnorme Überempfindlichkeit gegen Berührungsreize (Vergl. → tasten) und andere Sinnesreize. Im Gegensatz dazu handelt es sich bei Hyp(o)ästhesie um abnorm unterentwickelte Empfindlichkeit der Sinne, vor allem der Tastsinne.

**Hyperbulie:** Abnormer Betätigungsdrang, krankhafte Aktivität. Der Gegensatz ist → Abulie oder Hypobulie.

**Hyperhormie:** Antriebsstörung. → Antrieb.

**Hyperkinese:** Übersteigerte motorische Aktivität (Vergl. → Motorik), Muskelzuckungen, Veitstanz ( Vergl. →Chorea), Schreikrämpfe usw. Häufiges Symptom nervöser Erkrankungen. Im Gegensatz dazu handelt es sich bei Hypokinese um abnorm verminderte Motorik mit stark eingeschränkter oder sogar fehlender Gestik, Mimik usw.

**Hypermnesie:** Überentwickeltes, aber von der Intelligenz unabhängiges Erinnerungsvermögen, so z.B. bei Zahlenkünstlern, die eine verblüffende Anzahl von Telephonnummern, Daten usw. aus dem Gedächtnis reproduzieren können, aber auch bei → Hypnose, im Traum, bei Fieberzuständen und bei schizophrenen Erkrankungen.

**Hyperosmie:** Überentwickeltes Riech- bzw. Geruchsdifferenzierungsvermögen und entsprechende Überempfindlichkeit gegen Geruchsreize. Im Gegensatz dazu handelt es sich bei Hyposmie um ein abnorm unterentwickeltes Riechvermögen.

**Hyperthymie:** Emotionale Übersteigerung, unangemessener Gefühlsüberschwang, krankhafte Übererregbarkeit.

**hypnagoger Zustand:** Halbschlafbzw. Dämmerzustand vor dem Einschlafen mit deutlichen optischen Vorstellungen, den sogenannten hypnagogen Bildern oder Halbschlaf-Halluzinationen, die mit der → Halluzination und mit dem → Traum verwandt sind. Im Gegensatz dazu bezeichnet man den gleichen Halbschlafzustand kurz vor dem Erwachsen, der ebenfalls mit halluzinatorischen Erlebnissen verbunden sein kann, als hypnopompen Zustand.

**Hypnolepsie:** Anfallweise auftretende Schlafsucht.

**hypnopomper Zustand:** → hypnagoger Zustand

**Hypnose:** Die von dem englischen Arzt James Braid stammende Bezeichnung gilt einem Vorgang, von dem wir trotz vieler Erklärungen und Definitionen, nicht sehr viel mehr als die äußeren Erscheinungsformen kennen. Wir wissen, daß sich durch H. ein Mensch mit dem → Unbewußten eines anderen Menschen in Verbindung setzen und ihm seinen Willen suggestiv (Vergl. → Suggestion) übermitteln kann, daß in H. erteilte Aufträge auch später, posthypnotisch, ausgeführt werden, vorausgesetzt, die Befehle verstoßen nicht gegen die persönliche Haltung und Einstellung des Hypnotisierten, und daß in H. das Bewußtsein des Hypnotisierten eingeengt und herabgesetzt und damit die Aufnahme und Verarbeitung von Sinneseindrücken, außer dem Kontakt zum Hypnotiseur, ausgeschaltet ist, aber wie das alles im einzelnen abläuft, ist unbekannt. Wir haben zwar darüber viele Theorien, aber kein gesichertes Wissen. Die Wirkungsgesetze der H. und Selbsthypnose sind noch heute unbekannt, obwohl die Psychologie schon seit langem mit diesen Phänomenen arbeitet.
Die in verschiedene Kategorien eingeteilte Tiefe sowie die Bereitschaft zur H. hängen von individuellen Faktoren ab, doch nehmen Bereitschaft und Tiefe nach mehreren Versuchen meistens zu. In der → Psychotherapie wird die H. als selbständige Methode, oft aber auch als unterstützende Manahme im Zusammenwirken mit anderen therapeutischen Verfahren eingesetzt. Sie dient vor allem der Entspannung, der Steigerung des Erinnerungsvermögens und der Behandlung von Angstzuständen, nervösen Störungen, Suchtkrankheiten, Erwartungsängsten (Vergl. → Vollzugszwang) und Verhaltensstörungen sowie der Erreichung von Schmerzunempfindlichkeit z.B. bei Operationen ohne Narkose (Vergl. → Anästhesie und → Analgesie). Da sich jedoch der Hypnotisierte in einer völlig passiven Rolle befindet, die ihm wenig hilft, seine Lebensprobleme selbständig zu bewältigen, und die H. überhaupt zahlreiche ungeklärte Fragen aufwirft, werden im allgemeinen unproblematischere und übersichtlichere Methoden wie → autogenes Training vorgezogen.
Vergl. → Akinese, → Amnesie, → Autosuggestion und → Halluzination.

**Hypnotika:** Schlafmittel wie z.B. Veronal oder Megadon zum leichteren Einschlafen und zur Erreichung einer größeren Schlaftiefe.
Vergl. → Schlaflosigkeit und → Psychopharmaka.

**Hyp(o)ästhesie:** → Hyperästhesie

**Hypobulie:** → Hyperbulie

**Hypochondrie** (Hypochondriker): Die Neigung zu ständiger Selbstbeobachtung aus übertriebenen Krankheitsbefürchtungen; die

Einbildung, daß es sich auch bei der harmlosesten Erkrankung um ein schweres Leiden handeln könnte. Ausgeprägte H. weist auf einen neurotischen Zustand hin. Vergl. → Nosophobie und → Nosomanie.

**Hypokinese:** → Hyperkinese

**Hypomanie:** Leichte manische (Vergl. → Manie) Erregung, übersteigertes Ausdrucksbedürfnis, starker Aktivitätsdrang; sehr lebhafte, einfallsreiche und unternehmungslustige, aber wenig ausdauernde Gemütsverfassung.

**Hypophyse:** Hirnanhangdrüse. → Gehirn, → Drüsen und → Hormone.

**Hyposmie:** → Hyperosmie

**Hypothalamus:** Hauptteil des Zwischenhirns (Vergl. → Gehirn), der im Zusammenwirken mit der Hirnanhangdrüse (Hypophyse) wesentliche vegetative Funktionen steuert. Die → Hormone der Hirnanhangdrüse (Vergl. → Drüsen) sind u.a. für Wachstum und körperliche Reifung sowie für den Kreislauf von Bedeutung. Der H. ist Koordinationszentrum der körperlichen Aktivität und wirkt u.a. regulierend auf Stoffwechsel, Herzschlag und Temperatur. Vergl. → Nervensystem.

**Hypothese:** Theoretisch begründete, aber unbewiesene Annahme; vorläufige Erklärung. Ein grundlegendes Hilfsmittel der wissenschaftlichen Forschung. In der Psychologie spielen sogenannte Arbeitshypothesen, die zwischen unabhängigen und abhängigen → Variablen Verbindungen herstellen, eine wichtige Rolle. Durch die experimentelle Überprüfung (Vergl. → Experiment) wird die H. dann entweder bestätigt (verifiziert) oder verworfen (falsifiziert). Oft werden auch Modellvorstellungen komplexer Zusammenhänge, mit denen die Psychologie häufig arbeitet, als hypothetische Konstruktionen bezeichnet (Vergl. → Konstrukte).

**Hypsophobie:** Höhenschwindel, Angst vor hochgelegenen Orten. Vergl. → Phobie.

**Hysterie:** Sehr ungenauer Sammelbegriff für verschiedene psychische Störungen und neurotische Erkrankungen. Etwas deutlicher ist das Eigenschaftswort umrissen. Deshalb spricht man eher von hysterischen Reaktionen und bei Menschen, die zu hysterischen Reaktionen neigen, von einem hysterischen Charakter. Hysterische Reaktionen sind → affektiv übersteigert, unangepaßt und unkontrolliert. Ein hysterischer Charakter ist durch Ichbezogenheit und Geltungssucht, unecht übersteigerte Emotionen und Labilität gekennzeichnet.

# I

**Ich** (Ego): Über das I. oder Ego als auf ein Objekt gerichtetes wahrnehmendes, erlebendes, denkendes, fühlendes und handelndes Subjekt gibt es zahlreiche Theorien. Im allgemeinen gilt das oft auch als Selbst bezeichnete I. als Kern der Persönlichkeit. Durch das Bewußtsein seines I. ist der

Mensch befähigt, sein Selbst zu erkennen und sich durch Willensakte zur Umwelt in Beziehungen zu bringen und anzupassen.
In der Tiefenpsychologie gehört das I. neben dem → Es und dem → Über-Ich zu den drei Persönlichkeitsinstanzen. Besonders → Freud versteht das I. als Schicht des bewußten Lebens, als Funktionssystem, das die Beziehung zur Außenwelt herstellt, zwischen Es und Über-Ich vermittelt und das Verhalten kontrolliert. Das Es unterliegt dem sogenannten Lustprinzip (Vergl. → Lust), das weitgehend mit dem → Gewissen identische Über-Ich dem Moralitätsprinzip (Vergl. → Moral) und das I. dem → Realitätsprinzip.

**Ichbewußtsein:** → Ich, → Bewußtsein und → Selbstbewußtsein

**Ideal:** → Leitbild

**Idee:** Urbild, Leitbild, Leitvorstellung, Gedanke, Bewußtseinselement. Vorwiegend philosophischer Begriff. In der Psychologie bezeichnet man eine rasche Folge zusammenhangloser Vorstellungen, die Symptom manischer Zustände (Vergl. → Manie) ist, als Ideenflucht.
Überwertige oder fixe Ideen sind Einstellungen, die sich im Bewußtsein festsetzen, andere Inhalte überlagern und das Denken und Verhalten einseitig prägen.
Ideenassoziationen → Assoziationen.

**Identifikation:** Der mehr oder weniger unbewußte Prozeß, sich in einen anderen Menschen zu versetzen, um ihn besser zu verstehen und ebenso denken, fühlen und handeln zu können. Die I. vollzieht sich meistens auf der Grundlage unmittelbaren emotionalen Angemutetseins durch Ausdruckserscheinungen (Vergl. → Ausdruck), Gleichgestimmtheit usw. von der → Sympathie bis zur → Übertragung und → Liebe sowie der Nachahmung (Vergl. → Imitation und → Carpenter-Effekt) insbesondere sozial erwünschter Eigenschaften und Verhaltensweisen (Vergl. → Leitbild).
Nach → Freud entwickelt sich das → Über-Ich durch einen Identifikationsprozeß. Außerdem zählt die I. in der → Psychoanalyse zu den → Abwehrmechanismen.

**Identität:** Objektive Gleichheit, vollständige Übereinstimmung bis in alle Einzelheiten (Vergl. → Ähnlichkeit). In der Psychologie vor allem die einheitliche Betrachtung der eigenen Person, das Ich-Erlebnis, das Bewußtsein seines Selbst. Im übrigen wird der Begriff je nach philosophischer bzw. psychologischer Richtung unterschiedlich definiert.
Vergl. → Ich, → Bewußtsein, → Selbstbewußtsein und → Persönlichkeit.

**Identitätsverlust:** Krankheitsbedingter oder auch durch gesellschaftliche Zwänge entstehender Persönlichkeitszerfall bis zur Spaltung der Persönlichkeit, zum Doppel-Ich. Dabei ist das Identitätserlebnis bzw. Ich-Bewußtsein mehr oder weniger aufgehoben.
Vergl. → Identität, → Depersonalisation und → Entfremdung.

**Ideomotorik:** → Carpenter-Effekt und → Motorik

**Idiolalie:** Selbsterfundene Sprache bei Geistesschwachen oder auch bei Kindern.
Vergl. → Dyslalie.

**Idiosynkrasie:** Hat im allgemeinen Sprachgebrauch die Bedeutung von heftiger, unüberwindlicher Abneigung gegen bestimmte Sinneswahrnehmungen, gegen Personen, Verhaltensweisen, Anschauungen usw. Im engeren Sinne eine Sonderform der → Allergie.
Vergl. → Ekel.

**Idiotie:** → Schwachsinn

**Idol:** → Leitbild

**Illusion:** Phantasiebild, Trugwahrnehmung, Täuschung. Im Unterschied zur → Halluzination handelt es sich um tatsächliche Sinneswahrnehmungen, die jedoch durch zu starke Beteiligung der → Phantasie falsch gedeutet werden. Im übertragenen Sinne versteht man unter Illusionen unbegründete Erwartungen, falsche Hoffnungen, unrealistische Wunschvorstellungen.

**Image:** Bedeutungsvorstellung, Erwartungsbild, Ansehen, Ruf. Aus dem Amerikanischen übernommener Begriff, der vor allem in der → Werbepsychologie eine Rolle spielt und sich auf das Ansehen und die Erwartungen bezieht, die mit einem bestimmten Artikel verbunden sind. Dabei bleibt offen, ob dieses Bedeutungsbild den tatsächlichen Gegebenheiten entspricht oder nicht. Im übertragenen Sinne wird der Begriff ebenso für den Ruf angewandt, den eine Person des öffentlichen Lebens oder eine Institution durch Leistung oder auch durch Werbung und Manipulation besitzt.

**Imago:** Begriff der → Psychoanalyse für das Bild des Psychotherapeuten in der Vorstellung des Patienten. Im erweiterten Sinne das Bild einer Bezugsperson aus der frühkindlichen Umwelt, das durch Idealisierung zum → Leitbild wurde und die Einstellungen und Verhaltensweisen des Erwachsenen wesentlich mitbestimmt.

**Imbezillität:** → Schwachsinn

**Imitation:** Bewußte und unbewußte Nachahmung. Von besonderer Bedeutung ist die I. beobachteter Verhaltensweisen für das sogenannte → Lernen am Modell.
Vergl. → Carpenter-Effekt, → Leitbild und → psychische Infektion.

**Imponiergehabe:** Bezeichnung der Tierpsychologie und Verhaltensforschung für instinktgeleitetes Verhalten bei Tieren, das Artgenossen drohend oder werbend beeindruckt. Das Drohverhalten löst bei Rivalen Flucht- oder Kampfreaktionen aus, das Werbeverhalten bei Geschlechtspartnern geschlechtliche Reaktionen. Allgemein bekannte Verhaltensweisen des programmierten Imponiergehabes sind die Balztänze vieler Vogelarten, das Spreizen und Aufstellen der Flossen bei Fischen, auffallender Farbwechsel, gesträubtes Fell, Brunftschreie, Stampfen usw. I. gibt es bei allen höheren Tieren und rudimentär auch beim Menschen.

**Impotenz:** Unfähigkeit des Mannes zu jedem sexuellen Verkehr oder auch nur zum normalen Geschlechtsverkehr. I. entsteht meistens auf psychogener Grundlage und ist nur selten organisch bedingt.
Im übertragenen Sinne wird jede Unfähigkeit, Unwissenheit, Hilflosigkeit und Schwäche als I. bezeichnet. Vergl. → Frigidität.

**Impuls:** Plötzlich auftretender, spontaner, unwillkürlicher → Antrieb ohne steuernde Bewußtseinskontrolle. Impulsive Handlungen sind dementsprechend unüberlegte, einem unmittelbaren Drang folgende → affektive Handlungen.

**Individualität:** → Individuum und → Persönlichkeit

**Individualpsychologie:** Gelegentlich gebrauchte allgemeine Bezeichnung für die Psychologie, soweit sie sich mit individuellen Problemen befaßt. → allgemeine Psychologie, → differentielle Psychologie und → Psychodiagnose.
Im eigentlichen Bedeutungssinne eine von A. → Adler begründete Lehre, nach der sich die psychischen Grundkonflikte des Menschen aus dem Widerspruch zwischen dem Streben nach individueller Geltung, Überlegenheit und Macht und der Verpflichtung zu gesellschaftlicher Einordnung und Gemeinschaftsleistung ergeben. Im Gegensatz zu → Freud, der die Verstrickungen des Menschen kausal aus Spannungen zwischen erotisch-sexuellen Triebwünschen und geistigen Hemmungen erklärt, sind sie nach Adler final auf den Zweck gerichtet, ein subjektives Gefühl der Überlegenheit zu erringen und zu bewahren. Diesem primären Machttrieb sind alle anderen Impulse untergeordnet. Die I. lehrt, daß es sich bei diesem Geltungs- und Machtstreben um eine → Kompensation von → Minderwertigkeitsgefühlen handelt, die durch → Organminderwertigkeit, Anlage, objektive Erlebnisse und Milieu, vor allem aber durch subjektive Einschätzung dieser Faktoren entstehen. Adler definierte diese aggressiven Kompensationsbemühungen als → männlichen Protest, der aus Gefühlen der Unterlegenheit, des Versagens und der Schwäche nach Überlegenheit, Erfolg und Stärke strebt. Ausgangspunkt dieser bei Männern und Frauen anzutreffenden Kompensation weiblicher Schwäche durch männliche Stärke ist das Schwächegefühl des Kindes gegenüber den Erwachsenen, aus dem ein Anlehnungsbedürfnis, ein Verlangen nach Zärtlichkeit erwächst, eine physiologische und seelische Unselbständigkeit und Unterordnung. Daraus entwickelt sich dann zwangsläufig die Überkompensation des männlichen Protestes, der zu fortwährenden Konflikten führt. Da der Mensch vorwiegend Verwirklichung seiner ichbezogenen Wünsche sucht, obwohl oder gerade weil die Umwelt schon vom Kind und später erst recht vom Erwachsenen Anpassung und Einsicht in die Notwendigkeiten fordert, vergeht er sich mit seinem Machtstreben fortwährend an der Gemeinschaft und muß deshalb durch Selbstdisziplin, durch die Gesellschaft und in Extremfällen durch den Psychotherapeuten zum sozialen Wesen erzogen werden.

**Individuation:** Nach → Jung die Entwicklung des Menschen zur eigenständigen Persönlichkeit. Dieser Individuationsprozeß vollzieht sich in mehreren Etappen vom individuellen und kollektiven → Unbewußten bis zur Verwirklichung des Selbst (→ Ich), das zwischen Unbewußtem und Bewußtem (Vergl. → Bewußtsein) vermittelt und die Widersprüche aufhebt. Symbol dieses Lebenszieles, durch → Selbstverwirklichung individuelle Ganzheit und Geschlossenheit zu erreichen, d.h. die eigene Persönlichkeit zu vollenden, ist das → Mandala.

**individuelles Unbewußtes:** → Unbewußtes

**Individuum:** Die Einzelperson, das Einzelwesen mit eigenständigen und unverwechselbaren Merkmalen (Vergl. → Charakter) im Gegensatz zur Gattung oder zur Gesellschaft, die sich aus Individuen zusammensetzen. Die Eigenart und Einmaligkeit des Individuums besteht in seiner Individualität, die sich in der → Persönlichkeit ausdrückt.

**Indolenz:** Gleichgültigkeit gegen Schmerzen, Teilnahmslosigkeit, Desinteresse, Trägheit.
Vergl. → Apathie.

**Induktion:** Nach logischen Gesetzen aufgebaute Methode der Erkenntnisgewinnung. Methodisches Schlußfolgern vom Besonderen auf das Allgemeine. Im Gegensatz zur → Deduktion wird bei induktivem Vorgehen vom Einzelnen, Spezifischen auf das Allgemeine geschlossen. Wie alle Erfahrungswissenschaften, arbeitet auch die Psychologie vorwiegend induktiv, d.h. sie beobachtet und sammelt Einzelerfahrungen und experimentiert, um aus diesem Material allgemeine Regeln und Gesetzmäßigkeiten zu gewinnen.
Vergl. → Reduktion.
In der Psychopathologie versteht man unter I. bzw. Induktionskrankheiten seelische Störungen, die durch psychische Infektion, d.h. durch Umwelteinflüsse, insbesondere durch Suggestion entstanden sind.

**Industriepsychologie:** Gelegentlich gebrauchter Überbegriff für → Arbeits- und → Betriebspsychologie. Die I. oder Psychotechnik gehört zur → Wirtschaftspsychologie.
Vergl. → angewandte Psychologie.

**induziertes Irresein:** Durch engeren Kontakt mit Geisteskranken übertragene psychische Störung. Psychische Ansteckung ist ebenso als Einzel- wie als Massenphänomen möglich. → psychische Infektion und → Massenpsychologie.

**Infantilismus:** Völliges oder teilweises Stehenbleiben der seelisch-körperlichen Entwicklung auf kindlichem Niveau. Ausgeprägter I. ist meistens mit erheblichen psychischen Störungen verbunden, während leichtere infantile Einzelzüge die Werthaltung (Vergl. → Ethik) und den Charakter der Persönlichkeit kaum beeinträchtigen.
Vergl. → Puerilismus.

**Infektion:** → psychische Infektion

**Informationspsychologie:** Alle Teilgebiete und Richtungen der Psychologie, die versuchen, psychische Prozesse mit Modellen der → Informationstheorie und der → Kybernetik zu beschreiben und zu erforschen.

**Informationstheorie:** Aus technischen Problemen der Nachrichtenübermittlung entwickelte und für die → Kybernetik grundlegende mathematisch-statistische Theorie, die u.a. auch für die Psychologie von Bedeutung ist. Mit Hilfe der I. lassen sich die Vorgänge der Informationsaufnahme und des Informationsaustauschs von einem Sender über einen bestimmten Kanal zu einem Empfänger darstellen und untersuchen. Da das ebenso für die Aufnahme, Weiterleitung und Verarbeitung

von Umweltreizen durch den Organismus gilt, können mit den Methoden der I. auch Prozesse im Nervensystem beschrieben werden, die der direkten Beobachtung entzogen sind. Unter Information versteht man in diesem Zusammenhang jedes Zeichen, das eine Nachricht bedeutet. Da Information als Quantität ausgedrückt werden muß, um mit physikalischen Größen verbunden werden zu können, gilt sie als Maßeinheit für die übertragbare Nachrichtenmenge, wobei sich die Informationskapazität aus der maximalen Informationsmenge ergibt, die auf einem bestimmten Kanal innerhalb einer bestimmten Zeit übertragen werden kann. Die Maßeinheit für eine Nachrichtenmenge wird meistens in das dyadische Zahlensystem übertragen und in bit angegeben. Ein bit ist die Wahl zwischen zwei möglichen Entscheidungen, so z.B. zwischen ja oder nein oder an einer Straßengabelung zwischen der Straße nach rechts oder der Straße nach links. Den Überschuß an Informationskapazität im Verhältnis zur tatsächlich übertragenen Nachrichtenmenge bezeichnet man als Redundanz. So handelt es sich beispielsweise um Redundanz, wenn sich jemand weitschweifig und umständlich ausdrückt, überflüssige Informationen einbezieht und lange redet, ohne viel auszusagen. In der Psychologie hat die I. vor allem für die Analyse von Kommunikationsprozessen und quantitativen Leistungen der Sinnesorgane große Bedeutung.
Vergl. → Kommunikation.

**Ingenieurpsychologie:** → Arbeitspsychologie und → Betriebspsychologie

**Ingroup:** → Gruppe

**Inhaltsanalyse:** → Content-Analyse

**Inhaltspsychologie** (Gehaltpsychologie): Jede psychologische Richtung, die das seelische Leben nicht nur formal bzw. funktionell erfaßt und deshalb weniger die psychischen Funktionen als vielmehr die Inhalte, die psychischen Gehalte in den Mittelpunkt stellt. Dazu gehören die geisteswissenschaftlich, psychoanalytisch und charakterkundlich orientierten psychologischen Richtungen, insbesondere die → Ganzheitspsychologie, die → Gestaltpsychologie, die → analytische Psychologie → Jungs, die → Psychoanalyse sowie die moderne → Psychodiagnose und → Psychotherapie.

**Inhibition:** Hemmung, Verhinderung, Verbot.

**Initialhandlung:** Initial bedeutet soviel wie anfänglich, anfangs. Dementsprechend versteht man unter I. eine begonnene, aber nicht beendete Handlung, ein Handlungsrudiment, unter Initialerscheinungen die ersten Anzeichen einer ausbrechenden Krankheit und unter Initialtest (Vergl. → Test) verschiedene Aufgaben, bei denen vorgegebene Anfänge weitergeführt werden müssen.

**Inkohärenz:** Ideenflucht, Verwirrtheit. Vor allem bei → Psychosen auftretende zusammenhanglose Folge von Gedanken.

**Inkret:** → Drüsen und → Hormone

**innere Sekretion:** → Drüsen und → Hormone

**Innervation:** Erregung, Aktivierung von Muskeln und Drüsen durch die Weiterleitung elektrischer Impulse in den efferenten (Vergl. → motorisch) Nervensträngen zu den Organen.

**Inspiration:** Eingebung, Einfall, spontaner Gedanke, plötzliche Einsicht, insbesondere unvermittelte künstlerische, wissenschaftliche oder auch religiöse Idee.
Vergl. → Intuition.

**Instinkt:** Über I. und Instinktverhalten gibt es verschiedene Theorien, die alle mehr oder weniger umstritten sind. Nach neueren Untersuchungen, insbesondere der vergleichenden → Verhaltensforschung, scheint festzustehen, daß es sich bei Instinkten um angeborene artgebundene Verhaltensdispositionen handelt, die biologischen Zweckmäßigkeiten entsprechen und der Anpassung, der Selbsterhaltung und der Arterhaltung dienen. So spricht man u.a. von Flucht-, Nahrungs-, Paarungs-, Orientierungs-, Nist- und Brutinstinkt. Das jeweilige Instinktverhalten besteht meistens aus einer Folge von Handlungen, der eine Reizsuche, das Appetenzverhalten (→ Appetenz), vorausgeht. Oft treten dann → Übersprunghandlungen dazwischen, die vor allem ausgelöst werden, wenn zwei aktivierte → Triebe gegeneinander wirken oder bei starkem Trieb die äußere Situation nicht ausreicht, die instinktiven Endhandlungen auszulösen (→ Auslöser). Der I. drückt sich eigentlich erst in den Endhandlungen aus, die in der Regel durch → Schlüsselreize ausgelöst werden. Spontane Instinkthandlungen ohne normalerweise notwendige auslösende Schlüsselreize bezeichnet man als → Leerlaufreaktion. Instinkte sind voneinander abhängig und hemmen sich gegenseitig. Beim Menschen, der seine Triebe und Instinkte durch den Einsatz von Einsicht und Willen weitgehend steuern und kontrollieren kann, ist reines Instinktverhalten nur rudimentär vorhanden.
Vergl. → Bedürfnisse.

**instrumentales Konditionieren:** Bezeichnung für eine Methode zur Erlernung zweckgerichteter Verhaltensweisen durch Schaffung eines → bedingten Reflexes, bei dem eine Belohnung nur dann erfolgt, wenn eine bestimmte Handlung ausgeführt oder ein bestimmter Reiz gemieden wird.

**Insult:** Verletzung, Anfall, Schock.

**Integration:** Gegenseitiges Durchdringen und Zusammenwirken der seelischen Einzelprozesse zur psychischen Einheit und Ganzheitlichkeit. Da ungenügende I. auf Defekte und Erkrankungen hinweist, bezeichnet man psychische Störungen auch als → Desintegration.
In der Sozialpsychologie versteht man unter I. die partielle Gleichartigkeit und Einheitlichkeit von Gruppen und Gesellschaften und unter Desintegration stark reduzierte, auseinanderstrebende Gemeinsamkeiten von Gruppen und pluralistischen Gesellschaften.
Integrationspsychologie ist eine von → Jaensch begründete charakterkundliche psychologische Richtung, die von nach Art und Grad verschiedenen Integrations-Typen ausgeht, denen mehr oder weniger desintegrierte Synästhetiker-Typen gegenüberstehen.

**Intellekt:** Die Fähigkeit zum kognitiven Denken, zu Einsicht, Erkenntnis und Vernunft. Der Begriff des Intellektuellen wird meistens etwas abwertend im Sinne einseitiger Betonung des Verstandes und mißachtender Vernachlässigung der praktischen Lebensbewältigung gebraucht. Ebenso bezeichnet Intellektualismus eine Überbetonung des Verstandesmäßigen. Als psychologische Theorie betrachtet der Intellektualismus nicht das Gefühl oder den Willen, sondern das Denken, die Verstandestätigkeit als maßgebend für das psychische Leben.
Vergl. → Denken, → Intelligenz und → Verstand.

**Intelligenz:** Je nach psychologischer Richtung sehr unterschiedlich definierter und von anderen Verstandesleistungen wie → Denken, → Gedächtnis und → Intellekt nur schwer abgrenzbarer Begriff. Im allgemeinen versteht man unter I. die Fähigkeit zum Denken und Schlußfolgern, zu Einsicht und Erkenntnis, insbesondere die Leistungsfähigkeit, sich neuen Lebenssituationen und Aufgaben geistig anpassen und Probleme lösen zu können. Als Leistungsdisposition (Vergl. → Disposition) ist I. Teil der → Begabung und nach Höhe und Richtung individuell sehr verschieden angelegt und ausgeprägt. So spricht man z.B. von praktischer, technischer, theoretischer und analytischer I. Da I. sich nicht unmittelbar beobachten läßt, sondern nur in ihren Wirkungen bzw. Leistungen erfaßbar ist, hat man zahlreiche Methoden entwickelt, die I. zu messen. Diese als Intelligenztests populär gewordenen Verfahren sind jedoch alle methodisch unzulänglich und daher umstritten. Im besonderen Maße bemüht sich die → Faktorenanalyse um spezielle Prüfungsmöglichkeiten, indem sie die I. auf verschiedene Einzelfähigkeiten zurückzuführen versucht.

**Intelligenzalter:** Nach → Stern und → Binet das normale Maß der durchschnittlichen geistigen Leistungsfähigkeit in einem bestimmten → Alter. Im gleichen Bedeutungssinn spricht man heute auch neutraler von → Entwicklungsalter. Die Feststellung des Intelligenz- oder Entwicklungsalters ist zur Errechnung des sogenannten → Intelligenzquotienten erforderlich.

**Intelligenzquotient:** Nach → Stern und → Binet ein Intelligenzmaß, das sich aus dem Verhältnis zwischen → Intelligenzalter und Lebensalter ergibt. Der I. wird danach errechnet, ob die jeweilige individuelle Intelligenzleistung dem Lebensalter entspricht bzw. in welchem Maße sie über oder unter der durchschnittlichen geistigen Leistungsfähigkeit der betreffenden Altersgruppe liegt.
Vergl. → Intelligenz.

**Intelligenztest:** → Intelligenz, → Intelligenzquotient und → Test

**Intention:** Absicht, Tendenz, auf ein Objekt gerichtete Hinwendung. Intentionale Prozesse sind zielgerichtete psychische → Akte im Sinne der Aktpsychologie.
In der Verhaltensforschung versteht man unter Intentionsbewegungen schwache Instinktbewegungen mit Auslösecharakter (→ Auslöser), die von Artgenossen aufgenommen werden und sich dann wechselseitig verstärken.

**Intentionalismus** (Aktpsychologie): → Akt

**Interaktion:** Wechselwirkung, wechselseitige Beeinflussung. In der Sozialpsychologie und Soziologie der Einfluß, den Individuen oder auch Gruppen wechselseitig aufeinander ausüben. Da diese soziale I. kaum von der sozialen → Kommunikation abzugrenzen ist, werden beide Begriffe meistens synonym verwendet.
Interaktionsanalyse ist ein System zur Beobachtung von Gruppenverhalten.
Als Interaktionalismus bezeichnet man psychologische Theorien, die von Wechselwirkungen zwischen Leib und Seele, Individuum und Umwelt u.a. ausgehen.

**Interesse:** Allgemeine Bezeichnung für inneres Beteiligtsein, Aufmerksamkeit, Anteilnahme, Neigung, Anziehungskraft, Vorliebe. Nach Anzahl, Art und Stärke sind die Interessen individuell sehr verschieden. Als spezielles Gerichtetsein der Geistes- und Willenshaltung beeinflussen sie die Motivationsbildung und liefern mit ihren Veränderungen Hinweise auf den persönlichen Entwicklungsprozeß.

**Interferenz:** Beeinflussung, Behinderung, Gedächtnishemmung oder auch Löschung, wenn zwei Stoffe hintereinander gelernt werden. Vergl. → Hemmung.
Unter Interferenzneigung versteht man eine mehr oder weniger ausgeprägte Reaktionsverzögerung bei widersprüchlichen bzw. der Erfahrung widersprechenden Reizen bzw. Umweltsituationen.

**Intermittenz:** Unterbrechung, zeitweise Aussetzung, im Gegensatz zum stetigen, kontinuierlichen Ablauf ein unterbrochener Vorgang. Manche Psychologen betrachten z.B. die Bewußtseinsakte und viele andere psychische Vorgänge als intermittierende Prozesse.

**Interview:** Unterredung, Befragung. Vom locker geführten Gespräch bis zur gezielten, sachlichen Befragung wird das I. vor allem in der Sozialpsychologie, der Betriebspsychologie, der Markt- bzw. Meinungsforschung, der Psychodiagnose und in der klinischen Psychologie eingesetzt, wo es meistens → Exploration genannt wird.

**Intoleranz:** Eine undifferenzierte Einstellung, die von Klischeevorstellungen und Vorurteilen bestimmt ist und andere Meinungen und Verhaltensweisen ablehnt, häufig sogar fanatisch bekämpft. Intolerante Menschen haben meistens Minderwertigkeitsgefühle, sind aus Unsicherheit rechthaberisch und berufen sich auf Autoritäten.

**Introjektion:** Die Aufnahme, das Hineintragen, Hineinprojizieren fremder Wertvorstellungen und Gefühle in das eigene → Ich. Ein Grundvorgang der → Identifikation. Nach → Freud die Übernahme von Lebens- und Moralauffassungen der Umwelt in der Kindheit, mit denen sich dann der heranwachsende Mensch identifiziert.

**Introspektion:** → Beobachtung

**Introversion** (introvertiert): Ein von → Jung in die Psychologie eingeführter Persönlichkeitstypus, dessen Grundstruktur angeboren ist. Der introvertierte Typus ist in seiner Grundeinstellung nach innen gewendet, verschlossen, zurückhaltend, skeptisch, mehr auf sich selbst gerichtet und an der Umwelt vorwiegend geistig-abstrakt orientiert. Der Gegensatz ist → Extraversion.

**Intuition:** Spontane Eingebung, Mutmaßung, unmittelbare Anschauung. Ein nicht auf wissenschaftlichen Berechnungen und logischen Schlüssen, sondern auf subjektiven Faktoren basierendes instinktives Erfassen, das Sachverhalte klärt, Zusammenhänge deutlich macht und neue Möglichkeiten eröffnet.
Vergl. → Ahnung, → diskursiv und → Inspiration.

**Isolation:** Freiwillige oder erzwungene Absonderung, Vereinzelung und Vereinsamung von Einzelpersonen oder auch Bevölkerungsgruppen. Das gilt vor allem für außerhalb der Sozialordnung stehende Personen und für soziale, rassische, religiöse, politische und sexuelle → Minderheiten. I. Einzelner entsteht oft auch aus Kontakthemmungen, Minderwertigkeitsgefühlen und ähnlichen Persönlichkeitsstörungen. Häufige Folgen der I. sind Depressionen, Frustrationen und Aggressionen.
Vergl. → Deprivation und → Hospitalismus.

# J

**Jähzorn:** Starker Erregungsausbruch, Zerstörungswut. Unbeherrschte, hemmungslose und umweltfeindliche → Abreaktion gestauter Affekte oder auch krankhaft übersteigerter Reizbarkeit.

**Jaensch, Erich Rudolf:** Geb. 26.2.1883 in Breslau, gest. 12.1.1940 in Marburg; deutscher Psychologe, Begründer der Integrationspsychologie. Er wirkte zunächst als Privatdozent in Straßburg und Halle und ab 1913 als Professor in Marburg. Er untersuchte Probleme der Wahrnehmung, vor allem die eidetischen Erscheinungen (Vergl. → Eidetik) und entwickelte dann eine charakterkundliche Psychologie, in deren Mittelpunkt er die → Integration stellte. Zu seinen wichtigsten Schriften gehören: »Über den Aufbau der Wahrnehmungswelt und ihre Struktur im Jugendalter« 1923, »Die Eidetik und die typologische Forschungsmethode« 1926, »Grundformen menschlichen Seins« 1929, »Über den Aufbau des Bewußtseins« 2 Bände 1930, »Studien zur Psychologie menschlicher Typen« 1930 und »Der Gegentypus« 1938.

**James-Langesche Gefühlstheorie:** Von → James und Carl Lange (1834-1900) begründete Auffassung, daß Gefühle nur Begleit- bzw. Folgeerscheinungen physiologischer, insbesondere vasomotorischer (Vergl. → Vasomotorik) Vorgänge seien.

**James, William:** Geb. 11.1.1842 in New York, gest. 26.8.1910 in New Hampshire; amerikanischer Philosoph und Psychologe, Begründer des Pragmatismus. Er wirkte als Professor an der Harvard Universität in Cambridge und lieferte vor allem der → experimentellen Psychologie zahlreiche Anregungen. Mit Carl Lange kam er zu einer für seine Auffassungen kennzeichnenden Theorie, die als → James-Langesche Gefühlstheorie bekannt wurde. Er veröffentlichte u.a.: »Principles of psychology« 2 Bände 1890, deutsch 1900, »Pragmatism: a new world for some old ways of thinking« 1907 und »Talks to teachers on psychology« 1908, deutsch: »Psychologie und Erziehung«.

**Jaspers, Karl:** Geb. 23.2.1883 in Oldenburg, gest. 26.2.1969 in Basel; deutscher Philosoph, Psychiater und Psychologe, einer der führenden Repräsentanten der Existenzphilosophie. Er war zunächst als Privatdozent für Psychiatrie, ab 1916 als Professor für Psychologie und ab 1921 als Professor für Philosophie an der Universität in Heidelberg tätig. 1937 erhielt er durch den Nationalsozialismus Lehrverbot. Ab 1945 wirkte er erneut als Professor der Philosophie in Heidelberg, folgte aber 1948 einem Ruf als Professor der Philosophie an die Universität in Basel. Etwa ab 1931 formierte er seine Anschauungen zur Existenzphilosophie, die das Dasein als Selbstfindung und das Denken als wesentlichen Teil dieser Lebensbewältigung betrachtet. Neben zahlreichen philosophischen Werken veröffentlichte er u.a.: »Allgemeine Psychopathologie« 1913, »Psychologie der Weltanschauungen« 1919 und »Gesammelte Schriften zur Psychopathologie« 1963.

**Jugendalter:** Die zwischen der Kindheit und dem Erwachsensein liegende körperliche und seelische Reifezeit etwa vom 14. bis zum 22. Lebensjahr. Dieser Entwicklungsabschnitt, dessen Verlauf und zeitliche Begrenzung individuell, aber auch nach Geschlecht, Volks- und Gesellschaftszugehörigkeit u.a. beträchtlich schwankt, ist vor allem durch → Pubertät und → Adoleszenz gekennzeichnet. Im allgemeinen entwickeln sich Mädchen etwa ein bis zwei Jahre früher als Jungen.
Vergl. → Entwicklungsphasen, → Jugendpsychologie und → Akzeleration.

**Jugendirresein:** → Hebephrenie und → Schizophrenie.

**Jugendpsychologie:** Teilgebiet der Psychologie, das sich mit den speziellen Merkmalen und Problemen der Jugendentwicklung, insbesondere mit → Pubertät, → Adoleszenz und der Eingliederung des Jugendlichen in die Erwachsenenwelt befaßt.
Vergl. → Entwicklungsphasen, → Jugendalter und → Pädagogik.

**Jung, Carl Gustav:** Geb. 26.7.1875 in Keßwil, Thurgau, gest. 6.6.1961 in Küsnacht, Zürichsee; Schweizer Psychologe, Psychiater und Psychotherapeut, Begründer der → analytischen oder komplexen Psychologie. Er war zunächst Privatdozent, dann Professor an der Eidgenössischen Technischen Hochschule in Zürich und ab 1944 Ordinarius für Psychiatrie und Psychotherapie an der Universität in Basel. Er vermittelte der modernen Psychologie, Neurosenlehre und Psychotherapie vielfältige Anregungen. Nach anfänglicher enger Zusammenarbeit mit → Freud löste er seine Bindung an die → Psychoanalyse im Sinne Freuds und entwickelte seine analytische Psychologie, die von einem persönlichen und einem kollektiven → Unbewußten und einem Individuationsprozeß (→ Individuation) mit zwei Einstellungstypen, dem extravertierten (→ Extraversion) und dem introvertierten (→ Introversion) Persönlichkeitstypus, ausgeht. Zu seinen erfolgreichsten Schriften gehören: »Psychologische Typen« 1921, »Die Beziehungen zwischen dem Ich und dem Unbewußten« 1926, »Seelenprobleme der Gegenwart« 1931, »Wirklichkeit der Seele« 1934, »Über die Psychologie des Unbewußten« 1943, »Über psychische Energetik und das Wesen der Träume« 1948, »Gestaltungen des Unbewußten« 1950, »Symbole der Wandlung« 1952 und »Von den Wurzeln des Bewußtseins« 1954.

# K

**Kastration:** Im Unterschied zur Sterilisation, bei der die Samen- oder Eileiter nur unterbrochen werden, handelt es sich bei der K. um eine operative Entfernung der Hoden beim Mann und der Eierstöcke bei der Frau. Die K. ist vor allem dann mit tiefgreifenden körperlichen und seelischen Veränderungen verbunden, wenn sie bei Jugendlichen vorgenommen wird. Die → Psychoanalyse versteht unter dem sogenannten Kastrationskomplex eine in früher Kindheit entstehende Angst vor Verlust oder Schädigung der Geschlechtsteile, die eng mit dem → Ödipus- bzw. → Elektrakomplex und mit dem Verhalten der Eltern zusammenhängt, die mit kastrationsähnlichen Strafen drohen, wenn das Kind Masturbationshandlungen (Vergl. → Masturbation) ausübt oder auch nur sexuelle Neugier zeigt.

**Katalepsie:** Halbstarre, Starrsucht. Der Körper und die Gliedmaßen verbleiben längere Zeit starr in einer bestimmten Stellung. K. ist Symptom schizophrener Erkrankungen, läßt sich aber auch in Hypnose erzeugen.
Vergl. → Akinese.

**Kataplexie:** Schrecklähmung, Schreckstarre bei starken Affekten.
Vergl. → Akinese.

**Katatonie:** Sonderform der → Schizophrenie mit starken motorischen (Vergl. → Motorik) Störungen, insbesondere mit Erscheinungsformen der → Katalepsie.

**Katharsis:** Reinigung, Läuterung, Befreiung. Eine psychotherapeutische Methode zum Abbau (Vergl. → Abreaktion) gestauter Affekte. In der → Psychoanalyse wird das Verfahren, den Patienten möglichst ungehemmt über alles reden zu lassen, was ihm gerade in den Sinn kommt, um damit eine zur Gesundung beitragende Öffnung, Abreaktion und Befreiung zu erreichen, als kathartische Methode bezeichnet.

**Kausalität:** Die Lehre, daß alles Geschehen miteinander verknüpft ist und in einem ursächlichen Zusammenhang steht. Das Verhältnis von Ursache und Wirkung. Danach hat jedes Geschehen als Wirkung etwas Vorangegangenes als Ursache zur Voraussetzung. In der Psychologie bezieht sich die K. auf den Zusammenhang von Ursache und Wirkung der psychischen Vorgänge. Der Stellenwert dieser psychischen K. ist je nach psychologischer Grundkonzeption sehr unterschiedlich. So steht sie z.B. im Mittelpunkt der → Assoziationspsychologie und der Lehre von den Wechselwirkungen von Leib und Seele, während andere psychologische Richtungen davon ausgehen, daß die kausalen Zusammenhänge vieler aufeinander folgender seelischen Prozesse nicht eindeutig zu klären sind und außerdem den qualitativen Aspekt des Erlebens oft kaum beeinflussen.

**Kettenreaktion:** → Reaktion

**Kettenreflex** (Reflexkette): Eine Folge eng miteinander verbundener Reflexe, wobei der Ablauf jedes einzelnen Reflexes den nächsten Reflex auslöst. Früher zählte man die Instinkthandlungen (Vergl. → Instinkt) zu den Kettenreflexen.

**Kettentheorie:** Ältere Wahrnehmungstheorie, die im Gegensatz zur → Prägnanztendenz der → Gestaltpsychologie die Auffassung vertritt, daß sich → Wahrnehmungen aus einer Kette paarweise zusammengesetzter Bewußtseinselemente ergeben.

**Kinästhesie:** Bewegungs- und Körperlageempfindung, Muskel- und Kraftempfindung. Die Wahrnehmung von Körperbewegungen, Körperhaltung und Gliederstellung. Meistens wird auch das Gleichgewichtsgefühl zu den kinästhetischen Empfindungen gerechnet, die durch Gelenke, Muskeln, Sehnen und das Gleichgewichtsorgan im inneren Ohr vermittelt werden. Täuschungen der kinästhetischen Empfindungen, insbesondere der Bewegungsempfindungen, bezeichnet man als kinästhetische → Halluzinationen.

**kinästhetischer Typ:** → Typus

**Kindchenschema:** Begriff der vergleichenden → Verhaltensforschung für bestimmte Reize wie pausbäckiges Gesicht, tollpatschige Bewegungen, zutraulich-hilfloses Verhalten, die bei Erwachsenen Pflege- und Beschützerinstinkte, Sympathie und Zärtlichkeit auslösen.

**Kinderpsychologie:** Teilgebiet der Psychologie, das sich mit den speziellen Merkmalen und Problemen der kindlichen Entwicklung von der Geburt bis zum 14. Lebensjahr befaßt.
Vergl. → Entwicklungsphasen und → Pädagogik.

**Klages, Ludwig:** Geb. 10.12.1872 in Hannover, gest. 29.7.1956 in Kilchberg, Zürich; deutscher Charakterkundler, Wegbereiter der modernen Ausdruckskunde. Er gründete 1905 in München ein privates Seminar für Ausdruckskunde, das er 1919 nach Kilchberg verlegte. Er schuf eine biozentrisch orientierte neue Charakterkunde, die er, im Gegensatz zur alten Physiognomik, aus den Ausdrucksbewegungen des lebendigen Menschen entwickelte. Die moderne Charakter- und Ausdruckskunde, insbesondere die Graphologie verdanken ihm grundlegende Anregungen. Von seinen weitverbreiteten Schriften seien genannt: »Die Grundlagen der Charakterkunde« 1915, »Handschrift und Charakter« 1917, »Grundlegung der Wissenschaft vom Ausdruck« 1934 und

»Vom kosmogonischen Eros« 1948.

**Klaustrophobie:** → Claustrophobie

**Klecksdeute-Verfahren** (Klecksographie): Eine Testmethode zur Persönlichkeitsdiagnose. Die Deutung von Tintenklecksen, Farbflecken usw. liefert vor allem Auskünfte über Vorstellungsvermögen und Phantasie.
Vergl. → Rorschach und → Test.

**Kleptomanie:** Krankhaftes, zwangsneurotisches und vom realen Wert der Objekte weitgehend unabhängiges Stehlen. Die psychologische Deutung dieser Stehlsucht ist unterschiedlich. Die → Psychoanalyse betrachtet die K. als Ersatzbefriedigung und nimmt an, daß dem Diebesgut symbolische Bedeutung zukommt. Andere psychologische Richtungen interpretieren die K. als Opposition gegen gesellschaftliche Normen oder vermuten eine zwanghafte Wiederholungssucht der erregenden Spannung beim Diebstahl.

**Klima:** → Bioklimatik

**Klimakterium:** Die zwischen dem 45. und 50. Lebensjahr, oft aber auch später liegenden Wechseljahre der Frau, in denen die Keimdrüsentätigkeit erlischt und der Menstruations-Zyklus endet (Menopause). Dieser Umstellungsprozeß ist häufig mit seelischen Konflikten, erheblichen Stimmungsschwankungen, übermäßiger Reizbarkeit, Depressionen usw. verbunden. Wird zu diesem Entwicklungsvorgang nicht die entsprechende Einstellung gefunden, die der Natürlichkeit des Geschehens Rechnung trägt, ohne davon Gefühle der Minderwertigkeit und Überflüssigkeit abzuleiten und dadurch in Altersresignation zu verfallen, kann sich die psychische Krisensituation bis zu neurotischen Zuständen und zur Psychose steigern.
Obwohl die physiologischen Vorgänge nicht vergleichbar sind, spricht man auch beim Mann ungefähr zwischen dem 50. und 60. Lebensjahr von einer kritischen Übergangsphase in den Altersprozeß, die durch übermäßige gesundheitliche Anfälligkeit, Leistungsabfall, Persönlichkeitskonflikte und seelische Störungen gekennzeichnet ist.
Vergl. → Entwicklungsphasen, → Entwicklungsstörungen und → Midlife-Crisis.

**klinische Psychologie:** Dem Seelenleben des kranken Menschen gewidmetes Teilgebiet der → angewandten Psychologie, das sich mit → Psychodiagnose und → Psychotherapie befaßt und dabei vorbeugende Maßnahmen der → Psychohygiene einschließt. Die Grenzen zur → medizinischen Psychologie sind fließend. Im Unterschied zur → Psychiatrie, der Lehre von den Geisteskrankheiten, beschäftigt sich die k.P. nur mit den psychogenen Störungen und neurotischen (Vergl. → Neurosen) Erkrankungen.

**Köhler, Wolfgang:** Geb. 21.1.1887 in Reval, gest. 11.6.1967 in Lebanon, New Hampshire; deutsch-amerikanischer Psychologe, Mitbegründer der → Berliner Schule. Er wirkte zunächst als Professor in Göttingen, dann in Berlin und ging 1935 nach Amerika, wo er am Swarthmore College und ab 1958 am Dartmouth College lehrte. Besonders bekannt wurden seine Experimente mit Schimpansen. Zu seinen wichtigsten Schriften gehören »Intelligenzprüfungen an Menschenaffen« 1917, »Gestaltpsychologie« 1929, »Dynamics in psychology« 1940 und »Die Aufgabe der Gestaltpsychologie« 1965.

**Körperbautypen:** → Typus

**Körpersprache** (Körperhaltung): → Ausdruck

**Koffka, Kurt:** Geb. 18.3.1886 in Berlin, gest. 22.11.1941 in Northampton, Massachusetts; deutsch-amerikanischer Psychologe, Mitbegründer der → Berliner Schule. Er war zunächst Privatdozent, dann Professor in Gießen und ging 1924 nach Amerika, wo er an der Universität in Chicago, an der Harvard Universität und am Smith College in Northampton lehrte. Er veröffentlichte u.a.: »Die Grundlagen der psychischen Entwicklung, eine Einführung in die Kinderpsychologie« 1921, »The growth of mind« 1924 und »Principles of Gestalt Psychology« 1935.

**kognitiv:** Erkennend, erkenntnismäßig, auf die Erkenntnis (Kognition) bezogen. K. sind alle seelischen Prozesse, die dem Menschen bewußte Kenntnis über sich selbst und seine Umwelt vermitteln. In diesem Sinne unterscheidet man auch zwischen kognitivem und emotionalem Verhalten.
Als kognitive Dissonanz bezeichnet man eine Theorie des Meinungswandels, die besagt, daß bei dissonanten Einstellungen die eigene Meinung entsprechend verändert wird, damit sich die Dissonanz verringert, vorausgesetzt, man fühlt sich der anderen, mit der eigenen Auffassung nicht zu vereinbarenden Einstellung verpflichtet.
Die kognitive → Lerntheorie geht von der Annahme aus, daß nicht Reiz-Reaktionsfolgen, sondern kognitive Strukturen erlernt werden. Die sogenannte kognitive Landkarte bezieht sich auf diese Theorie. Danach lernen Tiere im Labyrinthversuch nicht eine bestimmte Folge von Bewegungen, sondern die räumliche Struktur, die dann bei wiederholten Versuchen wie eine Landkarte wirksam wird.

**Kohärenz** (Kohäsion): Der Zusammenschluß von Einzelelementen zu einem übergeordneten Ganzen. Dementsprechend versteht man unter Kohärenzfaktoren die Bedingungen wie z.B. räumliche Nähe und Ähnlichkeit, die bewirken, daß Einzelelemente als zusammengehörig aufgefaßt werden und sich zur → Gestalt im Sinne der Gestaltpsychologie zusammenschließen können.

**Kollektiv:** Produktions- bzw. Arbeitsgemeinschaft. → Gemeinschaft, → Gruppe und → Massenpsychologie.

**kollektives Unbewußtes:** → Unbewußtes

**Koma:** Tiefschlafähnliche Bewußtlosigkeit, die u.a. bei Epilepsie, Diabetes, Schlaganfall oder auch schwerem Schock auftreten kann und häufig mit Lebensgefahr verbunden ist.
Vergl. → Somnolenz und → Sopor.

**Kommunikation:** Ganz allgemein alle Vorgänge des Informationsaustausches zwischen einem Sender und einem Empfänger über einen bestimmten Kanal, wobei die

Information des Senders beim Empfänger einen Effekt auslöst, der wieder eine Information darstellt, die in umgekehrter Richtung von einem Sender zu einem Empfänger geht usw. Dieses Prinzip der Rückkoppelung erhält das Kommunikationssystem als Regelkreis aufrecht. In diesem Sinne der → Informationstheorie bedeutet K. im psychologischen Bereich vor allem soziale K. und Massenkommunikation. Den Informationsaustausch bzw. die Verständigung zwischen zwei oder mehr Menschen durch Sprache, Zeichensysteme oder sonstige Signale wie Blicke, Mimik, Gestik usw. bezeichnet man als soziale K., die kaum von der → Interaktion zu trennen ist. Unter Massenkommunikation versteht man die Kommunikationsformen, die über → Massenmedien wie Funk, Fernsehen, Film, Presse, Buch usw. eine breite Öffentlichkeit gleichzeitig und mit den gleichen Informationen ansprechen, wobei zwischen Sender und Empfänger eine räumliche und zeitliche Trennung besteht und die Rückkoppelung weitgehend fehlt.
Vergl. → Feedback.

**Kompensation:** Ausgleich. In der → Psychoanalyse ein → Abwehrmechanismus, der nach A. → Adlers → Individualpsychologie dazu dient, tatsächliche oder auch vermeintliche individuelle Schwächen und Fehler durch erhöhte Leistungen auf anderen Gebieten auszugleichen. Sind die → Minderwertigkeitsgefühle jedoch zu stark, so daß der Abwehrmechanismus der K. den Ausgleich nicht mehr herstellen kann, dann entarten die Kompensationsbemühungen zur Geltungssucht, Überheblichkeit, Anmaßung oder Aggressivität. Derart übersteigerte K. bezeichnet man als Überkompensation.

**Komplex:** Im allgemeinen psychologischen Sinne ein aus mehreren Einzelkomponenten zusammengesetztes Ganzes. In der Terminologie der → Psychoanalyse auf emotionsgeladene Erlebnisse zurückgehende Vorstellungen, die aus moralischen oder anderen Gründen verdrängt wurden, aber aus dem Unbewußten weiterwirken und das Verhalten mehr oder weniger stark beeinflussen.

**komplexe Psychologie:** → analytische Psychologie und → Jung.

**Konditionierung:** Die Schaffung sogenannter konditioneller Reaktionen. → bedingte Reflexe.

**Konfabulation:** Zusammenhanglose und der Wirklichkeit nicht entsprechende Aussagen; phantastische Schwätzerei, die der Konfabulierende jedoch für wahr hält.
Vergl. → Korsakow-Syndrom.

**Konfiguration:** Komplexer Reiz; aus verschiedenen Wahrnehmungselementen zusammengesetzte → Gestalt im Sinne der Gestaltpsychologie.

**Konflikt:** Widerstreit zwischen zwei Antrieben bzw. Handlungstendenzen, die sich nicht vereinbaren lassen und als Alternative wirksam werden. Solche Konfliktsituationen gibt es in jedem Menschenleben. Sie sind unvermeidbar und tragen im allgemeinen zur Entwicklung und Reifung der Persönlichkeit bei. Trotz der dadurch entstehenden psychischen Spannung und krisenhaften Anfälligkeit gehören Konflikte zu den natürlichen Vorgängen jeder Persönlichkeitsentwicklung. Erst bei Verzögerung oder Verdrängung der notwendigen Konfliktlösung, d.h. bei ungenügender Verarbeitung und Bewältigung, entwickeln sich aus Konfliktspannungen ernsthafte psychische Störungen. Dann ergibt sich jedoch der neurotische Zustand nicht aus dem K., sondern vielmehr aus dessen mißlungener Bewältigung.

**Konformität:** Angepaßtheit, Gleichgerichtetsein. Einstellungen und Verhaltensweisen, die stark an Gruppen- bzw. Sozialnormen orientiert sind. In der Sozialpsychologie gilt das Streben nach K. als wichtige Eigenschaft und als kennzeichnendes Verhalten der Masse.

**kongenital:** Vererbt, angeboren.

**Konkordanz:** Übereinstimmung, so z.B. bei Schätzungen verschiedener Beobachter oder bei Erbanlagen eineiiger Zwillinge. Den Gegensatz, die Nichtübereinstimmung bezeichnet man als Diskordanz.

**Konsistenz:** Festigkeit, Beständigkeit. Unter Konsistenzkoeffizient versteht man verschiedene Formeln zur Ermittlung von Maßen zur Bestimmung des Konsistenzgrades.
In der Testpsychologie ist K. ein Synonym für → Reliabilität.

**Konstanz:** 1. Beständigkeit, Unveränderlichkeit. In der Psychologie allgemeine Bezeichnung für relativ gleichbleibende Merkmale wie z.B. Persönlichkeits- oder Charaktereigenschaften.
2. Bei Konstanzphänomenen handelt es sich um die gleichbleibende Wahrnehmung von Inhalten, die trotz Entfernungsveränderung und anderer wechselnder äußerer Umstände etwa die gleiche Größe, Form und Farbe behalten. So spricht man von Größenkonstanz, Formkonstanz, Helligkeits- und Farbkonstanz.
3. Unter Konstanzannahme versteht man die Annahme, daß einem objektiv gleichen Reiz konstant die gleiche Empfindung entspricht, d.h. die Empfindungen von der physikalischen Reizsituation abhängen. Die Ausschließlichkeit dieser Annahme wurde inzwischen durch die → Gestaltpsychologie erheblich eingeschränkt.
4. Die Konstanzmethode ist ein von → Fechner entwickeltes Verfahren der Psychophysik zur Bestimmung von Unterschiedsschwellen (Vergl. → Grenzmethode).

**Konstitution:** Die körperliche und seelische Verfassung eines Individuums, die Gesamtheit aller angeborenen und erworbenen Beschaffenheiten.

**Konstrukt** (Konstruktum): Eine theoretische Konstruktion, eine hypothetische Annahme, ein Denkmodell zu Beschreibungs- und Erklärungszwecken. Konstrukte müssen keine direkte Beziehung zu den tatsächlichen Gegebenheiten haben. Zur Unterscheidung von den Konstrukten, bei denen ein direkter Bezug gegeben ist, bezeichnet man die Denkmodelle über Zustände und Vorgänge, die der unmittelbaren Beobachtung nicht zugänglich sind, als hypothetische Konstrukte.
Vergl. → Modell.

**Kontakt:** Alle Formen der Beziehung zwischen zwei oder mehre-

ren Menschen, die von subtiler Ausdruckskommunikation (Vergl. → Ausdruck) bis zu handfesten Berührungskontakten reichen. So spricht man von Blickkontakt, Körperkontakt, Briefkontakt usw. Im Hinblick auf Anbahnung, Aufnahme, Pflege und Dauer ist die Kontaktfähigkeit individuell sehr verschieden und wird durch kontaktfördernde bzw. kontakthemmende Eigenschaften unterstützt bzw. erschwert. Als kontaktfördernde psychische Eigenschaften gelten Aufgeschlossenheit, Geselligkeit, Ausgeglichenheit, Sicherheit, Gesprächigkeit, Lebensfreude, Heiterkeit, Einfühlungsvermögen und Toleranz. Kontakthemmende Eigenschaften sind u.a. Verschlossenheit, Zurückhaltung, Mißtrauen, Rechthaberei, Neid, Geltungssucht, Überheblichkeit, Ichsucht, Rücksichtslosigkeit und Aggressivität. Kontaktstörungen weisen auf ernsthafte Entwicklungs- bzw. Persönlichkeitsstörungen hin. Kontaktarmut bzw. Kontaktunfähigkeit ist Symptom einer Neurose oder Psychose.
Vergl. → Distanz und → Kommunikation.

**Kontext:** Zusammenhang, Begleittext. In der Traumanalyse von → Jung die Erklärungen, Bemerkungen und zusätzlichen Einfälle des Träumenden über den Inhalt seiner Träume.

**Kontiguität:** Das räumliche oder zeitliche Zusammentreffen oder dichte Aufeinanderfolgen von Reizen und Reaktionen, das als Assoziationsgesetz Grundlage der → Assoziation ist und von verschiedenen Lerntheoretikern als Voraussetzung für das → Lernen angenommen wird.

**Kontrast:** Die zu verstärkt empfundenen Unterschiedserlebnissen führende Wechselwirkung von zwei Reizen bzw. Wahrnehmungsinhalten eines Sinnesgebietes. Solche Kontrastphänomene, bei denen sich die Unterschiede nicht angleichen, sondern ins Gegensätzliche steigern, gibt es auf allen Sinnesgebieten. Kommt man z.B. aus kalter Winterluft, dann empfindet man die Wohnung sehr warm. Bei starkem Lärm wirkt normale Lautstärke sehr leise, bei großer Stille sehr laut. Besonders bei Gesichtswahrnehmungen sind Kontrastwirkungen häufig. Im hellen Sonnenschein wird eine Zündholzflamme als schwaches, in tiefer Dunkelheit als starkes Licht wahrgenommen. Handelt es sich um die gleichzeitige Wirkung beider Reize, dann bezeichnet man das als Simultan-Kontrast. Beim Sukzessiv-Kontrast folgen die Reize aufeinander.

**Konvergenztheorie:** Nach der Persönlichkeitslehre von → Stern die sich im Individuum fortwährend vollziehende wechselseitige Durchdringung und Ergänzung von Innen- und Außenwelt. Danach ist die Persönlichkeit weder ein Äußerungsmechanismus angeborener Eigenschaften noch ein Empfangsmechanismus von Umweltreizen, sondern vielmehr das Ergebnis unausgesetzter Konvergenz innerer Anlagen und äußerer Einwirkungen.

**Konversion:** Umwandlung, Umkehrung. Nach → Freud die Umwandlung unterdrückter bzw. verdrängter Triebwünsche, Affekte und Konflikte in körperliche Symptome, die meistens krankhaft sind und sich neurotisch ausprägen können.

In der Sozialpsychologie versteht man unter K. einen grundsätzlichen Meinungswandel, der mit starken Konfliktspannungen verbunden ist.

**Konvulsion:** Schüttelkrampf. Die Heilbehandlung durch Schüttelkrämpfe bezeichnet man als Konvulsions- oder Schocktherapie. → Schock.

**Konzentration:** Sammlung, willentliche Anspannung, zielgerichtete Einschränkung der → Aufmerksamkeit durch intensive Beachtung bestimmter Wahrnehmungen, Gedanken, Leistungen usw. Durch diese geistige Aktivität zur Zusammenfassung der psychischen Energie werden innere und äußere Ablenkungen bzw. Störungen weitgehend wirkungslos. Stärke und Dauer der K. sind individuell und je nach psychischer und physischer Gesamtverfassung sehr verschieden.
Konzentrationsschwäche hängt neben angeborenen und erworbenen Schäden wie → Schwachsinn vor allem mit → Entwicklungsstörungen und psychischer Überforderung zusammen. Häufige Ursache ist die sogenannte Reizüberflutung der modernen Gesellschaft, deren individuelle Bewältigung immer schwieriger wird. Obwohl die Voraussetzungen zur Konzentrationsfähigkeit am dauerhaftesten durch vernünftige → Erziehung und durch eine Lebensführung geschaffen werden, die zwischen psychischer und physischer Anspannung und Entspannung sinnvoll ausgleicht und dabei die Möglichkeiten der modernen → Entspannungstechniken nutzt, nimmt leider der Verbrauch an → Psychopharmaka zur Überwindung von Konzentrationsschwächen vor allem bei Kindern und Jugendlichen immer mehr zu. Eine Sonderform der K. ist die Kontemplation, die transzendente Selbstversenkung und Innenschau.
→ Meditation.

**Koordination:** Geordnetes Zusammenwirken, sinnvolles Zusammenspiel u.a. der nervlich gelenkten Funktionen, der Sinnesleistungen und der Muskeln und Muskelgruppen einzelner Organe und des ganzen Körpers bei Bewegungen, Handlungen und Verhaltensweisen. Man unterscheidet Grobkoordination für einfache, elementare Bewegungsabläufe wie Gehen oder Nahrungsaufnahme und Feinkoordination für komplizierte Handlungsfolgen wie handwerkliche oder künstlerische Tätigkeiten. Bei elementaren Bewegungsabläufen ist die K. angeboren und setzt bei entsprechendem Entwicklungsstand spontan ein, während die Feinkoordination weitgehend erlernt werden muß und der Übung bedarf.
In der Verhaltensforschung wird angeborenes Koordinationsverhalten als Erbkoordination bezeichnet und gilt als Grundlage der Instinkthandlungen.
Vergl. → Entwicklung und → Motorik.

**Korrelation:** Wechselbeziehung, Zusammenhang, Aufeinanderbezogenheit. Der von → Galton in die Persönlichkeitsforschung eingeführte Begriff bezeichnet den statistischen Zusammenhang zwischen zwei oder mehr variablen Merkmalen. Die statistische Maßzahl für dieses Aufeinanderbezogensein ist der Korrelationskoeffizient.
Vergl. → Faktorenanalyse.

**Korsakow-Syndrom:** Nach dem russischen Neurologen Sergej Korsakow (1854-1900) benannter Symptomkomplex mit Gedächtnis- und Orientierungsstörungen und → Konfabulation. Das → Syndrom tritt bei verschiedenen Hirnstörungen und chronischer Alkoholvergiftung auf.

**kortikal** (cortical): Die Großhirnrinde (Cortex) betreffend. Dementsprechend bezieht sich subkortikal auf den Bereich unterhalb der Großhirnrinde (→ Gehirn). Eine Kortikalperson ist ein vorwiegend von den Funktionen der Großhirnrinde geprägter, d.h. rational orientierter Mensch.

**Kraepelin, Emil:** Geb. 15.2.1856 in Neustrelitz, gest. 7.10.1926 in München; deutscher Psychiater, Begründer der → Pharmakopsychologie. Er wirkte als Professor der Psychiatrie in München und trug mit seiner Psychoseneinteilung in die beiden großen Formenkreise Schizophrenie und manisch-depressives Irresein wesentlich zur Entwicklung der psychiatrischen Systematik bei. Zu seinen bekanntesten Schriften gehören »Lehrbuch der Psychiatrie« 4 Bände 1883, »Über die Beeinflussung einfacher psychischer Vorgänge durch einige Arzneimittel« 1892 und »Einführung in die psychiatrische Klinik« 3 Bände 1910.

**Kreativität:** Ein erst seit neuerer Zeit wieder in die Psychologie eingeführter und nicht sehr präzis umrissener Begriff, der sich teilweise mit → Genialität, → Talent und Originalität überschneidet. Im allgemeinen versteht man darunter einfallsreiches, schöpferisches Denken, die Fähigkeit sich schnell auf neue Situationen, Aufgaben und Probleme einstellen zu können und originelle Lösungen zu finden.

**Kretinismus:** Angeborene körperlich-geistige Mißbildung. Durch mangelhafte oder fehlende Schilddrüsenfunktion (Unterfunktion) bedingte Stoffwechselstörungen hemmen die Knochenentwicklung und damit das ganze Körperwachstum (Zwergwuchs) und führen zu Gehirnschädigungen mit beträchtlichem Schwachsinn. Ähnliche Auswirkungen hat der Myxödem, der ebenfalls auf eine starke Funktionsstörung der Schilddrüse zurückgeht, aber nicht angeboren ist.

**Kretschmer, Ernst:** Geb. 8.10.1888 in Wüstenrot, Württemberg, gest. 8.2.1964 in Tübingen; deutscher Psychiater und Neurologe. Er wirkte zunächst in Tübingen, ab 1926 als Professor der Psychiatrie und Neurologie in Marburg und ab 1946 erneut in Tübingen als Direktor der neurologischen Universitätsklinik. Aus umfangreichem klinischen Material entwickelte er eine Konstitutionslehre, die Körperbautypen (Vergl. → Typus) mit bestimmten Temperamentsmerkmalen in Verbindung bringt. Außerdem verdankt ihm die moderne psychiatrische Diagnose und Therapie viele methodische Anregungen. Er veröffentlichte u.a. »Der sensitive Beziehungswahn« 1918, »Körperbau und Charakter« 1921, »Hysterie, Reflex und Instinkt« 1923 und »Geniale Menschen« 1929.

**Kriminalpsychologie:** Teilgebiet der → angewandten Psychologie, das in sehr enger Beziehung zur → forensischen Psychologie steht und sich vor allem mit den vielseitigen charakterologischen und sozialpsychologischen Ursachen der Kriminalität, mit Möglichkeiten der Vorbeugung und Methoden der Bekämpfung, mit den Beziehungen zwischen Kriminalität und Krankheit, Milieu, Alter, Geschlecht usw. sowie mit den Problemen der Resozialisierung und Rückfälligkeit befaßt.

**Krueger, Felix:** Geb. 10.8.1874 in Posen, gest. 25.2.1948 in Basel; deutscher Philosoph und Psychologe, Begründer der → Ganzheitspsychologie. Er war von 1906 bis 1909 Professor in Buenos Aires, anschließend in Halle und an der Columbia Universität in New York und von 1917 bis 1938 ständig in Leipzig. Vor allem von → Wundt beeinflußt, entwickelte er eine völker- und kulturpsychologisch sowie sozialpsychologisch inspirierte genetische Ganzheitspsychologie. Vergl. → Leipziger Schule. Er veröffentlichte u.a.: »Über Entwicklungspsychologie« 1915, »Der Strukturbegriff in der Psychologie« 1924, »Über die psychische Ganzheit« 1926, »Das Wesen der Gefühle« 1928 und »Lehre von dem Ganzen« 1948.

**Külpe, Oswald:** Geb. 3.8.1862 in Candau, Kurland, gest. 30.12. 1915 in München; deutscher Psychologe, Begründer der → Denkpsychologie. Er wirkte ab 1894 als Professor in Würzburg, ab 1909 in Bonn und ab 1913 in München. Als Schüler von → Wundt übertrug er dessen exakte Forschungsweise und experimentelle Methoden auf das Untersuchungsgebiet der Denkvorgänge und gab damit die entscheidenden Anstösse zur denkpsychologischen Richtung der → Würzburger Schule. Neben zahlreichen kleineren Arbeiten und Vorlesungen erschienen von ihm u.a. »Grundriß der Psychologie« 1893, »Erkenntnistheorie und Naturwissenschaft« 1910 und »Die Realisierung« 3 Bände 1912.

**Kulturpsychologie:** Mit der Kulturanthropologie und Kultursoziologie eng verwandtes Teilgebiet der Psychologie, das sich mit den psychischen Bedingungen, Hintergründen und Problemen des kulturellen Lebens und seinen ethnischen, landschaftlichen und sonstigen Zusammenhängen befaßt und neben den entwicklungsgeschichtlichen Aspekten vor allem die einzelnen Kulturen, Kulturepochen und Kulturbereiche sowie die sich daraus ergebenden zahlreichen Einzelfragen untersucht.
Vergl. → anthropologische Psychologie und → Völkerpsychologie.

**Kunstpsychologie:** Eng mit der Ästhetik verwandtes Teilgebiet der Psychologie, das vor allem den künstlerischen Schaffensprozeß, die Persönlichkeitsstruktur des Künstlers, die psychischen Wirkungen der Kunst und einzelner Kunstwerke, entwicklungsgeschichtliche, völkerkundliche, soziologische und sonstige Zusammenhänge sowie die psychologischen Aspekte der Kunsterziehung untersucht. Hinzu kommen zahlreiche Einzelprobleme wie Künstler und Begabung, die Motivwahl des Künstlers, der Symbolgehalt künstlerischer Ausdrucksmittel und Formen, die Ansprechbarkeit von Einzelpersonen und sozialen Schichten auf Kunstwerke, die Beeinflussung von Gefühlen, Einstellungen und Verhaltensweisen durch die Kunst und die künstlerische Produktion psy-

chisch gestörter bzw. kranker Menschen.
Die K. steht in engen Beziehungen zur → Literaturpsychologie, → Musikpsychologie und → Kulturpsychologie.

**Kurzschlußhandlung:** Extrem bedenkenlose, blinde und das bewußte Wollen fast vollständig ausschließende Affekthandlung aus → Panik, Wut, Verzweiflung oder krankhaft übersteigerten → Antrieben. Selbstmord und schwere strafrechtliche Vergehen wie Mord und Sexualverbrechen können Kurzschlußhandlungen sein.

**Kybernetik:** Eine wissenschaftliche Disziplin, die auf der Grundlage der → Informationstheorie die Strukturen von Regelungsvorgängen jeder Art untersucht und sie mit elektronischen Automaten nachahmt. Sie nimmt in allen komplexen hochorganisierten Systemen den gleichen Aufbau der Regelungsvorgänge an. Danach gilt der sich unter Einwirkungen verändernde Mensch ebenso als sogenanntes offenes System wie elektronische Automaten, die nach den gleichen Funktionsprinzipien arbeiten und in verschiedenen Wissenschaften als Denkmodelle dienen. Zwischen dem biologischen Aufbau der Regelungsvorgänge in lebenden Organismen und dem technischen bei automatischen bzw. elektronischen Arbeitsprozessen, dem sozialen in der menschlichen Gesellschaft oder dem psychischen beim Kommunikationsprozeß besteht kein grundsätzlicher Unterschied. Daher sind die Beziehungen zwischen K. und Physiologie, Soziologie, Psychologie u.a. sehr eng.
Vergl. → Informationspsychologie und → Kommunikation.

# L

**Labilität:** Veränderlichkeit, Unbeständigkeit. Labile Menschen sind in körperlicher und seelischer bzw. moralischer Beziehung schwankend, unsicher, relativ leicht beeinflußbar und gegen Störungen und Belastungen besonders anfällig.

**Labyrinth:** 1. Bezeichnung für das Gleichgewichtsorgan im inneren Ohr.
2. Ein unübersichtliches, verwirrendes Gangsystem (Irrgarten) mit einem durchgehenden, zum Ziel führenden Weg und irreführenden Abzweigungen und Sackgassen.
3. Der Labyrinth-Versuch ist ein psychologisches Experiment mit Tieren zur Untersuchung von Lernprozessen bzw. des → Lernens durch Versuch und Irrtum. Dabei muß das Tier lernen, einen erstrebten Reiz (z.B. Futter) zu suchen und einen schädlichen Reiz (z.B. elektrischer Schlag) zu meiden, wobei es auf die Anzahl der Wiederholungen bis zum richtigen Verhalten ankommt.
4. Bei Labyrinth-Tests (Vergl. → Test) mit Menschen muß die Testperson auf der graphischen Darstellung eines Labyrinths den richtigen Weg mit dem Finger finden.

**lachen:** Ein Ausdrucksverhalten (Vergl. → Ausdruck), das vom leichten Lächeln bis zum krampfartigen Lachanfall sehr differenziert die Grunddisposition der Persönlichkeit und die jeweilige Stimmungslage spiegelt, denn nicht nur die Bereitschaft zum Lachen, die Motive und die Art des

Lachens, sondern auch Intensität, Dauer, Nachwirkung usw. sind individuell sehr verschieden. Zugleich ist l. ein ansteckendes Phänomen im Sinne des → Carpenter-Effekts. Wahrscheinlich gehört das Lachen zu den angeborenen instinktiven Verhaltensweisen. L. ohne entsprechende Stimmungslage bzw. ohne Anlaß weist auf eine psychische Störung oder Erkrankung hin.

**Längsschnittuntersuchung:** Ein Verfahren der Psychologie, mit gleichbleibenden Methoden bestimmte → Fähigkeiten über einen längeren Zeitraum an denselben Personen zu beobachten, um Einblicke in psychische Entwicklungsverläufe, bzw. in Aufbau und Abbau von Persönlichkeitsmerkmalen zu gewinnen.
Vergl. → Querschnittuntersuchung.

**Lärm:** Im weitesten Sinne alle Geräusche, die als störend empfunden werden. Im engeren Sinne die Überschreitung einer nach Phon gemessenen Lautstärke. Starker L. beeinträchtigt das Konzentrations- und Leistungsvermögen. Auf die Dauer verursacht starker L. selbst dann psychische und physiologische Störungen bzw. Schädigungen, wenn eine individuelle Gewöhnung eintritt und der L. nicht mehr bewußt wahrgenommen wird. Deshalb gewinnen Lärmforschung, Lärmbekämpfung und Lärmschutz zunehmend über den Rahmen der → Arbeitspsychologie hinausreichende Bedeutung.

**Lalophobie:** Angst vor dem Sprechen. Eine Hemmung, die besonders bei Menschen mit Sprechstörungen wie z.B. → Stottern häufig auftritt.
Vergl. → Phobie.

**Langeweile:** Erlebnisarmut, Gefühle der Unausgefülltheit, des Unbefriedigtseins und der inneren Leere. Ein subjektiver Mangelzustand, der eng mit schwach entwickelter Erlebnisfähigkeit und Erlebnistiefe und ungenügender Aufgeschlossenheit und Anteilnahme zusammenhängt. Menschen, die unter L. leiden, neigen dazu, in äußerliche Abwechslungen und Zerstreuungen, oberflächliche Vergnügungssucht und Sensationslust auszuweichen, statt durch Selbsterziehung bzw. willentliches Interesse an Menschen und Umweltvorgängen, an Tätigkeiten, Leistungen usw. ihre Lebenskraft und Lebensfreude zu mobilisieren.

**Latenz:** 1. Der zwischen Reiz und Reaktion oder zwischen Reiz und dadurch ausgelöster Empfindung liegende Zeitraum.
2. Als Latenzphase oder Latenzperiode bezeichnet → Freud den Abschnitt der menschlichen Entwicklung ungefähr zwischen dem 6. und 12. Lebensjahr, in dem die sexuelle Entwicklung vorübergehend in den Hintergrund tritt.
3. Latente Traumgedanken sind nach Auffassung der → Psychoanalyse die dem sogenannten manifesten Trauminhalt zugrunde liegenden ursprünglichen Traumgedanken, die durch die unbewußte Traumzensur und die Traumarbeit verhüllt und in den manifesten Trauminhalt verwandelt wurden. Vergl. → Traum.

**Laune:** Sprunghaft wechselnde, unmotivierte, unberechenbare Stimmung. Als launisch bzw. launenhaft bezeichnet man Menschen mit labiler Grundstimmung und mangelhafter Willenskraft, die sich und ihre Umwelt ständigem Stimmungswechsel mehr oder weniger unbedenklich ausliefern.

**Lavater, Johann Kaspar:** geb. 15.11.1741 in Zürich, gest. 2.1.1801 in Zürich; Schweizer Pfarrer und Schriftsteller, Wegbereiter der → Physiognomik. Mit seinem 1775-1778 erschienenen vierbändigen Hauptwerk »Physiognomische Fragmente zur Beförderung der Menschenkenntnis und Menschenliebe«, das aus äußeren Körperbeschaffenheiten, vor allem aus Merkmalen des Gesichts und des Schädels den → Charakter zu erschließen versuchte, leistete er wichtige Vorarbeiten zur Ausdrucks- und Charakterkunde.
Vergl. → Ausdruck.

**Lebensalter:** → Alter, → Entwicklungsphasen und → Entwicklungspsychologie

**Lebensformen:** Nach → Spranger steht jeder Mensch in einem besonderen individuellen Verhältnis zur Kultur und hat an ihr Anteil. Gewinnt einer der großen Kulturbereiche vorherrschenden Einfluß, dann prägt er die ganze Persönlichkeit, schafft einen sogenannten »idealen Strukturtypus« und damit eine bestimmte Lebensform. Spranger unterscheidet sechs Grundtypen oder L., den theoretischen, ökonomischen, ästhetischen, religiösen, sozialen und politischen oder Machttypus.
Vergl. → Typus.

**Lebensgrund:** Nach → Lersch alle leiblichen Zustände und Vorgänge, die eine dem Erleben vorgeordnete Wirklichkeit bilden. Der L. ist keine psychische Schicht, sondern eine vorpsychische Grundlage des Lebensgefühls, der Lebensstimmung und der Affekte.

**Lebenslauf:** 1. Psychologische Untersuchung des menschlichen Lebensverlaufes von der Geburt bis zum Tod mit den Schwerpunkten Kindheit (→ Kinderpsychologie), Jugend (→ Jugendpsychologie), → Adoleszens, Erwachsenenzeit (→ Erwachsenenpsychologie) und Alter (→ Alterspsychologie). Im allgemeinen wird der menschliche L. als eine Entwicklungskurve angesehen, die allmählich bis zu einem Leistungshöhepunkt ansteigt und dann langsam wieder abfällt. Andere Theorien gehen u.a. von einem stufen- oder spiralförmigen Verlauf oder von einem Siebenjahresrhythmus aus. Die Lebenslaufpsychologie versucht zu klären, wie dieser Prozeß im ganzen und in den einzelnen Abschnitten verläuft, widmet sich dabei aber auch den verschiedenen Entwicklungsabschnitten und untersucht deren Grundmerkmale, Verlaufsformen, Abgrenzungsmöglichkeiten usw.
Vergl. → Entwicklungsphasen und → Entwicklungspsychologie.
2. Der schriftliche bzw. handschriftliche oder auch mündlich berichtete bzw. durch → Exploration mündlich ergänzte individuelle L. (→ Selbstanalyse) ist wesentlicher Bestandteil der → Psychodiagnose.
Vergl. → Biographie.

**Lebensraum:** Oft allgemeine Bezeichnung für Umweltverhältnisse, sonst je nach psychologischer Richtung sehr unterschiedlich definierter Begriff.

1. Das biologisch-geographische Lebensgebiet eines Volkes oder einer Gemeinschaft bzw. Gruppe.
2. Die individuelle räumliche Lebenssphäre der Persönlichkeit.
3. Nach → Lewin die Gesamtheit einer sich aus dem Zusammenwirken von handelnder Individualität und Umgebung entwickelnden Vielfalt psychischer Faktoren. Dabei ist der Begriff Raum nicht nur im räumlich-anschaulichen Sinne zu verstehen, sondern schließt die innerseelischen Vorgänge ein. Der L. ist ein → Feld im Sinne der → Feldtheorie.
Vergl. → Barriere und → topologische Psychologie.

**Lebenstrieb:** Nach → Freud ein dem → Todestrieb entgegenwirkender menschlicher Grundtrieb. Der von Freud auch Eros genannte L. zielt auf Erhaltung und Entwicklung des individuellen und gemeinschaftlichen bzw. sozialen Lebens und äußert sich sehr differenziert in mehreren → Partialtrieben.
Vergl. → Fusion.

**Leerlaufreaktion:** Bezeichnung für ein Instinktverhalten ohne auslösende äußere Reize. Wahrscheinlich entstehen Leerlaufreaktionen durch übermäßigen inneren Triebdruck, der das entsprechende Instinktverhalten schließlich auch bei minimalen oder sogar vollständig fehlenden äußeren Reizen auslöst.
Vergl. → Auslöser und → Instinkt.

**Legasthenie** (Dyslexie): Lesescheu, Lese- und Rechtschreibschwäche, insbesondere mangelhaftes Verstehen von gelesenen Texten. Eine Störung bei sonst völlig normaler Begabung. Legasthenische Kinder werden zunehmend durch spezielle Erziehungs- und Lehrmethoden gefördert. Die Ursachen des L. sind noch nicht völlig geklärt.

**Leib-Seele-Problem:** Noch heute umstrittene philosophische Frage nach den Beziehungen zwischen physischer und psychischer Existenz. Idealistische Denkrichtungen vertreten die Abhängigkeit des Leiblich-Körperlichen vom Seelisch-Geistigen. Die Anhänger des Materialismus lehren das Primat des Physischen. Die Wechselwirkungstheorie nimmt eine wechselseitige Abhängigkeit von Leib und Seele an. Der Parallelismus glaubt an ein beziehungsloses Nebeneinander beider Wirklichkeitsbereiche. Die Zwei-Aspekten-Lehre geht davon aus, daß die physische und die psychische Wirklichkeit zwei Aspekte bzw. Seiten eines einheitlichen Ganzen seien. Neben diesen Haupttheorien gibt es weitere philosophische Annahmen. Je nach psychologischer Richtung tritt die eine oder andere Theorie in den Vordergrund.

**Leidenschaft:** Affektähnliches (→ Affekt) Streben nach einem bestimmten Ziel, wobei kritische Vernunft und steuernde Selbstkontrolle mehr oder weniger eingeschränkt sind.

**Leipziger Schule:** Die psychologische Richtung → Wundts und seiner Schüler. Wundt wirkte als Professor der Philosophie und Psychologie in Leipzig, übertrug nach dem Vorbild des Leipziger Physikprofessors und Begründers der Psychophysik Gustav Theodor → Fechner die exakte naturwissenschaftliche Forschungsweise auf die Psychologie und gründe-

te in Leipzig das erste Institut für experimentelle Psychologie.
Als zweite L.Sch. gilt die von → Krueger und dessen Nachfolgern entwickelte → Ganzheitspsychologie. Krueger, der ebenfalls viele Jahre in Leipzig lehrte, erhielt von Wundt wesentliche Anregungen.

**Leistung:** Der Einsatz individueller → Fähigkeiten zur Bewältigung bestimmter Aufgaben. Die Bereitschaft zur L. und das Leistungsvermögen sind von zahlreichen inneren und äußeren Faktoren abhängig, wobei dem sogenannten Anspruchsniveau (→ Anspruch) eine große Bedeutung zukommt. Spezielle Leistungstests (Vergl. → Test) dienen vor allem dazu, die individuelle Leistungsfähigkeit für bestimmte Aufgaben bzw. Berufe zu ermitteln.
Die Leistungskurve zeigt Dauer, Intensität und die einzelnen Phasen des jeweiligen Leistungsverlaufs mit den Höhe- und Tiefpunkten.
Unter Leistungsalter versteht man das einem bestimmten Leistungsniveau entsprechende durchschnittliche Lebensalter. Dabei wird der Leistungsquotient aus dem Verhältnis des jeweiligen Leistungsniveaus zu der nach Lebensalter, Ausbildung usw. zu erwartenden L. errechnet.

**Leitbild:** Vorbild, Ideal, personifizierte Leitvorstellung. Ein Mensch, dessen Persönlichkeitsmerkmale und Verhaltensweisen, insbesondere die → Eigenschaften, → Fähigkeiten und → Leistungen durch → Identifikation und meistens auch durch mehr oder weniger ausgeprägte Idealisierung die eigenen Einstellungen und das Verhalten beeinflussen. Dem L. wird in Lebensführung und Lebensplanung nachgeeifert, wobei sich die Orientierung am Vorbild oft auf die → Imitation von Äußerlichkeiten beschränkt. Somit können Leitbilder im Sinne eines an Vorbildern orientierten Lernprozesses eine echte Lebenshilfe sein, aber auch → Abhängigkeit schaffen und die Eigenentwicklung beträchtlich stören. Das gilt besonders für das Idol, ein falsches L. vieler Jugendlicher, das man nicht persönlich kennt, meistens ein Film- oder Schlagerstar, ein politischer Extremist mit dem → Image des Abenteuerlichen und Heldenhaften oder irgendeine andere populäre Persönlichkeit des öffentlichen Lebens.

**Leptosome:** → Typus

**Lernen:** Ein vielgestaltiger, oft unkontrollierbarer und schwer abzugrenzender Komplex bewußter und unbewußter Vorgänge, der je nach psychologischer Richtung bzw. → Lerntheorie sehr unterschiedlich erklärt wird. So betrachtet z.B. der → Behaviorismus die konditionierten oder → bedingten Reflexe als Grundlage des Lernens, und → Hull brachte die dabei wesentlichen Hemmungsvorgänge (→ Hemmungen) in ein System. Generell kann man jede durch → Erfahrung bedingte und relativ überdauernde Einstellungs- und Verhaltensänderung (Vergl. → Einstellung), jede erworbene oder veränderte → Reaktion als L. bezeichnen. L. besteht vor allem aus dem Sammeln, Erweitern und Vertiefen von Erfahrungen und dient der Aneignung und Ausbildung aller zur individuellen Lebensbewältigung in einer bestimmten Umwelt notwendigen → Fähigkeiten und → Begabungen zur Erbringung von → Leistungen.

Vergl. → Anspruch, → Bedürfnisse und → Gedächtnis.
Im engeren Sinne versteht man unter L. das intentionale oder absichtliche, speziell das schulische L. als bewußtes und oft auch mechanisches Einprägen und auf Abruf Zur-Verfügung-halten von Kenntnissen und Fertigkeiten. Diese Lernprozesse sind weitgehend vom Gehirn bzw. von der Merk- und Gedächtnisfähigkeit abhängig.
Als inzidentelles L. bezeichnet man die Lernvorgänge, die sich neben dem intentionalen L. beiläufig und unbeabsichtigt vollziehen, so daß außer dem gebotenen Lernstoff auch noch anderes mitgelernt wird.
Unter latentem L. versteht man das unbeabsichtigte und weitgehend unbewußte Aufnehmen von Reizen mit Hinweis- bzw. Zeichencharakter, das dann spätere gezielte Lernprozesse erleichtert. In diesen Bereich der Reiz-Reaktions-Lerntheorie des Behaviorismus, des sogenannten konditionierten Lernens, gehören auch Begriffe wie antizipatorische Reaktion (→ Antizipation), L. am Modell bzw. durch Nachahmung (→ Carpenter-Effekt, → Imitation und → Leitbild), Bekräftigungs- oder Verstärkungslernen (z.B. Lob oder Tadel) durch Erfolg bzw. durch Versuch und Irrtum (Vergl. → Verstärkung, → Belohnung und → Strafe) und L. durch → Einsicht.

**Lerntheorie:** Im weitesten Sinne jeder Versuch, die Entstehung und den Verlauf der verschiedenen Lernvorgänge grundsätzlich zu erklären. Wichtige Ansätze zu einer solchen umfassenden Theorie wurden vor allem von der → Assoziationspsychologie, vom → Behaviorismus, von der → Gestaltpsychologie, von der → Psychoanalyse und von der amerikanischen vergleichenden Verhaltensforschung (→ Tolman) vorgelegt.
Im engeren Sinne die von konditionierten oder → bedingten Reflexen als Grundlage des → Lernens ausgehende Reiz-Reaktions-Theorie des Behaviorismus, zu der → Hull ein System der Lernhemmungen (Vergl. → Hemmungen und → Desensitivierung) entwickelte.
Zur sogenannten kognitiven L., die nach Tolman annimmt, daß nicht Reiz-Reaktions-Folgen, sondern kognitive Strukturen erlernt werden, → kognitiv.

**Lersch, Philipp:** Geb. 4.4.1898 in München, gest. 15.3.1972 in München; deutscher Psychologe und Charakterkundler. Er wirkte zunächst als Psychologe der Reichswehr, war ab 1929 Dozent und ab 1936 Professor in Dresden, später in Breslau und Leipzig und ab 1942 in München. Er entwickelte ein ganzheitliches Darstellungssystem der → Persönlichkeit, das von einem miteinander verbundenen und sich gegenseitig durchdringenden Schichtenaufbau ausgeht. Das Fundament bildet der → Lebensgrund auf dem der sogenannte endothyme Grund mit den Gefühlen und Erlebnissen als tragende Schicht des seelischen Lebens ruht. Den sogenannten personellen Oberbau bilden dann das Denken und Wollen der Persönlichkeit. L. gab von 1933 bis 1944 die Zeitschrift für angewandte Psychologie und Charakterkunde heraus, war ab 1953 Mitherausgeber der Zeitschrift für experimentelle und angewandte Psychologie und ab 1961 Herausgeber der Psychologischen Rundschau. Er veröffentlichte u.a.: »Gesicht und Seele, Grundlinien einer mimischen Diagnostik« 1946, »Vom Wesen der Geschlechter« 1947, »Aufbau der Person« 1950 und »Der Mensch als soziales Wesen, Einführung in die Sozialpsychologie« 1964.

**lesbisch:** → Homosexualität

**Lethargie:** → Apathie

**Levitation:** Begriff des → Okkultismus für das freie Schweben und Fliegen eines Gegenstandes oder Menschen. Nach Auffassung der → Parapsychologie ist dieser psychokinetische (Vergl. → Psychokinese) Vorgang entgegen der Schwerkraft bisher noch vollständig unbewiesen.

**Lewin, Kurt:** Geb. 9.9.1890 in Mogilno, Posen, gest. 12.2.1947 in Newtonville, Mass.; deutsch-amerikanischer Psychologe, bedeutender Vertreter der → Berliner Schule. Er war ab 1922 Privatdozent und ab 1927 Professor in Berlin, emigrierte 1933 in die USA und lehrte dort u.a. in Ithaca, Iowa, Cambridge und New Haven. Er wurde vor allem von der → Sozialpsychologie und der → Psychoanalyse inspiriert und entwickelte auf der Grundlage der → Gestaltpsychologie eine topologische → Feldtheorie (Vergl. → topologische Psychologie). Er veröffentlichte u.a.: »Der Begriff der Genese« 1922, »Vorsatz, Wille und Bedürfnis« 1926, »Untersuchungen zur Handlungs- und Affektpsychologie« 1926-1928, »Die Entwicklung der experimentellen Willenspsychologie und die Psychotherapie« 1929, »A dynamic theory of personality« 1935, »Principles of topological psychology« 1936, »The conceptual representation and the measurement of psychological forces« 1938 und »Field theory in social science« 1951.

**Libido:** Bezeichnung der → Psychoanalyse für Geschlechtstrieb, sexuelle Antriebe, sexuelle Energie. Nach → Freud ist die L. ein dem → Todestrieb entgegenwirkender Grundantrieb, während → Jung die L. als allen psychischen Äußerungen zugrunde liegende psychische Energie oder Lebenskraft versteht.
Vergl. → Destruktionstrieb und → Lebenstrieb.

**Liebe:** Intensivstes Gefühl der Zuneigung, das sich bis zur völligen Hingabe und Selbstaufopferung steigern kann. L. ist der äußerste Gegensatz des → Hasses, doch kann beides zur sogenannten Haßliebe verschmelzen. Von der → Sympathie unterscheidet sich die L. ebenso wie vom rein körperlich-sexuellen Verlangen vor allem durch Hingabebereitschaft, die über das eigene Ich hinaus zur Verbundenheit im Du oder Wir strebt. Die L. ist immer ein individuelles Erlebnis, dessen Formen von der betont geschlechtlichen Zuneigung bis zur rein seelisch-geistigen Verbindung reichen und dabei alle erotischen (Vergl. → Erotik) Spielarten und → Sublimierungen einschließen. Dazu gehört auch die L. zu persönlichen Werten als gefühlsstarke Verbundenheit mit Ideen, Aufgaben usw. So spricht man u.a. von Mutterliebe, Elternliebe, Kinderliebe, Heimatliebe, Vaterlandsliebe, Tierliebe und vom christlichen Ideal der Nächstenliebe. Bei liebesähnlichen Bindungen an materielle Werte wie Geld oder Auto handelt es sich um krankhafte Zustände. Die Fähigkeit zur L. ist individuell außerordentlich verschieden und reicht von sozialer Opferbereitschaft und selbstloser Menschenliebe bis zu psychopathischer Eigenliebe und Menschenhaß.

**Linkshändigkeit:** Bevorzugter Gebrauch der linken → Hand. Die L. hängt mit hirnorganischen Beschaffenheiten zusammen. Bei L. ist die sonst in der linken Großhirnhälfte stärker ausgebildete Sprachregion rechtshirnig differenzierter. Die psychische Bedeutung der Rechts- oder L. oder auch Beidhändigkeit (Vergl. → ambidexter) ist noch weitgehend ungeklärt. Ebenso wie bei → Rechtshändigkeit ist auch bei L. der Ausprägungsgrad individuell verschieden. Mitunter können beide Hände gleichwertig benutzt werden. Leichter ausgeprägte L. wird in der Kindheit oft durch Erziehung unterdrückt, obwohl der Zwang zur Rechtshändigkeit zu psychischen Störungen führen kann.

**Literaturpsychologie:** Teilgebiet der Psychologie, das vor allem den literarischen Schaffensprozeß, die Persönlichkeit des Schriftstellers sowie die literarischen Werke selbst und deren psychologische Aussagen untersucht. Hinzu kommen Wirkungsanalysen, Forschungen über Begabung, über die Zusammenhänge zwischen Werk und Schöpfer, über inhaltliche und formale Aspekte der verschiedenen Literaturgattungen, über Motivwahl und Symbolgehalt, über Ansprechbarkeit und Beeinflußbarkeit von Einzelpersonen und sozialen Gruppen durch Literatur usw.
Die L. steht in engen Beziehungen zur → Kunstpsychologie, → Musikpsychologie, → Kulturpsychologie und → anthropologischen Psychologie.

**Lob:** → Belohnung

**Löschung:** Bezeichnung für die Aufhebung konditionierter bzw. → bedingter Reflexe durch verschiedene Techniken.
Vergl. → Verhaltenstherapie.

**Logasthenie:** Sprachstörung. Das Vergessen, Verlieren und Verdrehen von Wörtern.

**Logopädie:** Sprachheilkunde. Heilbehandlung von Sprachgestörten.

**Logorrhoe:** Redefluß, krankhafte Geschwätzigkeit, Wortsalat.

**Logotherapie:** Eine von → Frankl entwickelte anthropologisch-psychologische Forschungsrichtung und zugleich psychotherapeutische Behandlungsmethode, die auch unter dem Namen Existenzanalyse (→ Daseinsanalyse) bekannt wurde. Sie versteht das Geistige, den Willen zu einem existentiellen Sinn, als das spezifisch Menschliche. Nach dieser Auffassung entwickeln sich viele seelische Erkrankungen auf der Grundlage existentieller Krisen und geistig-sittlicher Konflikte. Als Voraussetzung zur Lebensbewältigung muß daher die Behandlung die existentiellen Störungen analytisch erhellen und durch ärztliche Seelsorge dem Kranken helfen, einen konkreten individuellen Daseinssinn zu finden.
Die L. und Existenzanalyse stehen der Existenzphilosophie und der Tiefenpsychologie nahe.

**Lombroso, Cesare:** Geb. 18.11.

1836 in Verona, gest. 19.10.1910 in Turin; italienischer Psychopathologe und Kriminalpsychologe. Er wirkte als Professor der gerichtlichen Medizin und Psychiatrie in Turin und gab mit seinen vielgelesenen Büchern und der heftig umstrittenen These vom Verbrecher aus angeborener Veranlagung der → forensischen Psychologie und der → Kriminalpsychologie neue Denkanstöße. Zu seinen bekanntesten Werken gehören: »Genie und Irrsinn«, deutsch 1887, »Der Verbrecher«, 3 Bände, deutsch 1887-1890, »Der politische Verbrecher«, deutsch 1891 und »Genie und Entartung«, 2 Bände, deutsch 1910.

**Lorenz, Konrad:** Geb. 7.11.1903 in Wien; österreichischer Mediziner, Zoologe und Verhaltensforscher, Nobelpreisträger der Medizin 1973 und Träger mehrerer goldener Auszeichnungen und Ehrendoktorate. Er promovierte 1928 zum Dr. med. und 1933 zum Dr. phil., wirkte zunächst als Assistent und Privatdozent für vergleichende Anatomie und Tierpsychologie in Wien, ging 1940 als Professor und Leiter des Instituts für vergleichende Psychologie nach Königsberg, war dann als Arzt im Kriegsdienst, gründete 1949 ein Institut für vergleichende Verhaltensforschung, folgte 1951 einem Ruf an das Max-Planck-Institut, wurde zum Honorarprofessor der Universitäten Münster und München ernannt und war ab 1961 Direktor am Max-Planck-Institut für Verhaltensphysiologie in Seewiesen. In Zusammenarbeit mit dem holländischen Verhaltensforscher Nikolaas Tinbergen (geb. 15.4.1907 in den Haag) untersuchte er das Verhalten von Vögeln, Fischen und Säugetieren und entwickelte wichtige Grundlagen der vergleichenden → Verhaltensforschung. Neben bedeutenden Aufsätzen in Fachzeitschriften und Sammelbänden veröffentlichte er u.a.: »Das sogenannte Böse, zur Naturgeschichte der Aggression« 1963, »Über tierisches und menschliches Verhalten, aus dem Werdegang der Verhaltenslehre«, 2 Bände 1965/1966, »Die instinktiven Grundlagen menschlicher Kultur« 1967, »Antriebe tierischen und menschlichen Verhaltens« 1968 und »Die acht Todsünden der zivilisierten Menschheit« 1973.

**Lüge:** Eine Täuschungsabsicht; im Unterschied zum Irrtum eine vorsätzliche Unwahrheit. Lügen entstehen aus sehr unterschiedlichen Motiven und hängen oft mit individuellen Problemen der → Anpassung zusammen. So spricht man z.B. von Notlügen und konventionellen Lügen. Sogenanntes notorisches Lügen, d.h. fortwährende Lügenhaftigkeit, ständige Unaufrichtigkeit und Verlogenheit ist Symptom einer Persönlichkeitsstörung. Die L. als Charaktermerkmal ist häufig durch die Neigung bedingt, alles umzudeuten und der subjektiven Darstellung den Anschein der Objektivität zu geben. Dieser krankhafte Drang zur Umdeutung aus übermäßigem Wunschdenken, übersteigertem Geltungsbedürfnis, mangelnder Selbstkritik und taktischem Kalkül u.a. kann soweit gehen, eine Legende der eigenen Persönlichkeit zu schaffen. Dabei geht nicht selten die Fähigkeit weitgehend verloren, Realität und subjektive Darstellung zu unterscheiden, und der Betreffende glaubt selbst an die eigene Lebenslüge.

**Lügendetektor:** Ein elektrisches Meßgerät, das nach volkstümlicher Auffassung registriert, ob die Aussagen der an dieses Gerät angeschlossenen Person der Wahrheit entsprechen oder Lügen sind. In Wirklichkeit zeigt der L. nur die Erregungskurve an, die aus Puls- und Atemfrequenz, Leitfähigkeit der Haut (→ psychogalvanische Reaktion) und anderen Körperreaktionen auf psychische Vorgänge entsteht und gewisse Rückschlüsse auf die Verheimlichung von Tatbeständen und Falschaussagen zuläßt. Da jedoch eine solche Erregungskurve auch ganz andere Ursachen haben kann, kommt den Daten des L., der in der gerichtlichen Praxis nicht zugelassen ist, nur Hinweischarakter zu.
Vergl. → Elektrodiagnostik.

**Lust:** Eine der Unlust entgegengesetzte Gefühlsqualität, die lustvermittelnde Tätigkeiten und Objekte anstrebt. → Gefühl.
Das Streben nach Bedürfnisbefriedigung, insbesondere nach Erfüllung von Triebwünschen, bezeichnet → Freud als Lustprinzip, während die realen Anstrengungen, die unternommen werden müssen, um das Lustprinzip zu befriedigen, dem → Realitätsprinzip unterliegen. Das → Es arbeitet nach dem Lustprinzip, das → Ich nach dem → Realitätsprinzip und das → Über-Ich nach dem Moralitätsprinzip (Vergl. → Moral).

# M

**Machtstreben:** A. → Adler und → Individualpsychologie

**männlicher Protest:** Bezeichnung A. → Adlers für eine → Kompensation von → Minderwertigkeitsgefühlen, insbesondere das Machtstreben der Frau, die ebenso erfolgreich und überlegen sein will, wie der bevorrechtete Mann. Diese Sonderform des Machtstrebens entsteht aus Minderwertigkeitserlebnissen der Frau mit dominierenden Männern und drückt sich entweder in betonter Vermännlichung oder in extrem weiblichem Verhalten, in sogenannter Weibchenhaftigkeit aus.
Vergl. → Individualpsychologie.

**Magersucht:** → Anorexie

**Magie:** Zauberei, dämonische Kraft, übernatürliche Wirkung. Ein urtümlicher und bis heute in allen Kulturen nachwirkender Glaube an eine beseelte Natur und deren geheimnisvolle Kräfte. Nach alter christlicher Auffassung gibt es weiße, d.h. christlich-gute und segenbringende und schwarze, d.h. heidnisch-böse und unheilbringende M. Nach → Jung ist das magische Denken im kollektiven → Unbewußten verwurzelt. Zu den noch heute populären Äußerungsformen magischer Vorstellungen gehören die verschiedenen Wahrsagepraktiken und der Glaube an Beschwörungen und Verfluchungen sowie an Amulette, böse Vorzeichen und andere Glücks- und Unglückssymbole.
Vergl. → Aberglaube, → Animismus, → Fetischismus und → Okkultismus.

**Magnetismus** (Mesmerismus): Von dem österreichischen Arzt Franz Anton Mesmer (1733-1815) entwickelte Lehre von rätselhaften Heilkräften, die er zunächst dem Magneteisen, später einem geheimnisvollen Körperfluidum zuschrieb, das er animalischen oder tierischen M. nannte. Er zog mit dem Eisen bzw. mit der Hand sogenannte Mesmersche Striche über bestimmte Körperteile seiner Patienten und versetzte sie in einen tranceähnlichen Zustand. Er glaubte, damit eine magnetische Energie, eine heilende Nervenkraft zu übertragen, während er in Wirklichkeit eine vorwissenschaftliche Erklärung für die Wirkung von → Suggestion und → Hypnose gefunden hatte.

**Mandala:** Symbolbild in der Form eines symmetrischen Zeichens, das bestimmte seelisch-geistige Beschaffenheiten und Zusammenhänge darstellt und im Buddhismus vor allem der Meditation dient. → Jung übernahm dieses Zeichen in seine Lehre vom Individuationsprozeß als Symbol der individuellen Ganzheit und damit der vollendeten → Individuation.

**Manie:** 1. Ein extremer Zustand unkontrollierter → affektiver und → motorischer Erregung, der vor allem durch weitgehende Enthemmung, Selbstüberschätzung, grundlose Heiterkeit, Ruhelosigkeit, starken Betätigungs-, Bewegungs- und Rededrang und ähnliche Antriebssteigerungen gekennzeichnet ist.
2. Die manische Phase des manisch-depressiven oder zirkulären Irreseins, die von der depressiven (Vergl. → Depression) Phase abgelöst wird, aber auch einzeln auftreten kann und von den unter 1. genannten Symptomen beherrscht wird. Das manisch-depressive Irresein gehört zu den → endogenen → Psychosen und ist von der → Schizophrenie abzugrenzen.
3. Zwanghafte Steigerung einer einzelnen Verhaltensweise, sogenannte Monomanie. Zu den monomanischen Erscheinungen gehören → Dipsomanie, → Kleptomanie, → Nymphomanie, → Poriomanie und → Pyromanie.

**Manieriertheit** (Manierismus)**:** Bei Geisteskranken häufig vorkommendes gekünsteltes, affektiertes, unnatürliches, unechtes Verhalten, insbesondere in Gestik, Mimik und Sprechweise.

**manisch-depressives Irresein:** → Manie

**Marktforschung:** Eng mit der → Marktpsychologie verwandter Teilbereich der wirtschafts- und sozialwissenschaftlichen Forschung, zu dessen wichtigsten Aufgaben die Marktanalyse, insbesondere die Untersuchung der Kaufmotive und Käuferschichten gehört.
Vergl. → Meinungsforschung.

**Marktpsychologie:** Eng mit der → Marktforschung und der → Werbepsychologie zusammenhängendes Teilgebiet der → angewandten Psychologie. Zu den Hauptaufgaben der M. gehört die Untersuchung der vielfältigen psychologischen Probleme von Angebot und Nachfrage. Im Rahmen von Marktanalysen werden vor allem Kaufmotive, Kaufbedürfnisse, Käuferschichten usw. untersucht, damit entsprechende Werbemaßnahmen eingeleitet werden können. Da das Konsumverhalten nicht nur von rationalen, sondern auch von irrationalen Faktoren bestimmt wird, fallen der M. viele Aufgaben zu, die von der Produktherstellung und Verpackung über die Werbung bis zum Absatz bzw. Verkauf reichen, wobei der Markt vor allem mit den Methoden der → Meinungsforschung untersucht wird.

**Masochismus:** Ein nach dem Schriftsteller Sacher-Masoch (1836-1895) benanntes → Sexualverhalten. Das Erdulden von körperlichen und seelischen Schmerzen schafft Lustgefühle und Lustbefriedigung. Der M., dessen Praktiken von mehr symbolischen Strafen und verhältnismäßig leichten Demütigungen und Quälereien bis zu schweren Mißhandlungen reichen können, ist das Pendant zum → Sadismus. Die Auffassungen über Entstehung und Beurteilung gehen auseinander, aber zumindest bei stark ausgeprägtem M. handelt es sich um eine mit Persönlichkeitsstörungen zusammenhängende → Perversion.
Vergl. → Aggression, → Algolagnie, → Flagellantismus und → Schuldgefühle.

**Masse:** Eine Vielfalt von Menschen mit vorübergehender Gemeinsamkeit des Fühlens und Handelns, wobei die individuelle Steuerung der affektiven Stimmungen und Triebhandlungen weitgehend aufgehoben ist. Im Unterschied zur → Gruppe verfügt die M. über keine ausgeprägte Gliederung und kein aufeinander abgestimmtes Verhalten. Sie ist durch Abbau der sozialen Kontrolle und individueller Hemmungen gekennzeichnet und besitzt deshalb eine starke Bereitschaft zur Entwicklung von Primitivreaktionen und Aggressionen. Die psychologischen Erklärungen dieses Phänomens gehen auseinander. → Massenpsychologie.

**Massenkommunikation:** → Kommunikation

**Massenmedien:** Öffentliche Kommunikationsmittel (→ Kommunikation), die weiten Bevölkerungskreisen die gleichen Informationen gleichzeitig vermitteln. Das gilt vor allem für Fernsehen, Film, Rundfunk, Schallplatte, Presse, Buch, Plakat u.a. Die große Breitenwirkung der M. beeinflußt das soziale und individuelle Leben und hat an der Bildung von Einstellungs- und Verhaltensmustern, → Leitbildern und Idolen wesentlichen Anteil. Im einzelnen sind die direkten und indirekten psychischen Auswirkungen der M. noch nicht genügend erforscht.

**Massenpsychologie:** Die eng mit der → Sozialpsychologie zusammenhängende M. untersucht die psychologischen Aspekte des Phänomens → Masse, insbesondere die Ursachen, Entwicklungsverläufe und Auswirkungen des seelischen Verhaltens bei Massenerscheinungen wie Demonstrationen, Massenveranstaltungen, Panik, Revolten, Lynchjustiz, Revolutionen usw. Dazu gehören auch die sogenannten → psychischen Infektionen bzw. Epidemien. Psychische Infektionen sind seelische Störungen und Erkrankungen, die sich durch psychische Ansteckung (Vergl. → induziertes Irresein) ausbreiten und dann als epidemische Massenerscheinungen wie z.B. Massenhysterie (Vergl. → Hysterie), → Flagellantismus oder Veitstanz (→ Chorea) auftreten können.
Die Auffassung über die Entstehung von Massenerscheinungen, insbesondere darüber, warum Individuen sich in der Masse psychisch verändern, ihr Vernunftniveau senken und affektiver und primitiver verhalten als allein oder in ihrer Gruppe, gehen auseinan-

der, aber in jedem Falle spielen Vorgänge der → Suggestion, → Autosuggestion und Enthemmung (→ Hemmungen) eine wesentliche Rolle.
Vergl. → Carpenter Effekt, → Echo, → Imitation, → Konformität, → Fanatismus und → Panik.

**Masturbation** (Onanie): Sexuelle Selbstbefriedigung des Mannes und der Frau. Vor allem bei Jugendlichen, aber auch bei Erwachsenen in Zeiten fehlender Partnerbeziehungen ist M. ein normales → Sexualverhalten, das Spannungen ableitet. Erst durch Schuldgefühle, die häufig durch Vorwürfe und moralische Verurteilung entstehen, wird die M. zum psychischen Problem. Reduziert sich jedoch das Sexualverhalten mehr oder weniger ausschließlich auf M., ohne daß eine äußere Zwangslage besteht, d.h. werden Partnerbeziehungen deshalb eingeschränkt oder sogar überflüssig, dann handelt es sich um eine sexuelle Störung, die mit Kontaktschwäche, Minderwertigkeitsgefühlen oder anderen Entwicklungsstörungen zusammenhängt.
Vergl. → Autoerotik und → Narzißmus.

**Materialisation:** Begriff des → Okkultismus für den psychokinetischen (Vergl. → Psychokinese) Vorgang der Verkörperung bzw. Materiebildung aus dem Nichts. Lösen sich solche Gebilde wieder auf, dann wird das als Entmaterialisation bezeichnet.
Bei sogenannten Apporten entmaterialisiert sich ein tatsächlich vorhandener Gegenstand, durchdringt geisterhaft andere Materie wie Türen oder Wände, materialisiert sich wieder und taucht dann an einer anderen, oft weit entfernten Stelle wieder auf. Nach Auffassung der → Parapsychologie sind solche den Naturgesetzen widersprechende M. bisher vollständig unbewiesen.

**mathematische Psychologie:** Die Anwendung verschiedener mathematisch-statistischer Methoden zur Behandlung psychologischer Probleme, insbesondere zur exakten Darstellung quantitativer Merkmale psychischer Gegebenheiten und zur statistischen Erfassung sozial-psychologischer Sachverhalte. So werden z.B. die Kommunikationsprozesse mit Hilfe kybernetischer und informationstheoretischer Modelle dargestellt.
Vergl. → Informationstheorie, → Kommunikation und → Kybernetik.
Mathematisch-statistische Methoden kommen in vielen Bereichen zur Anwendung. Ein für die Psychologie spezifisches Verfahren ist die → Faktorenanalyse.

**Mayo, Elton:** Geb. 26.12.1880 in Adelaide, Australien, gest. 7.9.1949 in Boston; amerikanischer Soziologe und Betriebspsychologe. Er wirkte als Professor an der Harvard Universität und leitete die jahrelangen betriebspsychologischen Untersuchungen in den Hawthorne-Werken, deren Ergebnisse er in dem Buch »Probleme industrieller Arbeitsbedingungen« 1933, deutsch 1950, niederlegte. Seine Forschungen lieferten der modernen Arbeits- und Betriebspsychologie grundlegende neue Erkenntnisse. → Hawthorne-Untersuchungen.

**McDougall, William:** Geb. 22.6.1871 in Lancashire, gest. 28.11.1938 in Durham, USA; englischer Psychologe. Er wirkte ab

1920 in Amerika, lehrte an der Harvard Universität und an der Duke Universität und strebte eine von den menschlichen Antrieben ausgehende Sozialpsychologie an, die der modernen Gruppenpsychologie nahe kam. Im psychophysischen Bereich der Nervenfunktionen sprach er dem Gefühlsleben zentrale Bedeutung zu und entwickelte eine Systematik der Emotionen und Affekte. Zu seinen wichtigsten Schriften gehören: »Einführung in die Sozialpsychologie« 1908, deutsch 1928, »Psychologie, die Wissenschaft von den Verhaltensweisen« 1912, deutsch 1930, »Aufbaukräfte der Seele, Grundriß einer dynamischen Psychologie und Pathopsychologie« 1918, deutsch 1931 und »Psychoanalyse und Sozialpsychologie« 1936, deutsch 1947.

**Meditation:** Einübung in mystische Innenschau, Vertiefung, Versenkung und Hingabe bei weitgehender Abschaltung aller ablenkenden äußeren Reize. Die M. dient zunächst der körperlich-seelischen Entspannung und Ruhigstellung und dann vor allem der → Konzentration auf die Inhalte, über die meditiert wird. Ebenso wie die geistlichen → Exerzitien der Jesuiten, das → Yoga und andere alte Techniken der religiösen Erziehung und Persönlichkeitsbildung wird heute auch die M. von der modernen Psychotherapie als → Entspannungstechnik genutzt. Vergl. → autogenes Training.

**Medium:** Bezeichnung des → Okkultismus für eine speziell veranlagte Person, die bei spiritistischen Sitzungen (Vergl. → Spiritismus) als Mittelsperson für Kontakte mit der Geisterwelt dient und überhaupt paranormale Leistungen vollbringt. Die angeblichen Fähigkeiten der Medien sind Untersuchungsgegenstand der → Parapsychologie.
Auch die Versuchspersonen und Patienten bei Suggestionsexperimenten und Hypnose werden Medien genannt.

**medizinische Psychologie:** Alle Gebiete der Psychologie, die in den Bereich der Medizin bzw. Krankenbehandlung hineinreichen und dessen Erkenntnisse und Methoden verwenden oder sie mit psychologischen Mitteln ergänzen. Das gilt vor allem für die → klinische Psychologie, die → Pharmakopsychologie, die → Psychotherapie und die → Psychiatrie mit → Psychopathologie und → Neurologie.

**Medulla oblongata:** Verlängertes Mark; Verbindungsteil zwischen → Rückenmark und → Gehirn. Vergl. → Nervensystem.
Medulla spinalis → Rückenmark.

**Megalomanie:** Krankhaft übersteigerte Selbsteinschätzung, Größenwahn.

**Meinungsforschung** (Demoskopie): Eng mit der Sozialpsychologie zusammenhängendes Teilgebiet der → angewandten Psychologie, dessen Methoden vor allem auch von der → Marktpsychologie verwendet werden. Zur Ermittlung von Stimmungen, Meinungen und Einstellungen der Bevölkerung zu bestimmten Themen arbeitet die M. mit sogenannten Umfragen oder statistischen Erhebungen, wobei nicht die Gesamtbevölkerung, sondern eine statistisch repräsentative Gruppe befragt wird. Man unterscheidet einmalige Repräsentativumfragen, so

z.B. über die Meinung zu einem aktuellen Ereignis oder über einen Politiker, und mehrere Umfragen in zeitlichen Abständen zum gleichen Thema (oft auch mit den gleichen Befragten) als sogenannte Trendbeobachtung, so z.B. über das zu- oder abnehmende Ansehen eines Markenartikels oder einer Partei. Damit die Befragten die tatsächliche Fragestellung nicht erkennen und ihre Antwort nicht manipulieren, wird gelegentlich mit indirekten, verborgenen Fragen gearbeitet.
Vergl. → Interview und → Fragebogenmethode.

**melancholisch** (Melancholiker): → Temperament und → Typus

**Menstruation:** Periode, Regel. Die bei der geschlechtsreifen Frau in Abständen von ungefähr 28 Tagen regelmäßig einsetzende und mit Blutung verbundene Abstoßung einer unbefruchteten Eizelle und der Uterusschleimhaut. Die erste M. während der → Pubertät wird Menarche genannt; die Zeit nach der letzten M. während des → Klimakteriums bezeichnet man als Menopause. Viele Frauen sind während der M. Stimmungsschwankungen unterworfen und seelisch labil. Das gilt in verstärktem Maße für die Menarche und die erste Zeit der Menopause. In beiden Fällen handelt es sich um tiefgreifende Entwicklungsvorgänge, die oft mit psychischen Komplikationen verbunden sind.

**Mentizid:** → Gehirnwäsche

**Merkfähigkeit:** → Gedächtnis

**Merkmal:** Wesentliche Kennzeichen von Objekten und Vorgängen, die ohne solche Merkmale nicht erfaßbar bzw. nicht unterscheidbar wären. Als allgemeine Merkmale psychischer Phänomene gelten Qualität, Intensität und Dauer.
Zu Persönlichkeitsmerkmalen → Eigenschaften.

**Mesenkephalon:** Mittelhirn. → Gehirn

**mesomorph:** Ein Körperbautypus, der dem Athletiker entspricht. → Typus.

**Metabolismus:** Veränderung, Umwandlung, der Stoffwechsel. Unter Anabolismus versteht man den aufbauenden und unter Katabolismus den abbauenden Stoffwechsel im Hinblick auf die Erzeugung und den Verbrauch von Protoplasma. Beide Prozesse halten sich im Normalfall gegenseitig im Gleichgewicht.

**Metasprache:** Eine Sprache zweiter Ordnung, so z.B. eine Fachsprache, die mit den Mitteln der normalen Sprache darüber hinausgehende neue Aussagen macht. Die Fachsprache der Psychologie ist eine M.

**Meteoropsychologie:** → Bioklimatik

**Methoden der Psychologie:** Wissenschaftliche Methoden sind systematische Verfahren zur Erkenntnisgewinnung. Neben den allen Wissenschaften gemeinsamen induktiven (→ Induktion) und deduktiven (→ Deduktion) Methoden gibt es zahlreiche spezielle Verfahren, die sich aus der jeweiligen wissenschaftlichen Aufgabenstellung und aus der Eigenart des Untersuchungsgegenstandes ergeben. Die grundlegenden

Methoden der Psychologie als einer empirischen Wissenschaft, die das Verhalten und Erleben untersucht, sind die Selbst- oder Erlebnisbeobachtung bzw. Introspektion und die Fremd- oder Verhaltens- oder Ausdrucksbeobachtung (Vergl. → Beobachtung). Von diesen Grundmethoden sind dann weitere Verfahren, so das → Experiment und der → Test, abgeleitet. Verschiedene mathematisch-statistische Methoden dienen vor allem dazu, das aus Beobachtungen gewonnene Material exakt zu verarbeiten. Außerdem verfügt die Psychologie über diagnostische Methoden (Vergl. → Anamnese, → Exploration, → Biographie und → Fallstudie) und über die Lebenslaufforschung. → Lebenslauf.

**Midlife-Crisis:** Aus dem Amerikanischen übernommene Bezeichnung für einen etwa in der Mitte des Lebens liegenden Entwicklungsabschnitt (Vergl. → Entwicklungsphasen), der von tiefgreifenden Umstellungsprozessen bestimmt ist und sich zuweilen zur seelischen Lebenskrise ausweitet. Bei der Frau ist dieser Lebensabschnitt mit dem → Klimakterium (Vergl. → Menstruation) identisch, deshalb wird der Begriff M.-C. vor allem auf den Mann bezogen, der zwischen dem 50. und 60. Lebensjahr einem im übertragenen Sinne mit dem Klimakterium der Frau vergleichbaren Umstellungsprozeß unterworfen ist. Wird die Natürlichkeit dieses Vorgangs nicht erkannt und nicht entsprechend verarbeitet, dann kann der allmählich einsetzende Leistungsabfall zu extremen Stimmungsschwankungen, Depressionen und charakterlichen Veränderungen führen. Aus Angst vor dem nahenden Alter werden die schwindende Vitalität und Elastizität überbetont und forciert. Da dieses künstliche → Image physisch und psychisch auf die Dauer nicht aufrecht erhalten werden kann, erreicht dann die unbewältigte Krise mit Krankheiten und seelischen Störungen ihren Höhepunkt.

**Miene** (Mienenspiel): → Ausdruck und → Mimik

**Migräne:** Anfallweise auftretender heftiger Kopfschmerz, der durch nervliche Störungen oder Hirngefäßkrämpfe verursacht wird. Der meistens einseitige Kopfschmerz ist mit Reizbarkeit, Schwindelgefühlen, Lichtempfindlichkeit, Magenbeschwerden, Erbrechen oder ähnlichen Nebenerscheinungen verbunden. Wahrscheinlich entsteht M. auf allergischer (Vergl. → Allergie) Grundlage.

**Milieu:** Umkreis, Umgebung, Umwelt. Zwischen Individuum und M. bestehen ständige Wechselwirkungen. Das gilt vor allem für das von Familie, Beruf und Gruppenbeziehungen (Vergl. → Gruppe) u.a. bestimmte soziale M. Im weiteren Sinne ist auch das Kultur- und Naturmilieu eingeschlossen.
Unter Milieutheorie versteht man die Auffassung, daß der Mensch nicht das Produkt ererbter → Anlagen sei, sondern ausschließlich oder zumindest überwiegend vom M. bestimmt werde. Die Diskussion über dieses Anlage-Umwelt-Problem ist noch nicht abgeschlossen, aber wahrscheinlich erhält der Mensch seine individuelle psychische Ausprägung durch das Zusammenwirken von Anlagen und Umweltfaktoren.

**Mimik:** Die seelischen Ausdrucksbewegungen des Gesichts, das Mienenspiel. Die M. ist wesentlicher Bestandteil des gesamten Ausdrucksgeschehens (→ Ausdruck), dient als Hilfsmittel der Verständigung zur Ergänzung der Sprache und ist an der Bildung des ersten Eindrucks, den man von einer Person gewinnt, maßgeblich beteiligt. Zugleich ist sie ein Hilfsmittel der → Ausdruckspsychologie zur Charakteranalyse der Persönlichkeit.
Über den seelischen Ausdruck des unbewegten Gesichts bzw. der Gesichtsform → Physiognomik.

**Minderheit** (Minorität): Eine Gruppe mit religiösen, politischen, rassischen, sexuellen oder anderen Besonderheiten im Gefüge einer größeren Gruppe, wobei die Merkmale der M. sich so deutlich von den Wertvorstellungen und Lebensgewohnheiten der Mehrheit abheben, daß ständiger Anlaß zu Mißtrauen, Vorurteilen, Ablehnung und Aggressionen gegeben ist. Wird eine M. von der Mehrheit nicht toleriert bzw. integriert, dann ist eine gleichberechtigte Teilnahme der Angehörigen dieser M. am allgemeinen sozialen Leben unmöglich. Vergl. → Außenseiter und → asozial.

**Mindersinnigkeit:** Erheblich eingeschränkte oder vollständig fehlende Sinnestätigkeit in einem Bereich oder auch auf mehreren Gebieten. So z.B. starke Schwerhörigkeit, Schwachsichtigkeit, Taubheit, Blindheit, Taubstummheit usw. Die M. ist oft mit mehr oder weniger ernstlichen psychischen Störungen verbunden.

**Minderwertigkeitsgefühle:** Tiefgreifende Gefühle der Unzulänglichkeit und Unterlegenheit, die bei der Entwicklung psychischer Störungen und Erkrankungen eine wesentliche Rolle spielen. Nach A. → Adlers → Individualpsychologie lösen M., die durch → Organminderwertigkeit, Anlage, Milieu und Erlebnis, vor allem aber durch subjektive Einschätzung dieser Faktoren entstehen, Kompensationsbemühungen aus. Diese → Kompensation konzentriert sich vor allem auf den Aggressionstrieb (Vergl. → Aggression und → männlicher Protest). Das Verlangen, stark, erfolgreich und überlegen zu sein, ist nach Adler nichts anderes, als eine Kompensation des Minderwertigkeitsgefühls der Unterlegenheit, des Versagens und der Schwäche. Unter der Bezeichnung Minderwertigkeitskomplex ist dieses aggressive Streben nach Geltung (Vergl. → Geltungsbedürfnis) und Macht als sogenannte Überkompensation, d.h. als übersteigertes Bemühen, Unsicherheit und Erfolglosigkeit auszugleichen, sehr populär geworden.

**Mnemotechnik:** Mneme ist das aus dem griechischen übernommene Wort für → Gedächtnis, Erinnerung. Unter M. versteht man verschiedene Methoden bzw. Lernhilfen, einen Stoff besser im Gedächtnis zu behalten. Dazu gehören auch alle individuellen Maßnahmen, die sogenannten Eselsbrücken, durch sachfremde → Assoziationen wie bestimmte Zahlen- oder Buchstabenkombinationen, graphische Zeichen, Sprüche und sonstige persönliche Hilfsvorstellungen den Gedächtnisinhalt sicherer einzuprägen.

**Modell:** Da sich in der Psychologie als einer Erfahrungswissenschaft viele Zustände und Vorgänge der direkten Beobachtung und Kontrolle entziehen und nur empirisch erfaßbar sind, spielen Modelle im Sinne von Theorien, hypothetischen Annahmen, Denkmodellen, Hilfsvorstellungen und → Konstrukten eine wichtige Rolle. Sie dienen vor allem der exakten Darstellung und besseren Veranschaulichung bzw. Erklärung komplexer Sachverhalte oder auch einzelner Phänomene. So liegen u.a. der Ganzheits- und Gestaltpsychologie, der Psychoanalyse, der Reiz-Reaktionstheorie des Behaviorismus, der Informationspsychologie sowie den Lern- und Hemmungstheorien Modellvorstellungen zugrunde.

**Mondsucht:** → Somnambulismus

**Mongolismus** (Mongoloidismus): Mit körperlicher Deformation und oft auch mit Fehlentwicklungen von Organen verbundener angeborener Schwachsinn. Mongoloide Kinder haben eine niedrige Lebenserwartung und sind u.a. durch mongolenähnliche Kopf- und Gesichtsbildung mit stumpfer Nase, Schlitzaugen und enger Lidspalte, durch Kleinwuchs, plumpe Finger und Muskelschwäche sowie durch Schwachsinn mittleren bis schweren Grades gekennzeichnet. Nach Langdon-Down, der diese Degenerationskrankheit 1866 ausführlich beschrieb, wird der M. auch Langdon-Down-Syndrom oder Langdon-Down-Idiotie genannt.

**Monoidismus:** Das krankhafte Vorherrschen einer einzigen Bestrebung; das Besessensein von einer fixen → Idee bei weitgehender Ausschaltung des normalen Denkablaufs. Synonym für Monomanie. → Manie.

**Monomanie:** → Monoidismus und → Manie

**Moral:** Verantwortungsbewußtes sittliches Handeln auf der Grundlage ethischer (Vergl. → Ethik) Wertprinzipien. Da menschliches Zusammenleben ohne Regeln des sozialen Verhaltens nicht möglich ist, hat das vorwiegend allgemeingültige, zum Teil aber auch vom jeweiligen Kulturkreis und von der Gesellschaftsordnung abhängige ethisch-moralische Wertsystem für die Entwicklung der Persönlichkeit zum Sozialwesen entscheidende Bedeutung. Dabei genügt jedoch nicht das Wissen um diese Regeln, sondern es bedarf der inneren Bereitschaft, sich an ihnen im Sinne einer moralischen Haltung zu orientieren. Die individuelle Ausprägung dieser Bereitschaft, das Denken und Handeln einem weitgehend anerzogenen moralisch-sozialen Pflichtbewußtsein zu unterwerfen und sich Selbstbeherrschung und Selbstkontrolle aufzuerlegen, bezeichnet man als → Gewissen.
In der Psychoanalyse ist das Gewissen weitgehend mit dem sogenannten → Über-Ich identisch. Unter dem Begriff Moralitätsprinzip versteht → Freud das individuelle Streben nach Befriedigung des Gewissens. Während das → Ich nach dem → Realitätsprinzip und das → Es nach dem Lustprinzip (Vergl. → Lust) arbeitet, unterliegt das Über-Ich dem Moralitätsprinzip.

**Motivation:** Die bewußten, aber auch die halb- und unbewußten Beweggründe und Antriebsele-

mente des Handelns. In diesem Sinne umfaßt der Begriff auch psychische Zustände und Vorgänge wie → Affekt, → Antrieb, → Bedürfnisse, → Drang, → Gefühl, → Interesse, → Trieb und alle zielgerichteten Willensentscheidungen. Im einzelnen gehen die Definitionen der Kräfte, die das menschliche Verhalten aktivieren und kontrollieren, je nach psychologischer Richtung auseinander.
Die Motivforschung untersucht die psychischen Hintergründe des menschlichen Handelns, die sich der unmittelbaren Beobachtung entziehen und nur aus dem beobachtbaren Verhalten erschlossen werden können. Somit ist die M. ein → Konstrukt zur besseren Beschreibung bzw. Erklärung der Beweggründe des beobachteten Verhaltens, insbesondere der Verhaltensvariabilität. Mit Hilfe der Motivationsforschung, d.h. der Untersuchung der Antriebskräfte, lassen sich die Unterschiede der individuellen Reaktionen in vergleichbaren Situationen genauer erfassen.
Eine besondere Rolle spielt die M. in der Erziehung bzw. bei den Lernprozessen und in den Gruppenbeziehungen, denn die Entwicklung der Persönlichkeit im Hinblick auf ihre Selbstverwirklichung und ihre soziale Verantwortung hängt weitgehend davon ab, wie sie motiviert wird.

**Motorik:** Die Gesamtheit aller Abläufe von Körperbewegungen einschließlich des dazu notwendigen sinnvollen Zusammenwirkens (→ Koordination) von motorischen Nerven, Gehirn und Muskeln u.a. Die Erforschung der M. ist vor allem für die Arbeits- und Betriebspsychologie, die Berufsberatung, die Sport- und Verkehrspsychologie und für viele Therapiemethoden von Bedeutung. Die M. ist jedoch nicht nur Funktion des Körperbaus bzw. des Skeletts, der Glieder, Gelenke, Muskeln und Sehnen (Vergl. → Kinästhesie), sondern zugleich auch → Ausdruck individueller Eigenart. Die Bewegungsabläufe des Körpers (→ Pantomimik, → Gestik und → Mimik) sind als seelische Äußerungen der Persönlichkeit wesentlicher Forschungsgegenstand der → Ausdruckspsychologie, der Charakterkunde (→ Charakter) und der verschiedenen Temperaments- bzw. Typenlehren (→ Temperament und Typus) und dienen vor allem der → Psychodiagnose. Besonders im Hinblick auf diese engen Zusammenhänge zwischen motorischen und psychischen Beschaffenheiten spricht man von Psychomotorik.
Über die sogenannte Ideomotorik → Carpenter-Effekt.

**motorisch:** Die Weiterleitung zentraler Impulse an die Organe. Motorische bzw. efferente oder zentrifugale Nerven vermitteln Impulse des Zentralnervensystems an die Organe und zur Peripherie. Der Gegensatz ist afferent bzw. → sensorisch.
Vergl. → Innervation und → Nervensystem.

**multiple Sklerose:** Erkrankung des Gehirns und Rückenmarks. Bindegewebewucherungen mit sklerotischen Verhärtungen im Nervensystem verursachen einen Schwund der Nervenfasern und dadurch entsprechende Ausfallerscheinungen wie Seh-, Hör-, Sprach- und Bewegungsstörungen. Das sich meistens sehr langsam entwickelnde Krankheitsbild ist außerdem von extremen Stimmungsschwankungen, starker Reizbarkeit und Gedächtnisschwäche gekennzeichnet.

**Musikpsychologie:** Teilgebiet der Psychologie, das vor allem die Zusammenhänge zwischen instrumentalen und vokalen musikalischen Reizen und dem psychischen Erleben und Verhalten, aber auch den Schaffensprozeß und die Persönlichkeit des Komponisten, Musikers und Sängers sowie die Musikwerke selbst untersucht. Auf der Grundlage der Tonpsychologie werden die subjektiven psychischen Wirkungen der verschiedenen musikalischen Reize wie Tonhöhe und Tonart, Konsonanzen und Dissonanzen, Klangfarben, Melodie, Rhythmus, Harmonik usw. erforscht. Hinzu kommen zahlreiche Einzelprobleme wie musikalische Begabung und musikalisches Gedächtnis, absolutes Gehör, die psychologischen Aspekte der Musikerziehung usw. Die Frage nach der Ansprechbarkeit und Beeinflußbarkeit von Einzelpersonen und sozialen Gruppen durch musikalische Reize führte zu der Erkenntnis, daß nicht nur das passive Hörerlebnis, sondern vor allem das Musizieren und Singen in der Gemeinschaft wichtige individuelle und soziale Ausgleichsfunktionen erfüllt, von Spannungen und Hemmungen befreit und damit für die → Psychotherapie von Bedeutung ist. Verschiedene Methoden der Musiktherapie gehören inzwischen zum festen Bestand der Psychotherapie und der → Heilpädagogik.
Die M. steht in engen Beziehungen zur → Kunstpsychologie, → Literaturpsychologie und → Kulturpsychologie.

**Mutismus:** Stummbleiben, Schweigen bei voller Funktionsfähigkeit der Sprechorgane sowie der entsprechenden Gehirnzentren. M. tritt oft bei Schizophrenie, Neurosen, Depressionen und Taubheit auf und ist eine relativ häufige neurotische Störung bei übersensiblen Kindern. Bei totalem M. spricht der Kranke überhaupt nicht, während der vor allem bei Kindern vorkommende elektive M. nur aus einem Stummbleiben gegenüber bestimmten Personen besteht. In vielen Fällen ist M. durch psychotherapeutische Behandlung heilbar.

**Mutterbindung:** Wie bei jeder Form der → Abhängigkeit, handelt es sich auch bei Mutter- oder Vaterbindung, die weit über das Kindesalter hinaus anhält (Vergl. → Ablösung), um eine → Entwicklungsstörung. Vor allem die Bindung des Sohnes an die Mutter und die Bindung der Tochter an den Vater als sogenannter Mutter- bzw. Vaterkomplex, wobei die → Bindung so weit geht, daß die Mutter bzw. der Vater mehr oder weniger unbewußtes → Leitbild der Partnerwahl ist, führen oft zu Kontakthemmungen, sexuellen Störungen und anderen Fehlentwicklungen der Persönlichkeit. Da im Partner nach einem Mutter- bzw. Vaterersatz gesucht wird, bedeutet das nach → Freud den weitgehend unbewußten Wunsch, die Mutter- bzw. Vaterbindung zu wiederholen bzw. fortzusetzen.
Vergl. → Elektrakomplex und → Ödipuskomplex.

**Myxödem:** → Kretinismus

# N

**Nachahmung:** → Imitation

**Nachtwandeln:** → Somnambulismus

**Narkoanalyse:** Narkose ist ein künstlich herbeigeführter Betäubungs- bzw. Schlafzustand. Bei der N. handelt es sich um die Kombination einer leichten Narkose mit einem psychotherapeutischen Gespräch. Da in leichter Narkose der Widerstand gegen das Gespräch stark herabgesetzt und ein weitgehend entspannter, angstfreier Zustand geschaffen wird, kann mit dieser Methode das analytische Verfahren der Diagnosebildung erleichtert und abgekürzt werden.
Vergl. → Diagnose.

**Narzißmus:** In der griechischen Sage ist Narziß ein in sein eigenes Spiegelbild verliebter Jüngling. Davon abgeleitet, versteht man unter N. übersteigerte Ichbezogenheit und Selbstliebe bzw. erotisch-sexuelle Hinwendung zum eigenen Körper. Nach → Freud ist der N. als Übergang von der → Autoerotik zur → Objekterotik eine allgemeine frühkindliche → Entwicklungsphase. Wird er im späteren Leben beibehalten, dann handelt es sich um eine → Entwicklungsstörung bzw. → Perversion.
Vergl. → Sexualverhalten.

**Nativismus:** Psychologische Theorie, die das menschliche Verhalten, vor allem die Wahrnehmungsvorgänge, als angeboren betrachtet und im Gegensatz zur empirischen Auffassung den wesentlichen Einfluß der Erfahrung bzw. der Lernvorgänge leugnet.

**Naturell:** → Temperament

**Need:** Aus der amerikanischen Psychologie übernommene Bezeichnung für Wünsche, Bedürfnisse, Bestrebungen, Verlangen.

**Neid:** Mißvergnügen, Mißgunst, Ärger, Verbitterung über Freude, Glück, Erfolg usw. anderer. Häufig aus Persönlichkeitsstörungen, aus → Geltungsbedürfnis bzw. → Minderwertigkeitsgefühlen entstehendes und objektiv ungerechtfertigtes Erlebnis der Benachteiligung.

**Neigung:** Individuelle Richtung der → Antriebe und → Interessen, Hinwendung zu bestimmten Ideen, Personen, Beschäftigungen usw. Die Zusammenhänge zwischen N. und → Bedürfnis und zwischen N. und Eignung sind vor allem Forschungsgegenstand der → beratenden Psychologie.

**Nekrophilie** (Nekromanie): Lustgewinn durch sexuelle Handlungen an Leichen. Zu den → Perversionen gehörende schwere psychische Störung.

**Neoanalyse** (Neopsychoanalyse): Sammelbezeichnung für verschiedene Richtungen der Weiterentwicklung und Abwandlung von → Freuds psychoanalytischer Lehre mit betonter Einbeziehung biologischer, sozialer und kultureller Aspekte.
Vergl. → Psychoanalyse.

**Nervensystem:** Das N. besteht aus der Gesamtheit aller Nervenzellen und Nervenleitungen, die der Ent-

stehung und Weiterleitung von Erregungsimpulsen dienen. Das gilt für jeden von außen kommenden Reiz ebenso wie für die Steuerung aller organischen und psychischen Lebensvorgänge. Die Gliederung des N. ist nach verschiedenen Gesichtspunkten möglich. So wird das Zentralnervensystem (Gehirn und Rückenmark) vom peripheren N. unterschieden. Das periphere N. besteht aus afferenten, zentripedalen oder sensorischen Nervenbahnen, die Impulse von der Peripherie, d.h. von den Körperorganen zum Zentralnervensystem melden, und aus efferenten, zentrifugalen oder motorischen Nervenbahnen, die Impulse von der Zentrale zur Peripherie leiten. Anatomisch gehören das zentrale und das periphere N. zum animalen oder cerebrospinalen N., das dem sympathischen, vegetativen oder autonomen N. (Sympathikus und Parasympathikus) gegenüber steht. Das animale oder cerebrospinale N. steuert das willkürliche Handeln sowie die Beziehungen zwischen Organismus und Umwelt, das sympathische, vegetative oder autonome N. reguliert die dem bewußten Wollen weitgehend entzogenen Organfunktionen wie Blutdruck, Stoffwechsel und Drüsentätigkeit u.a., hat aber zugleich auch wesentlichen Einfluß auf Gefühlslage und Stimmungen.
Vergl. → Gehirn.

**Nervosität:** Ungenaue Sammelbezeichnung für verschiedene Zustände übermäßiger Erregbarkeit, die häufig mit physischen Vorgängen wie Gefäßkrämpfen, Herz- und Kreislaufbeschwerden, Schlaf- und Verdauungsstörungen, Allergien usw. verbunden sind. Die Grenze zwischen N. und psychischer Erkrankung ist fließend.

**Neugierde:** Neugier- oder Explorationsverhalten ist bei Mensch und Tier nachweisbar. Die Tendenz, von allem angezogen zu werden, was neu und fremdartig ist oder sonst irgendwie die Aufmerksamkeit erregt, darf nicht mit dem der Orientierung und Sicherheit dienenden Erkundungsverhalten verwechselt werden. N. ist weitgehend zweckfrei und befriedigt kein uns bekanntes Bedürfnis. Vermutlich ist dieses Verhalten angeboren und hängt mit dem Reizhunger des Nervensystems zusammen, der sich in höher entwickelter Form als Wissensdurst äußert.

**Neuralgie:** Anfallweise auftretender Nervenschmerz ohne erkennbare organische Veränderungen.

**Neurasthenie:** Nervenschwäche, nervöse Reizbarkeit, seelische Labilität, Antriebslosigkeit, schnelle psychische und körperliche Ermüdbarkeit in Verbindung mit Kopfschmerzen, Schwindelgefühlen, Schlaf- und Verdauungsstörungen usw. N. ist Symptom einer psychischen Störung, tritt aber auch bei starker Erschöpfung und nach schweren Erkrankungen auf. Neurastheniker sind Menschen mit starker Anfälligkeit des Nervensystems und besonderer Disposition für neurasthenische Zustände.
Vergl. → Asthenie.

**Neurohormone:** → Hormone

**Neuroleptika** (Neuroplegika): Psychotrope Substanzen (→ Psychopharmaka) mit dämpfender Wirkung bei Angst-, Erregungs- und Verwirrtheitszuständen, wobei im

Unterschied zu herkömmlichen Beruhigungs- und Schlafmitteln das Bewußtsein voll erhalten bleibt. N. setzen die Funktion des Zentralnervensystems herab und werden vor allem zur Behandlung von Wahnvorstellungen und Psychosen eingesetzt.

**Neurologie:** Die Wissenschaft von den Nerven, Nervenstörungen und Nervenkrankheiten.

**Neuropathologie:** Die Wissenschaft von den Nervenstörungen und Nervenkrankheiten. Teilgebiet der → Neurologie.

**Neurosen:** Früher galt jede psychische Störung bzw. Nervenerkrankung ohne nachweisbare organische Veränderungen als Neurose, heute versteht man darunter alle abnormen seelisch-körperlichen Zustände, die nicht auf organische Schädigungen, sondern auf psychische Fehlanpassung (Vergl. → Anpassung) zurückzuführen sind und unter denen der Betroffene leidet. Diese Fehlanpassung entwickelt sich aus Schockerlebnissen, unbewältigten Konflikten und unbewußtem Ausweichen vor den Anforderungen der Umwelt und führt zu der willensmäßigen Beeinflussung entzogenen abnormen Erlebens- und Verhaltensweisen sowie zu körperlichen Störungen. Die Heilung von N. ist Aufgabe der → Psychotherapie. → Freud entwickelte aus dieser Aufgabenstellung seine → Psychoanalyse. Auch die meisten späteren psychotherapeutischen Schulen sind vorwiegend aus dieser Aufgabenstellung erwachsen. Freud, der die Neurose als durch Verdrängungen entstehende Fehlhaltung erklärte, unterschied Aktual- und Psychoneurosen. Unter Aktualneurosen (Schreck- und Angstneurosen) verstand er aktuelle Affekterlebnisse mit Reaktionen des vegetativen Nervensystems. Die Psychoneurosen (Zwangsneurosen, → Phobien, → Hysterie) führte er auf unbewältigte Triebkonflikte zurück. Oft wird auch zwischen Psychoneurosen und Organneurosen unterschieden. Bei den Organneurosen (Herzneurosen, Magengeschwüre, Asthma usw.) bzw. psychosomatischen Störungen (Vergl. → Psychosomatik) stehen organische Symptome im Vordergrund. Die verschiedenen Benennungen und Einteilungen der N. ergeben sich aus den unterschiedlichen psychologischen Schulen. So spricht man u.a. auch von traumatischen (Vergl. → Trauma) N., von Rand-, Kern-, Schicht- und Charakterneurosen, von Verfolgungswahn- (Vergl. → Wahn) und Zwangsneurosen (Vergl. → Zwang).
Als Neurotizismus bezeichnet man die Disposition zu N.

**nichtdirektive Therapie:** → Gesprächstherapie

**Noëse:** 1. Nach → Hellpach eine vor → Eidese und → Thymose liegende → Entwicklungsphase, insbesondere das Schulalter, in der die Entfaltung des Verstandeslebens im Vordergrund steht.
2. In → Husserls → Phänomenologie ist N. ein geistiger Akt, der Denkakt und Noëma der Denkgegenstand, der Inhalt des Denkakts, der Sinn des Bewußtseinsinhaltes. Danach haben geistige Prozesse immer eine noëtisch-noëmatische Struktur.
3. In der Persönlichkeitslehre von → Lersch ist der noëtische oder personelle Oberbau das Denken und Wollen der Persönlichkeit.

4. Noëtik ist die Denk- und Erkenntnislehre.

**Noradrenalin:** → Adrenalinausschüttung

**Norm:** Durchschnitt, Regel, Vorschrift, Wertmaßstab. Im ethischen (Vergl. → Ethik) Sinne ist die N. ein Wertmaßstab, als statistischer Begriff ist sie ein Durchschnittswert. Unter sozialen Normen versteht man die von der Gesellschaft geforderten Verhaltensweisen und Leistungen. Da all diese Normierungen des menschlichen Verhaltens je nach Kultur und Gesellschaftsordnung verschieden sind und sich außerdem verändern, lassen sich die Begriffe N. und Normalität nicht eindeutig und allgemeingültig definieren. Trotzdem sind sie in der Psychologie als Maßstäbe zur Ermittlung von Durchschnitts- und Streuungswerten von Bedeutung. Dementsprechend bezeichnet man Abweichungen vom Streuungsbereich eines bestimmten Durchschnitts als → abnorm.

**Nosomanie** (Nosophrenie): Krankheitswahn.
Die Zwangsvorstellung, organisch krank zu sein.

**Nosophilie:** Die Neigung und Bereitschaft zur Krankheit. Das unbewußte oder auch bewußte Verlangen, krank zu sein.

**Nosophobie:** Übersteigerte Angst vor Erkrankung und Ansteckungen.
Vergl. → Phobie.

**Notfallreaktion** (Notfallfunktion): Die von dem amerikanischen Physiologen Walter Bradford Cannon (1871-1945) erstmals beschriebene → Adrenalinausschüttung bei plötzlicher starker physischer und psychischer Belastung.

**Nymphomanie:** Von den liebeshungrigen griechischen Naturgottheiten, den Nymphen, abgeleitete Bezeichnung für krankhaft übersteigertes sexuelles Verlangen der Frau, insbesondere für das Bedürfnis, mit vielen Partnern sexuell zu verkehren. Der weiblichen N. ist das männliche Don-Juan-Verhalten vergleichbar. Beide Verhaltensweisen sind meistens Symptom einer Persönlichkeitsstörung.
Vergl. → Manie.

# O

**Objekterotik** (Objektbesetzung): Auf Objekte, auf Personen und Dinge gerichtete → Erotik. Nach → Freud führt die erotisch-sexuelle Entwicklung von der Libidobesetzung (→ Libido) des eigenen Körpers (→ Autoerotik) und des eigenen Ich (→ Narzißmus) zur Objektwahl außerhalb der eigenen Person und findet dann in der Objektliebe, in selbstloser Menschen- und Weltliebe ihre reinste Vollendung.
Vergl. → Sexualverhalten.

**objektive Psychologie:** Jede psychologische Richtung, die nur direkte Beobachtungen bzw. objektiv feststellbare und meßbare Erscheinungen anerkennt und introspektive (→ Beobachtung) Methoden ablehnt. Im engeren Sinne die von → Pawlow und dem russischen Psychiater und Neurologen Wladimir Bechterew (1857-1927) begründete → Reflexologie, die Bechterew selbst als o.P. bezeichnete. Zwischen der o.P., der → Lerntheorie und dem → Behaviorismus bestehen sehr enge Beziehungen. Die neuere experimentelle Psychologie ist besonders in den USA von den Methoden der o.P. maßgeblich geprägt.

**Objektivität:** Sachlichkeit. Als Persönlichkeitsmerkmal die Neigung, sich nicht von Emotionen bestimmen zu lassen, sondern an Fakten zu orientieren und sachlich zu reagieren und zu urteilen. In der Testpsychologie versteht man unter D., daß Durchführung, Auswertung und Interpretation des Tests nicht beeinflußbar und nicht mehrdeutig sind. Mit korrelationsstatistischen Methoden läßt sich die Test-Objektivität berechnen.

**Objektpsychologie:** Teilbereich der → Arbeits- und → Betriebspsychologie, der sich speziell mit der zweckmäßigen Anpassung der Arbeitsgeräte, des Arbeitsplatzes und der Arbeitsprozesse an den Menschen befaßt.

**Obsession:** Mit Angsterlebnissen verbundene Zwangsvorstellungen. → Zwang und → Neurosen.

**Ödipuskomplex:** In der griechischen Sage ist Ödipus der Sohn des Königs Laios von Theben und dessen Frau Jokaste, der unwissentlich seinen Vater erschlägt, seine Mutter heiratet und mit ihr vier Kinder zeugt. Die → Psychoanalyse benutzt diese Sage als Bezeichnung für eine übermäßige → Mutterbindung des Sohnes, die mit weitgehend unbewußter Eifersucht auf den Vater und daraus entstehenden Schuldgefühlen verbunden ist. Der Ö. ist das männliche Gegenstück zum weiblichen → Elektrakomplex. Die Ödipus- und die Elektra-Situation sind als frühkindliche Elternbindungen natürliche Entwicklungsvorgänge, die sich erst dann zum → Komplex ausprägen, wenn keine → Ablösung erfolgt, d.h. wenn sie nicht überwunden werden, sondern im späteren Leben darin verharrt wird.

**Österreichische Schule:** → Grazer Schule

**Östrogene:** → Hormone

**Okkultismus:** Die Lehre von den außersinnlichen, übernatürlichen, geheimnisvollen, rätselhaften Phänomenen. Im Gegensatz zur → Parapsychologie, die okkulte Erscheinungen wie die sogenannten → außersinnlichen Wahrnehmungen und die → Psychokinese wissenschaftlich zu erforschen und zu erklären versucht, lehrt der O. mehr oder weniger vorbehaltlos den Glauben an die Existenz dieser Phänomene.

**Oligophrenie:** → Schwachsinn

**Onanie:** → Masturbation

**Oniomanie:** Kaufsucht, krankhaft übersteigerter Drang, ständig etwas zu kaufen, gleichgültig, ob es gebraucht wird oder nicht.

**Ontogenese:** Im Unterschied zur → Phylogenese befaßt sich die O. mit der → Entwicklung des Individuums.

Vergl. → Entwicklungsphasen und → Entwicklungspsychologie.

**Onychophagie:** Fingernagelkauen. Besonders häufiges Ausweichverhalten bei unausgeglichenen, gehemmten und nervösen Kindern.

**Operationalismus** (Operationismus): Eine aus der Physik übernommene Lehrmeinung und Methode, die von der sogenannten operationalen Definition ausgeht. Diese Definition gibt an, welche Operationen nötig sind, um die Bedingungen herzustellen, die für das Auftreten und die Beobachtung eines Phänomens erforderlich sind. Nach Auffassung des O. ist wissenschaftliche Erkenntnis nur dann gegeben, wenn ihre Definition die Operationen einschließt, mit denen das betreffende Phänomen von Jedermann zu jeder Zeit hervorgerufen und beobachtet werden kann.

**optischer Typ:** → Typus

**orale Phase:** Von → Freud geprägte Bezeichnung für den ersten Abschnitt der seelischen Entwicklung des Kindes von der Geburt bis gegen Ende des 1. Lebensjahres. Auf die o.Ph. folgen dann die → anale, → phallische und → genitale Phase. In der o.Ph. frühkindlicher Entwicklung gilt dem Oralbereich mit Saugen und Lutschen besondere lustbetonte Aufmerksamkeit. Nach psychoanalytischer Auffassung können durch → Fixierungen in der o.Ph. oder in einer der anderen → Entwicklungsphasen der spätere Charakter und das → Sexualverhalten geprägt werden.

**Oralverkehr:** Sexualverkehr mit dem Mund. → Cunnilingus ist der O. des Mannes bei der Frau, → Fellatio der O. der Frau beim Manne.

**Organempfindungen:** Empfindungen, die nicht durch Reize der Außenwelt, sondern durch das innere Körpergeschehen, durch die Tätigkeit der inneren Organe wie Herz, Magen, Darm, Drüsen usw. ausgelöst werden. Oft zählt man auch die kinästhetischen Empfindungen (Vergl. → Kinästhesie) zu den O. Außerdem werden auch die durch stärkere Gemütsbewegungen bedingten physiologischen Vorgänge (Vergl. → Affekt) als O. erlebt. Die individuelle gefühlsmäßige Gesamtverfassung wird von den O. wesentlich mitbestimmt.

**Organminderwertigkeit:** Im engeren Sinne die Unterentwicklung bzw. Minderwertigkeit eines Organs bzw. Körperteils, im weiteren Sinne auch jeder nur äußerliche körperliche Mangel wie Kleinwuchs, Dickleibigkeit, Glatze, Sommersprossen usw. Das individuelle Erlebnis eigener O. ist häufig Grundlage von → Minderwertigkeitsgefühlen im Sinne A. → Adlers.

**Organneurosen:** Nach der Neurosenlehre verschiedener psychologischer Richtungen werden zwei Hauptgruppen neurotischer Störungen unterschieden. Danach handelt es sich bei den Psychoneurosen um krankhafte Zustände mit primär psychischen Symptomen, während bei der zweiten Hauptgruppe der O. organische

Symptome im Vordergrund stehen. → Neurosen.

**Orgasmus:** Der bei Mann und Frau mit verschiedenen physiologischen Vorgängen verbundene Höhepunkt der Lustempfindung beim Sexualverkehr. Beim Mann ist der O. mit der Samenausstoßung verbunden. Da die Erregungskurve der Frau anders verläuft und den Höhepunkt später erreicht als die des Mannes, kommen viele Frauen beim Sexualverkehr selten oder gar nicht zum O. Dafür erlebt die Frau den O. intensiver als der Mann und kann ihn innerhalb kürzerer Zeit öfter wiederholen, während der Mann nur begrenzt zur Wiederholung fähig ist.

**Ostwald, Wilhelm:** Geb. 2.9.1853 in Riga, gest. 4.4.1932 in Groß-Bothen bei Leipzig; deutsch-lettischer Chemiker und Philosoph. Er wirkte als Professor in Dorpat, Riga und Leipzig, entdeckte u.a. den Mechanismus der Katalyse, entwickelte die Ostwaldsche Farbenlehre und erhielt 1909 den Nobelpreis für Chemie. Vor allem mit seiner Farbenlehre lieferte er auch der Physiologie und Psychologie wichtige Anregungen. Sein energetisches Prinzip, daß sich alle Prozesse mit dem geringsten Energieaufwand vollziehen, übertrug er auch auf die psychischen Vorgänge. Er veröffentlichte u.a.: »Die Energie« 1908, »Energetische Grundlagen der Kulturwissenschaft« 1909, »Der energetische Imperativ« 1912, »Die Farbenfibel« 1917, »Die Harmonie der Farben« 1918, »Einführung in die Farbenlehre« 1919 und »Die Farbschule« 1919.

**Outgroup:** → Gruppe

# P

**Paarvergleich:** Methode der Testpsychologie. Der Versuchsperson werden jeweils zwei differierende Eindrücke bzw. Reize angeboten, wobei die paarweisen Reize verglichen werden müssen und darüber zu befinden ist, welcher Reiz angenehmer, schöner usw. empfunden wird, oder es muß die Wirkung der Kombination von zwei differierenden Reizen beurteilt werden, z.B. ob zwei Farben miteinander harmonieren oder nicht. Der P. ist ein häufiges Verfahren der → Skalierung.

**Pädagogik:** Erziehungswissenschaft. Obwohl der Kinder- und Jugenderziehung im Rahmen der Schul- und Sozialpädagogik besondere Aufmerksamkeit gilt, umfassen die vielgestaltigen methodischen und didaktischen Aufgaben und Probleme der P. das gesamte Erziehungsgeschehen aller Altersstufen und schließen alle Formen der Einzel- und Gruppenerziehung in Familie, Kindergarten, Heim, Schule, Gesellschaft, Volk, Staat usw. von der Geburt bis zum Tod ein. Zur Bewältigung dieses komplexen Aufgabengebietes entwickelte die P. zahlreiche Teilgebiete und bezieht dabei auch andere wissenschaftliche Disziplinen ein, so vor allem Soziologie und Psychologie. Innerhalb der Psychologie befaßt sich die → pädagogische Psychologie in Forschung und Praxis speziell mit Erziehungs- und Bildungsfragen.

**pädagogische Psychologie:** Teilgebiet der → angewandten Psychologie, das sich in Forschung und

praktischer Anwendung speziell mit Erziehungs- und Bildungsfragen befaßt. Dabei liefern die Erkenntnisse der → Entwicklungs- und → Sozialpsychologie sowie der Lernpsychologie (→ Lernen) wichtige Grundlagen. Im weitesten Sinne umfaßt die p.P. alle psychischen Aspekte der Erziehung und Bildung des sich im Zusammenwirken mit der sozialen Umwelt entwickelnden Individuums in den verschiedenen → Entwicklungsphasen vom Säugling, Kleinkind und Schulkind (Vergl. → Kinderpsychologie) über → Pubertät bzw. Jugend (Vergl. → Jugendpsychologie), → Adoleszens und Erwachsenenalter (Vergl. → Erwachsenenpsychologie) bis zum Altern (Vergl. → Alterspsychologie). Im engeren Sinne konzentriert sich die p.P. auf die psychischen Reifungs- und Lernvorgänge, insbesondere auf die Probleme des Lehrens und Lernens im Sinne der Unterrichts- und Schulpsychologie.
Vergl. → Pädagogik.

**Päderastie** (Pädophilie): Kinderliebe, Knabenliebe. Sexuelle Handlungen eines Erwachsenen mit einem gleichgeschlechtlichen Kind, insbesondere eines Mannes mit einem Knaben. Die P. ist eine Sonderform der → Homosexualität mit strafrechtlichen Folgen.

**Paläenkephalon:** Stammhirn. → Gehirn

**Paläopsychologie:** 1. Die Psychologie seelischer Urzustände in Bezug auf den Vorzeitmenschen oder auf aus frühen Epochen der Menschheitsentwicklung erhaltene primitive Seelenzustände.
2. → Jung verwendet den Begriff für die Erforschung der → Archetypen des kollektiven → Unbewußten.

**Panik:** Bei tatsächlicher oder eingebildeter Gefahr plötzlich auftretender → affektiver Schreck- und Angstzustand mit spontanen, planlosen Fluchtreaktionen, die sich bis zu völlig unkontrollierter Hemmungslosigkeit steigern können. Als Massenerscheinung (Vergl. → Massenpsychologie) ist P. ein Phänomen der Echothymie (Vergl. → Echo) und gehört zu den → psychischen Infektionen, die sich durch psychische Ansteckung und Nachahmung (Vergl. → Carpenter-Effekt) ausbreiten und mitunter epidemischen Charakter annehmen.

**Pankreas:** Bauchspeicheldrüse. → Drüsen

**Panphobie:** Angst vor allem; allgemeiner und umfassender krankhafter Angstzustand.
Vergl. → Phobie.

**Pantomimik:** Die seelischen Ausdrucksbewegungen des Körpers, die ganze körperlich-motorische Haltung und der Bewegungsstil mit Gliederbewegungen, Gang, Gesten, Gebärden usw. Vergl. → Ausdruck. Die P. ist ein Hilfsmittel der → Ausdruckspsychologie zur Charakteranalyse der Persönlichkeit.
Über den seelischen Ausdruck des ruhenden Körpers bzw. des Körperbaus und der äußeren Körperformen → Physiognomik.

**Paragraphie:** Falschschreiben. Eine Schreibstörung, bei der Buchstaben und Wörter verwechselt werden.

**Parakinese:** Falschbewegung. Eine Koordinationsstörung (Vergl. → Koordination) mit ungeordnetem Ablauf der → Motorik.

**Parakusis:** Falschhören, Ohrenklingen. Eine Gehörstörung mit falscher Wahrnehmung akustischer Reize.

**Paralalie:** Falschsprechen. Stammeln durch Wort- oder Lautverwechslungen und Auslassungen. Eine Sprechstörung auf organischer oder psychogener Grundlage.
Vergl. → Dyslalie.

**Paralexie:** Falschlesen, Verwechslung von Wörtern beim Lesen.

**Paralipophobie:** Die Zwangsvorstellung, durch Unterlassung von Handlungen, die völlig belanglos oder sogar sinnlos sein können, Unglück auszulösen und andere Personen in Gefahr zu bringen.

**Paralogie:** Falschreden. Eine Sprachstörung, bei der Wörter verwechselt bzw. nicht ihrer Bedeutung entsprechend verwendet werden.

**Paralyse:** 1. Durch Ausfall im Zentralnervensystem und Unterbrechung der → Innervation bedingte Gliederlähmungen.
2. Bei progressiver P. handelt es sich um eine Spätfolge der Syphilis mit langsam fortschreitendem körperlichen und geistig-seelischen Zerfall bis zu völligem Verlust der Bewegungsfähigkeit und zur Verblödung.
3. Die durch Gehirnabbau verursachte Paralysis agitans oder Parkinsonsche Krankheit äußert sich u.a. durch sogenannte Schüttellähmung, durch anhaltendes Zittern der Glieder und des Kopfes.

**Paramnesie:** Falscherinnerung, Erinnerungstäuschung. → Déjà vu und → Erinnerung.

**Paranoia:** Bezeichnung für → Psychosen, die durch fixe Ideen, Wahnvorstellungen (Vergl. → Wahn) und → Halluzinationen gekennzeichnet sind, während das von den Wahnideen nicht betroffene geistig-seelische Erleben normal funktioniert. Dagegen sind bei der nicht immer eindeutig abgrenzbaren paranoiden → Schizophrenie auch andere Bereiche des psychischen Lebens gestört.

**Paraphasie** (Paraphrasie, Paraphonie): 1. Falschsprechen. Eine Sprechstörung bei → Aphasie, bei der Buchstaben, Silben und Wörter verwechselt werden.
2. Als Paraphrasie bezeichnet man die sinnlosen Wortbildungen Geisteskranker.
3. Paraphonie ist das Überschnappen der Stimme bei Stimmbruch oder starker Erregung.

**Paraphrenie:** Eine Form der paranoiden (Vergl. → Paranoia) → Schizophrenie mit Wahnvorstellungen und Sinnestäuschungen, sonst aber anderen Kennzeichen und Verlaufsformen.

**Parapsychologie:** Teilgebiet und Grenzbereich der Psychologie, der sich mit der wissenschaftlichen Untersuchung und Erkärung der sogenannten außersinnlichen, übernatürlichen Phänomene befaßt. Im Gegensatz zum → Okkultismus, der den Glauben an diese Erscheinungen lehrt, sind sie in der P. nur Forschungsgegenstand. Die häufig auch unter der Sam-

melbezeichnung → Psi zusammengefaßten Phänomene lassen sich in → außersinnliche Wahrnehmungen und → Psychokinese einteilen. Zur ersten Hauptgruppe der außersinnlichen Wahrnehmungen gehören → Telepathie oder Gedankenübertragung, räumliches → Hellsehen und → Prophetie oder zeitliches Hellsehen; zur zweiten Hauptgruppe der Psychokinese rechnet man → Telekinese oder Fernbewegungen, → Materialisation oder Verkörperungen, → Levitation oder freies Schweben und Fliegen sowie den → Spuk (Vergl. → Spiritismus).
Zu diesem Themenkomplex siehe auch Günter Pössinger »Psi - Rätselhafte Kräfte des Menschen? Aufgaben und Probleme der Parapsychologie«, Humboldt Taschenbuch Nr. 244.

**Parästhesie:** Wahrnehmungen bzw. Empfindungen wie Geruchs-, Geschmacks-, Kälte- und Schmerzempfindungen u.a. ohne entsprechende reale Reize.

**Parasympathikus:** Teil des vegetativen oder autonomen Nervensystems mit dem wichtigen 10. Gehirnnerv, dem Nervus vagus oder Vagus (Vergl. → Nervensystem und → Sympathikus).

**Parataxie:** Verzerrung der zwischenmenschlichen Beziehungen, emotionale Störung, soziale Fehlanpassung.

**Parathymie:** Besonders bei → Schizophrenie auftretende Gefühlsverwirrung bzw. Gefühlsumkehrung, so z.B. Lachen bei traurigen und Weinen bei heiteren Anlässen oder ähnliche abnorme Gefühlsäußerungen.

**Parekphorie:** → Ekphorie, → Déjà vu und → Erinnerung

**Parergasie:** Falsches Handeln, sinnloses Reagieren bei Geisteskranken.

**Pariser Schule:** Eine von dem französischen Psychiater Jean Martin Charcot (1825-1893) begründete Forschungsrichtung, die von engen Zusammenhängen zwischen → Hypnose und → Hysterie ausging, während die gleichzeitige Schule von Nancy im Gegensatz dazu die Hypnose als eine Sonderform der → Suggestion betrachtete. Die Auffassungen von Charcot, zu dessen Schülern u.a. → Freud und → Binet gehörten, haben der modernen Psychopathologie und Psychotherapie, insbesondere der Neurosenlehre wichtige Anregungen geliefert.

**Parkinsonsche Krankheit:** → Paralyse

**Parosphresie** (Parosmie): Geruchstäuschung oder auch Geruchshalluzination.
Vergl. → Parästhesie.

**Partialgefühle:** Teilgefühle, einzelne Gefühlsbestandteile bzw. Gefühlausprägungen, die sich zur Einheit der Gefühlslage, zum komplexen Gefühl oder Totalgefühl zusammenschließen.

**Partialtriebe:** Von → Freud eingeführte Bezeichnung für die in den verschiedenen kindlich-jugendlichen → Entwicklungsphasen (Vergl. → orale, → anale, → phallische und → genitale Phase) vorherrschenden Einzeltriebe der → Libido bzw. des → Lebenstriebs, die sich zu → Perversionen ausprägen können, wenn sie sich isolieren und ausschließliche Befriedigung fordern, statt sich zu mischen und den genitalen Bedürfnissen zu unterordnen.

**Pathognomik:** → Ausdruck

**Pathologie:** Die Lehre von den Krankheiten einschließlich der Ursachen, Entwicklung und Erscheinungensformen. Dementsprechend bedeutet pathologisch soviel wie krank, krankhaft.
Pathogenese ist die Krankheitsgeschichte. Unter Pathographie versteht man den Krankheitsbericht bzw. die schriftliche Fixierung aller Krankheitsmerkmale im Leben eines Menschen. Abnorm übersteigerte Angst vor Leiden und Krankheiten bezeichnet man als Pathophobie (Vergl. → Phobie).
Die Wissenschaft von den psychischen Störungen und Erkrankungen ist die → Psychopathologie.

**Pattern:** Aus der angelsächsischen Psychologie übernommene Bezeichnung für Muster bzw. → Verhaltensmuster, Modell bzw. Denkmodell, Schema, Struktur.

**Pavor nocturnus:** Nächtliche Angst, Aufschreien im Schlaf, Alpträume, angstvolles Aufschrecken aus dem Schlaf. Solche Zustände treten häufig bei Kindern auf und weisen auf nervöse Störungen hin. Bei Erwachsenen ist P.n. Symptom starker seelischer Belastung und neurotischer Vorgänge.

**Pawlik, Kurt:** Geb. 16.3.1934 in Wien; österreichischer Psychologe und Neurologe. Er wirkte von 1960 bis 1962 an der Universität von Illinois, folgte 1966 einem Ruf als Professor für Psychologie an die Universität in Hamburg und wurde 1972 zum Vorsitzenden der Deutschen Gesellschaft für Psychologie gewählt. Zu seinen Spezialgebieten gehören die EEG-Forschung (→ EEG), Untersuchungen über Lernvorgänge, Gedächtnisleistungen und Intelligenz sowie verschiedene Bereiche der → angewandten Psychologie. Neben zahlreichen Beiträgen in Sammelbänden veröffentlichte er bisher u.a. »Dimensionen des Verhaltens« 1969.

**Pawlow, Iwan Petrowitsch:** Geb. 14.9.1849 in Rjasan, gest. 27.2.1936 in Leningrad; russischer Physiologe und Nobelpreisträger. Er lehrte in Leningrad und lieferte mit bahnbrechenden Forschungen über → bedingte Reflexe auch der Psychologie, insbesondere der neueren experimentellen Psychologie entscheidende Anregungen. Er gilt neben dem russischen Psychiater und Neurologen Wladimir Bechterew (1857-1927) als Begründer der → Reflexologie oder → objektiven Psychologie, die das menschliche und tierische Verhalten als ein System konditionierter Reflexe erklärt. 1904 erhielt er den Nobelpreis für Physiologie. Die deutsche Gesamtausgabe seiner Werke besorgte L. Pickenhain 1959-1962. Am bekanntesten wurde seine Schrift über »Die höchste Nerventätigkeit (des Verhaltens) von Tieren« 1923, deutsch 1926.

**Perseveration:** Das Verharren oder auch immer wieder Auftauchen von Erlebnis- und Gedächtnisinhalten; das starre Festhalten an bestimmten Denkinhalten und Verhaltensweisen. Stark ausgeprägte P. verhindert die notwendige Einstellung auf neue Situationen und Erlebnisse. In der → Psy-

chopathologie versteht man unter P. das krankhafte Festhalten und stereotype Wiederholen von Wörtern, Redewendungen, Bewegungen, Handlungen usw.
Vergl. → Rigidität und → Grundfunktionen.

**Person:** In der Psychologie weitgehend mit → Charakter, → Individuum und → Persönlichkeit gleichbedeutender Begriff für die Summe der individuellen Merkmale, Eigenschaften und Verhaltensweisen eines Menschen.

**Persona:** Nach → Jungs Lehre das im → Unbewußten eines jeden Menschen vorhandene Selbstbild, dem als Gegenkraft das andersgeschlechtliche Selbstbild der → Anima bzw. des Animus gegenübersteht. So ist beim Manne die weibliche Anima die Gegenkraft zur männlichen P., während die Frau den männlichen Animus als Gegenbild zur weiblichen P. in sich trägt.

**Personalismus** (personalistische Psychologie): Eine vor allem von → Stern vertretene psychologische Richtung, die den Menschen im Sinne der vielgestaltigen Einheit der → Person bzw. → Persönlichkeit in den Mittelpunkt der Forschung stellt und sich damit im Gegensatz zu den psychologischen Richtungen befindet, die den Menschen als ein psychophysisches Funktionsganzes betrachten.

**Persönlichkeit:** Je nach psychologischer Richtung und Schule unterschiedlich definierter Begriff für das menschliche Einzelwesen als einheitlich strukturiertes Funktionssystem individueller Merkmale, Eigenschaften und Verhaltensweisen von unverwechselbarer Eigenart und Einmaligkeit. In der P. drückt sich die Individualität (→ Individuum) des Menschen aus. Der Begriff ist mit → Charakter weitgehend bedeutungsgleich. Im allgemeinen Sprachgebrauch versteht man unter P. weniger das Individuum als vielmehr einen besonders ausgeprägten, eigenständigen und überzeugungsstarken Charakter.

**Persönlichkeitsforschung:** → Charakter

**Persönlichkeitsmerkmale:** → Eigenschaften

**Persönlichkeitstypen:** → Typenlehre

**Persönlichkeitsverlust:** → Identitätsverlust

**Persuasion:** Überredung, Beeinflussung, Belehrung. Eine Methode der Psychotherapie, dem Patienten Einblick in die Ursachen, Hintergründe und Zusammenhänge seines Leidens zu verschaffen, um ihn dadurch zu einer Veränderung seiner Einstellung und seines Verhaltens zu motivieren.
Unter Persuabilität versteht man den Grad der individuellen Beeinflußbarkeit.

**Perversionen:** Allgemeine Bezeichnung für alle Abweichungen vom normalen (Vergl. → Norm) sexuellen Verhalten. Da jedoch die Vorstellungen von Normalität weitgehend von den gesellschaftlichen Verhältnissen und deren ethischen (Vergl. → Ethik) Wertbegriffen abhängen, wird in der Psychologie mit → abnorm meistens nur noch ein psychopathologischer (Vergl. → Psychopathologie) Sachverhalt,

eine neurotische (Vergl. → Neurosen) Erkrankung bzw. Störung bezeichnet. In diesem engeren Sinne handelt es sich bei P. um krankhaftes → Sexualverhalten und um → Fixierung auf bestimmte ungewöhnliche sexuelle Verhaltensweisen, die zwanghaft immer wieder angestrebt werden und andere sexuelle Praktiken mehr oder weniger ausschließen. Die Auffassungen, welche sexuellen Verhaltensweisen grundsätzlich oder nur in extremer Ausprägung krankhaft bzw. pervers sind, gehen im einzelnen auseinander. Im allgemeinen rechnet man u.a. Lustmord, → Nekrophilie und → Zoophilie grundsätzlich und → Exhibitionismus, → Fetischismus, → Masochismus, → Narzißmus, → Päderastie, → Sadismus, → Transvestitismus und → Voyeurismus in stärkerer Ausprägung zu den P. Ob die → Homosexualität zu den P. gehört, ist nach wie vor besonders umstritten, während → Masturbation und → Oralverkehr heute nicht mehr den P. zugeordnet werden.
Nach → Freud entwickeln sich P. auf der Grundlage verselbständigter → Partialtriebe.

**Perzeption:** Die Wahrnehmung, der Auffassungsprozeß. Nach → Wundt ist zwischen P. als Bewußtwerdung einer Wahrnehmung bzw. Vorstellung und → Apperzeption als bewußte Auffassung und willentliche Aufmerksamkeit zu unterscheiden.

**Pfahler, Gerhard:** Geb. 12.8.1897 in Freudenstadt, gest. 20.2.1976 in Tübingen; deutscher Psychologe und Charakterkundler. Er wirkte als Professor u.a. in Rostock, Frankfurt a.M., Gießen, Göttingen und Tübingen und lieferte der modernen Psychologie mit seinen Forschungen über die Erblichkeit der → Grundfunktionen des menschlichen Charakters zahlreiche Anregungen. Zu seinen wichtigsten Veröffentlichungen gehören: »System der Typenlehren« 1929, »Vererbung als Schicksal« 1932, »Der Mensch und seine Vergangenheit« 1948, »Kobolde, gute und böse Geister in Kinderherzen« 1952 und »Der Mensch und sein Lebenswerkzeug« (Erbcharakterkunde) 1954.

**phallische Phase:** Von → Freud geprägte Bezeichnung für den zwischen → analer und → genitaler Phase stehenden Entwicklungsabschnitt des Kindes. In dieser Zeit gilt dem Phallus und phallischen Symbolen besondere Aufmerksamkeit, bis sich dann im Verlaufe der → Pubertät in der genitalen Phase die endgültige sexuelle Ausformung vollzieht. Nach psychoanalytischer Auffassung können durch → Fixierungen in der ph.Ph. oder in einem der anderen Entwicklungsabschnitte der spätere Charakter und das → Sexualverhalten geprägt werden.
Vergl. → Entwicklungsphasen.

**Phänomen:** Erscheinung. Im weitesten Sinne alles, was der wahrnehmende, fühlende und denkende Mensch erlebt. Die beschreibbaren Wahrnehmungs- und Erlebensinhalte.

**Phänomenologie** (phänomenologische Psychologie): Eine psychologische Richtung, die nicht von der realen Wirklichkeit, von den exakten Tatbeständen ausgeht, sondern von den → Phänomenen, vom subjektiven Wahrnehmen und Erleben, von der individuellen Art des Erfassens und Begreifens. Die wesentlich von → Husserl geprägte und der → Gestaltpsychologie nahestehende phänomenologische Psychologie stellt die → Deskription der psychischen Strukturen des bewußten Erlebens in den Mittelpunkt der Forschung.

**Phänotypus:** Im Unterschied zum → Genotypus die aus den Wechselwirkungen von Erbanlagen (Genotypus) und Umwelteinflüssen entwickelte Gesamterscheinung eines Individuums.

**Phantasie:** Ins Bewußtsein tretende Vorstellungen, bei denen vorhandene Bewußtseinsinhalte, d.h. Sinneseindrücke, Erlebnisse und Erfahrungen abgeschwächt oder gesteigert, variiert, verdichtet und zu einer neuartigen Einheit kombiniert sind, die nicht erlebt ist und auch nicht der Wirklichkeit entsprechen muß. Im Unterschied zum → Gedächtnis ist Ph. ein umwandelnder, neugestaltender und damit produktiver Prozeß der → Erinnerung. Die Ph. kann sich absichtslos entfalten und bis zur → Illusion und pathologischen Phantastik wuchern, aber auch gesteuert und zielbewußt eingesetzt werden. Sie ist eine schöpferische Kraft, die nicht nur in Kunst, Literatur und Philosophie Bedeutung hat, jedoch als weltfremde Träumerei und übersteigertes Wunschdenken auch destruktiv wirken kann.

**Pharmaka:** Arzneimittel, Heilmittel, Medikamente. → Psychopharmaka.

**Pharmakophilie:** Die Neigung, selbst bei geringfügigen oder nur eingebildeten Beschwerden ständig und übermäßig Medikamente zu gebrauchen. Die möglichen nachteiligen physischen und psychischen Folgen dieses heute leider weit verbreiteten Medikamentenmißbrauchs sind nicht überschaubar.

**Pharmakophobie:** Übersteigerte Angst vor Medikamenten; Ablehnung aller Arzneimittel und Verweigerung ihrer Benutzung. Vergl. → Phobie.

**Pharmakopsychologie:** Medizinisch-psychologische Wissenschaft von den Wirkungen der Arzneimittel, insbesondere der → Psychopharmaka, der → Drogen und daraus gewonnenen Stoffe auf das Seelenleben. Die von dem Psychiater → Kraepelin begründete Ph. steht in enger Beziehung zur → Pharmakotherapie.
Als Teilgebiet der Ph. untersucht die Pharmakopsychopathologie die durch Pharmakamißbrauch und Abhängigkeit von Drogen, Hormonpräparaten (Vergl. → Hormone) usw. entstehenden psychischen Störungen und Dauerschäden.

**Pharmakotherapie:** Die Behandlung bzw. Heilung psychischer und psychisch bedingter Störungen und Erkrankungen mit Arzneimitteln. → Pharmakopsychologie, → Psychopharmaka und → Therapie.

**phlegmatisch** (Phlegmatiker): → Temperament und → Typus.

**Phobie:** Der Zwangsneurose (Vergl. → Zwang und → Neurosen) eng verwandter Angstzustand. Krankhafte → Angst vor Objekten oder Situationen ohne wirkliche Gefahr, so z.B. vor bestimmten Tieren wie Katzen, Schlangen, Spinnen u.a., vor großen Plätzen (Ver-

gl. → Agoraphobie), vor geschlossenen Räumen (Vergl. → Claustrophobie), vor Krankheit und Ansteckung (Vergl. → Nosophobie), vor Erröten, Beschmutzung usw. Angstneurosen sind weit verbreitet, lassen sich jedoch durch psychotherapeutische Behandlung (Vergl. → Psychotherapie) heilen oder zumindest stark mildern.
Nach Auffassung der → Psychoanalyse handelt es sich bei Ph. um → Verdrängung von Triebwünschen, wobei die ursprüngliche Trieblust in Triebangst verkehrt und diese Angst dann vom eigentlichen Triebobjekt auf ein Ersatzobjekt bzw. eine Ersatzsituation verschoben wird.

**Phonognomik:** Lehre vom seelischen Ausdrucksgehalt der Stimme und der Sprechweise. Stimmlage, Modulation, Ausdrucksweise, Redefluß usw. sind nicht nur an der Bildung des Eindrucks, den man von einer Person bekommt, maßgeblich beteiligt, sondern dienen auch der → Ausdruckspsychologie als Hilfsmittel zur Charakteranalyse der Persönlichkeit.
Vergl. → Ausdruck.

**Phonophobie:** Krankhafte Angst vor dem Sprechen bzw. davor, nicht fehlerfrei und nicht laut und deutlich genug sprechen zu können. Die Ph. steht häufig mit → Stottern und anderen Sprechstörungen in engem Zusammenhang.
Vergl. → Phobie.

**Photophobie:** Lichtscheu, krankhafte Angst vor hellem Licht und klarem Sonnenschein.
Vergl. → Phobie.

**Phrenologie:** Die von dem deutschen Arzt Frank Joseph Gall (1758-1828) entwickelte Theorie, daß sich die Charaktereigenschaften und Fähigkeiten des Menschen in bestimmten Gehirnregionen lokalisieren lassen und an der Schädelform erkennbar seien.

**Phylogenese:** Im Unterschied zur → Ontogenese befaßt sich die Ph. mit der Stammesentwicklung.
Vergl. → Entwicklung und → Entwicklungspsychologie.

**Physiognomik:** Die Lehre (Vergl. → Lavater), daß der Körperbau und die äußere Erscheinung, insbesondere der Schädel und das Gesicht, Aufschlüsse über Wesensart und geistig-seelische Beschaffenheit des Menschen vermitteln. → Ausdruck.
Über den seelischen Ausdruck der Körperbewegungen → Pantomimik.

**physiologische Psychologie:** Besonders von → Wundt angeregtes Teilgebiet der Psychologie, das in enger Anlehnung an die Physiologie mit experimentellen Methoden den Zusammenhängen zwischen physiologischen und psychischen Vorgängen nachgeht und dabei → Konstitution, Sinnesorgane (Vergl. → Sinneswahrnehmungen), → Gehirn bzw. → Nervensystem, endokrine → Drüsen und → Psychopharmaka u.a. in den Mittelpunkt der Forschung stellt. In neuerer Zeit befaßt sich die ph.P. zunehmend auch mit Problemen der → Psychosomatik.

**Placebo:** Leerpräparat, wirkungsloses Scheinpräparat, das sich äußerlich nicht von einem wirksamen echten Präparat unterscheidet. Experimente mit P. dienen vor allem dazu, die Suggestionseinflüsse von den tatsächlichen

Wirkungen eines Präparats abgrenzen und beide Wirkungsweisen genauer untersuchen zu können. Versuche mit P. haben ergeben, daß psychische Vorgänge selbst bei rein medikamentöser Behandlung von Bedeutung sind. Vergl. → Blindversuch.

**Plastizität:** Formbarkeit, Anpassungsfähigkeit. Der Mensch ist nicht nur das Produkt seiner ererbten → Anlagen. Im Unterschied zum Tier ist die psychische Entwicklung des Menschen nicht durch starre Instinktschemata festgelegt, sondern besitzt in hohem Maße die P., sich an der Außenwelt zu orientieren, ihren Bedingungen sehr weitgehend anzupassen (Vergl. → Anpassung) und aus erworbenen Erfahrungen zu lernen. So haben Umwelteinflüsse entscheidenden Anteil an der Ausformung der Persönlichkeit.

**Platzangst:** → Agoraphobie

**Polaritätsprofil** (semantisches Differential): Von dem amerikanischen Psychologen Charles Egerton Osgood (*1916) und dem österreichischen Psychologen Peter Robert Hofstätter (*1913) entwickelte Methode zur Ermittlung des subjektiven Bedeutungsgehaltes von Begriffen bei Einzelpersonen oder auch repräsentativen Gruppen. Dabei müssen Versuchspersonen mit Hilfe mehrerer polarer bzw. gegensätzlicher Adjektivpaare wie aktiv-passiv, angenehm-unangenehm, gut-schlecht usw. bestimmte Begriffe beurteilen, in dem sie auf einer Skala mit 7 Stufen bei jedem Adjektivpaar jeweils eine Stufe zwischen 1 bis 7 ankreuzen, die nach ihrer Meinung der Begriffsbedeutung am nächsten kommt. Verbindet man dann diese angekreuzten Zahlenwerte, so ergibt sich ein P.

**Poriomanie** (Fugne): Krankhafter Wanderdrang; zielloses Weglaufen, Umherwandern, Vagabundieren. P. ist besonders häufig bei labilen Kindern und Jugendlichen, Psychopathen, Epileptikern und Schizophrenen. Das periodische Auftreten von P. wird → Dromomanie (Vergl. → Manie) oder Dromophilie genannt.

**Positivismus:** Eine wissenschaftlich-philosophische Lehrmeinung des 19.Jahrhunderts, die als Grundlage der Erkenntnis ausschließlich die Erfahrung gelten läßt, das Erfassen und Verknüpfen von Tatsachen mit streng naturwissenschaftlichen Methoden als einzige Aufgabe der Wissenschaft anerkennt und jede philosophisch-weltanschauliche Spekulation ablehnt. Die moderne Psychologie mit ihrer primär quantitativen Betrachtungsweise ist vom P. nachhaltig beeinflußt.

**Postdormitium:** Sogenannter hypnopomper Zustand geringer Schlaftiefe kurz vor dem Erwachen, der oft mit Träumen verbunden ist, an die man sich besonders deutlich erinnern kann.
Vergl. → Prädormitium und → hypnagoger Zustand.

**Prädormitium:** Halbschlaf- bzw. Dämmerzustand kurz vor dem Einschlafen, der oft mit deutlichen optischen Vorstellungen, traumähnlichen halluzinatorischen Erlebnissen, sogenannten hypnagogen Bildern, verbunden ist.
Vergl. → Postdormitium und → hypnagoger Zustand.

**prägenitale Phase:** → anale Phase

**Prägnanztendenz:** Vor allem in der → Gestaltpsychologie versteht man unter Prägnanz das klar umrissene und deutlich gegliederte Wesentliche der Erkenntnis- bzw. Denkinhalte. Bei undeutlichen, unvollständigen und ungeordneten psychischen Strukturen und Gebilden besteht die angenommene Tendenz, die Gliederung zu verbessern, um Prägnanz zu schaffen.

**Prägung:** Ganz allgemein die formende Wirkung der Umwelt auf das Individuum; die Ausprägung bestimmter Denk- und Verhaltensweisen durch Erlebnisse und Erfahrungen in früher Kindheit. Im engeren Sinne die von der Verhaltensforschung experimentell untersuchten lernähnlichen Prozesse frischgeborener Tiere, auf deren Instinktverhalten durch suggestionsartige Beeinflussung formend bzw. verändernd eingewirkt werden kann.

**Präkognition:** → Prophetie

**praktische Psychologie:** → angewandte Psychologie

**pränatale Psychologie:** Vorgeburtliche Psychologie. Da die Umweltverhältnisse und die psychische Verfassung der werdenden Mutter für die Entwicklung des keimenden Lebens zur Persönlichkeit von großer Bedeutung sind, gewinnt die p.P., deren Hauptaufgaben auf dem Gebiet der Forschung und Aufklärung liegen, zunehmend an Bedeutung.

**Präsenzzeit:** Nach → Stern die Zeitspanne zwischen zwei Reizen, die gerade ausreicht, daß ein Inhalt im Bewußtsein gegenwärtig bzw. verfügbar ist, aber noch nicht das Nacheinander von zwei zeitlich trennbaren Inhalten auftreten kann. Während dieser Zeitspanne, die als unmittelbare Gegenwart erlebt wird, ist der Inhalt wahrscheinlich noch ohne Beteiligung der Erinnerung bzw. des Gedächtnisses im Bewußtsein präsent.

**Primäreigenschaften:** Kardinal- oder → Grundeigenschaften der → Persönlichkeit, die sich nicht mehr reduzieren lassen.

**Primärfunktionen:** → Grundfunktionen

**Primärgruppe:** → Gruppe

**Primärtriebe:** Im Gegensatz zu den durch Umwelt und Gesellschaft bedingten ethisch-moralisch ausgerichteten Sekundärtrieben handelt es sich bei primären Trieben (Vergl. → Trieb) um im Menschen und im Tier angelegte bzw. angeborene elementare Antriebe wie Nahrungstrieb, Art-und Selbsterhaltungstrieb , Geschlechts- bzw. Fortpflanzungstrieb usw.

**Primärvorgänge:** Nach → Freud alle Vorgänge, die sich aus dem → Es entwickeln, so z.B. der → Traum.

**Primitivreaktion:** Nach → Kretschmer Verhaltensweisen, bei denen die Primitivschicht der Person zum Durchbruch kommt. Das gilt vor allem für Kinder, aber auch für Erwachsene bei Affektzuständen ohne Bewußtseinskontrolle, bei Panik, Massenhysterie usw. sowie für Psychopathen und Geistesgestörte.

Vergl. → Masse und Massenpsychologie.

**Probabilismus:** Wahrscheinlichkeitsdenken; die Auffassung, daß Erkenntnisse nicht sicher, sondern immer nur wahrscheinlich sind. So haben auf der Grundlage von Beobachtungen, Erfahrungen und logischen Schlüssen getroffene Voraussagen über künftige Ereignisse einen bestimmten Wahrscheinlichkeitsgrad, der nur dann zur vollständigen Gewißheit werden kann, wenn die Kenntnis aller Umstände gegeben ist, die ein Ereignis bestimmen. Dementsprechend geht die von dem amerikanischen Psychologen österreichisch-ungarischer Herkunft Egon Brunswik (1903-1955) eingeführte probabilistische Psychologie von der Auffassung aus, daß Wahrnehmungen nicht mit Sicherheit, sondern nur wahrscheinlich adäquate Reaktionen zur Folge haben.

**Proband:** Bezeichnung für Personen, mit denen Untersuchungen und Experimente durchgeführt oder die psychotherapeutisch behandelt werden.

**Problemkäfig:** → Thorndike

**produktives Denken:** Soviel wie schöpferisches → Denken. → Kreativität.

**Profil:** Eine graphische Methode, die Ergebnisse von Untersuchungen bzw. Messungen psychischer Funktionen, so z.B. bei Leistungs-, Eignungs- und Gedächtnistests, besonders anschaulich und übersichtlich zu machen.

**Prognose:** Vorausschau, Vorhersage. Um künftige psychische Entwicklungen und Verhaltensweisen möglichst frühzeitig und zuverlässig erkennen und beurteilen zu können, forscht die Psychologie nach den Gesetzmäßigkeiten des seelischen Lebens. Da die gesicherten Erkenntnisse jedoch noch immer lückenhaft sind, bietet auch die nach wissenschaftlichen Untersuchungsmethoden gründlich erarbeitete P. keine vollkommene Sicherheit.
Mit Prognosen arbeiten vor allem die → beratende Psychologie, die → Psychodiagnose, die → klinische Psychologie, die → Psychiatrie, die → forensische Psychologie und die → Kriminalpsychologie.

**Projektion:** Die Übertragung seelischer Innenvorgänge auf die Außenwelt, so z.B. subjektiver Eigenschaften auf Objekte. Als Abbild des eigenen Gemütszustandes werden Emotionen wie Heiterkeit oder Traurigkeit Objekten zugeschrieben oder Dinge als feindlich, drohend, gütig, freundlich usw. empfunden. Besonders bei Kindern sind solche Projektionen häufig.
Nach → Freud ist die P. ein → Abwehrmechanismus, der nach dem Prinzip arbeitet, unerwünschte und störende eigene Bedürfnisse, insbesondere Triebwünsche und Schuldgefühle abzuwehren, in dem sie weitgehend unbewußt auf Personen und Objekte der Umwelt übertragen werden. So projiziert z.B. ein Mensch seine unerwünschten sexuellen Neigungen auf die Außenwelt, indem er sich über die Unmoral und Lasterhaftigkeit seiner Mitmenschen empört. Führt er umgekehrt ein ausschweifendes Leben, dann entzieht er sich Schuldgefühlen, indem er den anderen vorwirft, sie seien langweilig und spießig und

verstünden nicht, das Leben zu genießen.

**Prophetie** (Präkognition): Vorahnung, Vorschau, Vorauswissen zukünftiger Ereignisse und Sachverhalte. Zur Unterscheidung vom räumlichen → Hellsehen wird die P. oder Präkognition auch zeitliches Hellsehen genannt. Die → Parapsychologie ordnet beide Phänomene den → außersinnlichen Wahrnehmungen zu. Während beim räumlichen Hellsehen der Raum überwunden werden muß, setzt das zeitliche Hellsehen die Überwindung von Raum und Zeit sowie unabänderliche Vorbestimmung allen Geschehens voraus. Wenn die Zukunft detailliert voraussehbar ist, dann muß der Ablauf der Ereignisse zumindest zum Zeitpunkt der P. bereits festliegen. Da sich die Überwindung der Zeit und die genaue Festlegung aller Lebensabläufe im tiefgreifenden Widerspruch zu unserem naturwissenschaftlichen Weltbild befinden, zögert die Parapsychologie, dieses noch vollständig ungeklärte religionsgeschichtliche und okkulte (Vergl. → Okkultismus) Phänomen zu interpretieren.

**Prophylaxe:** Vorbeugende Maßnahmen gegen psychische Störungen und Erkrankungen. → Psychohygiene.

**Prüfungsangst:** Da eine bestandene oder nicht bestandene Prüfung oft die weitere Lebensplanung beeinflußt, ist es völlig natürlich, vor wichtigen Prüfungen aufgeregt zu sein und Angst zu haben. Das gilt in verstärktem Maße, wenn man mit der realistischen Einsicht in die Prüfung geht, nicht genügend vorbereitet zu sein und sich auf sein Glück verlassen zu müssen, statt auf die beruhigende Gewißheit, die geforderten Leistungen vollbringen zu können. Nehmen die Angstzustände jedoch, trotz gründlicher Vorbereitung auf die Prüfung, so extreme Formen an, daß man nicht mehr klar denken kann und aus Kopflosigkeit weit unter seiner tatsächlichen Leistungsfähigkeit bleibt, dann handelt es sich um Hemmungen bzw. → Minderwertigkeitsgefühle, um eine Persönlichkeitsstörung, bei der subjektive Lebensängste in objektive Furcht umgefälscht werden. In solchen Fällen liefert die P. nur eine rationale Scheinbegründung für tiefer sitzende seelische Konflikte.
Vergl. → Angst.

**Pseudologia phantastica** (Pseudologie): Krankhafte Schwatzsucht und Lügenhaftigkeit, wobei der Kranke von der Wahrheit seiner phantastischen verbalen Erfindungen überzeugt ist.

**Psi:** Der 23. Buchstabe des griechischen Alphabets und der erste des griechischen Wortes Psyche wird vor allem von amerikanischen Parapsychologen als Sammelbezeichnung für alle → außersinnlichen Wahrnehmungen und psychokinetischen Vorgänge (→ Psychokinese) verwendet, um auf die wahrscheinlich einheitliche psychische Funktionsgrundlage all dieser Phänomene hinzuweisen. Inzwischen hat sich diese Sammelbezeichnung auch im deutschsprachigen Raum durchgesetzt.
Vergl. → Parapsychologie.

**Psychagogik** (Psychagogie): Ein aus pädagogischen, psychohygienischen und psychotherapeutischen Maßnahmen zusammengesetztes Verfahren der Menschenführung, Erziehung und Erziehungsberatung, sozialen Fürsorge und Fürsorgeberatung und der Seelsorge mit fließenden Übergängen zur → Psychotherapie. Die P. gewinnt vor allem bei der Betreuung sozial geschädigter und lerngestörter Kinder und Jugendlicher, aber auch alter oder sonst irgendwie seelisch notleidender Menschen zunehmend an Bedeutung.

**Psychalgie:** Schmerzzustand auf psychogener Grundlage.

**Psychasthenie:** Konstitutionelle seelische Schwäche, Labilität und Überempfindlichkeit; Neigung zu Ängstlichkeit, Schreckhaftigkeit und schneller Ermüdbarkeit, zu Minderwertigkeitsgefühlen und depressiven, apathischen Zuständen.
Vergl. → Asthenie.

**Psychästhesie:** Seelische Empfindlichkeit und Empfindsamkeit.

**Psyche:** Aus dem Griechischen übernommenes Wort für Seele, das ursprünglich Hauch, Atem als Lebensgrundlage bedeutete. Als Bestem der psychischen Funktionen wird die P. oft als Substanz, als Formprinzip oder Energie angenommen, ist jedoch bisher nur als Synonym für ein menschliches und tierisches Funktionssystem des Erlebens und Verhaltens nachweisbar, dessen Gesetzmäßigkeiten teilweise noch unbekannt sind.

**Psychiatrie:** Teilgebiet der Medizin, das sich mit den Ursachen, Verlaufsformen und Heilungsmöglichkeiten der psychischen Erkrankungen befaßt, insbesondere mit den → Psychosen, aber auch mit den → Psychopathien und → Neurosen. Da die Hirn- und Nervenforschung für die P. von großer Bedeutung ist, besteht ein enger Sachzusammenhang mit der → Neurologie. Wesentlicher Bestandteil der P. ist die → Psychopathologie.
Vergl. → Psychopharmaka.

**psychisch:** Umfassende Bezeichnung für alle Phänomene der Psychologie, für das Erleben und Verhalten, die emotionalen und geistigen Funktionen, überhaupt für alle seelischen Vorgänge und Zustände einschließlich der nicht organisch bedingten Störungen und Erkrankungen. Die Bezeichnung ist weitgehend gleichbedeutend mit → psychogen.

**psychische Epidemie:** → psychische Infektion und → Massenpsychologie

**psychische Infektion:** Ansteckenden Krankheiten vergleichbares psychisches Phänomen, das vereinzelt auftreten (Vergl. → induziertes Irresein), sich aber auch ausbreiten, den Charakter einer Epidemie (Vergl. → Masse und → Massenpsychologie) annehmen und ganze Gebiete erfassen kann. Die als Veitstanz (→ Chorea) allgemein bekannten Tanzepidemien des Mittelalters und der → Flagellantismus sind dafür typische Beispiele. Die p.I. ist vor allem ein Suggestionsphänomen (→ Suggestion), an dessen Zustandekommen starke Bereitschaft zu → Affekten und → Primitivreaktionen, der → Carpenter-Effekt und verschiedene Wiederholungsvorgänge wie Echothymie, Echokinese und Echomimie (→ Echo) maßgeblich beteiligt sind.

**Psychoanalyse** (Tiefenpsychologie): Von → Freud begründete und von seinen Schülern und Nachfolgern wie A. → Adler und → Jung erweiterte psychologische Theorie und psychodiagnostische bzw. psychotherapeutische (Vergl. → Psychodiagnose und → Psychotherapie) Praxis. Grundlage der Theorie ist die Annahme eines kausalen Zusammenhangs, der alle psychischen Vorgänge determiniert. Nach Freud ist die → Libido ein Grundantrieb des Seelenlebens, das er in drei Schichten einteilte, in das → Es, das → Ich und das → Über-Ich. Dabei hat die Einordnung und Unterordnung der in den verschiedenen kindlich-jugendlichen → Entwicklungsphasen (Vergl. → orale, → anale, → phallische und → genitale Phase) vorherrschenden Einzeltriebe (→ Partialtriebe) der Libido in den Gesamtreifeprozeß entscheidenden Anteil an der Persönlichkeitsbildung. Ähnliches gilt für die → Ablösung während der → Pubertät (Vergl. → Elektrakomplex, → Ödipuskomplex, → Bindung, → Mutterbindung und → Fixierung). Störende bzw. unbewältigte Erlebnisse, insbesondere Triebkonflikte werden aus dem → Bewußtsein ins → Unbewußte verdrängt (Vergl. → Abwehrmechanismen), wirken aber von dort aus weiter und suchen nach Ersatzbefriedigung (→ Ersatzhandlung, → Kompensation und → Sublimierung) oder führen zu psychischen Störungen und Erkrankungen.
Kern der psychoanalytischen Praxis ist das therapeutische Bemühen, die ins Unbewußte verdrängten Inhalte freizulegen und zur nachträglichen Verarbeitung ins Bewußtsein zu heben. Im Verlauf einer meistens sehr langwierigen psychotherapeutischen Behandlung verhilft der Psychoanalytiker dem Patienten zur Entspannung, läßt ihn frei assoziieren, d.h. ungehemmt erzählen (Vergl. → Assoziation, → Katharsis und → Übertragung), analysiert seine Vorstellungen, Gedanken und Träume (Vergl. → Traum) und macht unbewußte bzw. unerkannte Zusammenhänge deutlich (Vergl. → Persuasion). Besonders wichtig ist dabei die Vergegenwärtigung der Lebensgeschichte (Vergl. → Anamnese), insbesondere der prägenden Kindheits- und Jugenderlebnisse des Patienten.
Die verschiedenen Schulen innerhalb der P., so z.B. die → Individualpsychologie Alfred Adlers und die komplexe oder → analytische Psychologie Jungs, weichen oft beträchtlich voneinander ab. So ist die → Neoanalyse eine Weiterentwicklung der P. mit besonderer Betonung der kulturellen und sozialen Antriebe.

**Psychobiologie:** 1. Eine Lehre, die jedes Verhalten als Vorgang eines psychobiologisch-gesamtorganischen Geschehens betrachtet und die Unterscheidung von psychischen und physischen Reaktionen ablehnt.
2. Eine von Hans Lungwitz (1881-1967) begründete naturwissenschaftlich-medizinische Richtung der Psychologie, die von der Annahme ausgeht, daß der Mensch ein rein biologisches Reflexsystem sei und es sich bei den psychischen Prozessen um biologische Nerven-Gehirnfunktionen handle.

**Psychodiagnose** (Psychodiagnostik): Aus zahlreichen Methoden bestehendes Verfahren zur Erkennung und Beurteilung der psychischen Beschaffenheit von Individuen oder auch Personengruppen

und deren voraussichtlichen Verhaltens in bestimmten Situationen. Von besonderer Bedeutung ist die P. für die → Psychotherapie, für die → medizinische und → klinische Psychologie, aber auch für die pädagogische (Vergl. → Pädagogik und → pädagogische Psychologie) und psychagogische (Vergl. → Psychagogik) Beratung, für Berufs- und Leistungsberatungen (Vergl. → beratende Psychologie) u.a. Die diagnostischen (Vergl. → Diagnose) Methoden sind nach psychologischer Richtung sehr unterschiedlich, umfassen jedoch auf der Grundlage von → Symptomen in allen Fällen Maßnahmen zur Ermittlung der objektiven (Vergl. → Anamnese) und subjektiven (Vergl. → Exploration) Vorgeschichte sowie Testuntersuchungen, Verhaltensbeobachtungen, Charakter- und Ausdrucksanalysen (Vergl. → Charakter, → Ausdruck und → Ausdruckspsychologie) usw.
Vergl. → Assoziation, → Biographie, → Fallstudie, → Lebenslauf, → Psychoanalyse und → Selbstanalyse.

**Psychodrama:** Eine Methode der → Psychotherapie bzw. → Gruppentherapie, die Patienten ihre eigenen Konflikte schauspielerisch darstellen zu lassen. Im Spiel werden Spannungen abreagiert, verdrängte Inhalte ins Bewußtsein gebracht, Zusammenhänge und Hintergründe erkannt und damit Möglichkeiten der Problemlösung vorbereitet.

**psychogalvanische Reaktion:** Die Tatsache, daß die elektrische Leitfähigkeit der Haut bzw. der Hautwiderstand bei psychischer Erregung absinkt. Dabei läßt die Stärke des Absinkens Schlüsse auf die Intensität der Erregung zu. Organisch ist diese galvanische Hautreaktion dadurch bedingt, daß die vom vegetativen → Nervensystem gesteuerte Funktion der Schweißdrüsen bei psychischer Erregung durch erhöhte Sekretion Veränderungen des Hautgewebes bewirkt. Die p.R. ist vor allem für die → Elektrodiagnostik und die Testpsychologie (→ Lügendetektor) von Bedeutung.

**psychogen:** Weitgehend mit → psychisch gleichbedeutende Bezeichnung für alle Phänomene seelischen Ursprungs, insbesondere für alle Störungen und Erkrankungen auf psychischer Grundlage einschließlich der organisch-vegetativen Störungen ohne nachweisbare organische Ursachen.

**Psychohygiene:** Teilgebiet der → angewandten Psychologie, das sich mit der Erforschung und Anwendung von Maßnahmen befaßt, die geeignet sind, psychischen Störungen und Erkrankungen vorzubeugen und die geistig-seelische Gesundheit zu erhalten. Die P. erfüllt vor allem aufklärende und beratende (Vergl. → beratende Psychologie), erzieherische und betreuende Aufgaben und steht in engem Zusammenhang mit der → Psychagogik und → Psychiatrie. Sie widmet sich u.a. der Humanisierung des persönlichen und beruflichen Lebens in der hochindustrialisierten Gesellschaft, der Entspannung des sozialen Klimas, der Persönlichkeitsbildung der Ehe- und Familienberatung, dem Jugendstrafvollzug und der Neurosenprophylaxe und bekämpft Zivilisationsschäden, Rausch- und Genußmittelsucht (Vergl. → Alkoholismus und → Drogen), Milieu- und Erziehungsschäden, Jugendkriminalität usw. Im Rahmen dieses vielfältigen Aufgabenbereichs spielen die Methoden der modernen → Psychodiagnose und → Psychotherapie eine wichtige Rolle.

**Psychokinese:** Sammelbezeichnung für verschiedene umstrittene Phänomene, die nach okkulter Auffassung (Vergl. → Okkultismus) auf bisher ungeklärte Weise zustande kommen. Ohne Beteiligung uns bekannter physikalischer Energien und ohne physischen Kontakt mit dem betreffenden Objekt vollziehen sich räumliche und formenmäßige Veränderungen der Materie, die auf rätselhafte Wirkungen unbekannter seelischer Kräfte oder auf Geistereinflüsse (Vergl. → Spiritismus) zurückgeführt werden. Dem steht die Meinung gegenüber, daß es sich bei diesen allen physikalischen Gesetzen widersprechenden Erscheinungen nur um Halluzinationen durch Suggestion und Autosuggestion bzw. um hypnotische Phänomene oder Betrug handeln kann. Die Untersuchung und Erklärung dieser psychokinetischen Erscheinungen gehört in den Forschungsbereich der → Parapsychologie.
Im einzelnen werden folgende Phänomene unter dem Begriff P. zusammengefaßt: → Telekinese oder Fernbewegungen, → Materialisation oder Verkörperungen, → Levitation oder freies Schweben und Fliegen und → Spuk.

**Psycholinguistik:** → Sprachpsychologie

**Psychologie:** Seelenkunde, Wissenschaft von der Seele und vom seelischen Leben, deren wichtigste Grundbegriffe, Fachgebiete, Denkrichtungen, Schulen, Aufgaben, Methoden und Repräsentanten dieses Wörterbuch behandelt.
Die Anfänge des abendländischen psychologischen Denkens gehen auf die antike griechische Philosophie, insbesondere auf Platon und Aristoteles zurück. Die mittelalterlichen scholastischen Philosophen, vor allem Augustinus und Thomas von Aquin entwickelten dann deren Lehren auf christlicher Grundlage weiter. Der Begriff Psychologia wurde 1590 - als Buchtitel - erstmals benutzt, setzte sich aber erst im 18. Jahrhundert allgemein durch. Von der Seelenkunde zur wissenschaftlichen Psychologie war es ein weiter Weg. Wesentliche Anregungen gingen von Descartes (1596-1650), Leibniz (1646-1716) und Christian Wolff (1679-1754), von den englischen Empiristen, der Philosophie der Aufklärung und der Literatur der Romantik aus. Im 19. Jahrhundert wurde dann die bis dahin vorwiegend spekulative P. immer mehr zu einer experimentellen Wissenschaft ausgebaut, die sich nach dem Vorbild der Naturwissenschaften exakter Forschungsmethoden zu bedienen begann. Zu Beginn unseres Jahrhunderts setzten sich geisteswissenschaftliche Methoden sowie verschiedene Vorstellungen von der Ganzheit und Gestaltetheit des psychischen Lebens durch. Mit der Psychoanalyse eröffneten Sigmund Freud und dessen Nachfolger der Psychotherapie neue Wege, wiesen die Forschung nachdrücklich auf die seelischen Tiefenschichten hin und verschafften der P. weltweite Aufmerksamkeit. Eine Fülle von Denkrichtungen, Schulen und Theorien entwickelte sich. Die moderne Charakterkunde machte rasche Fortschritte. Die psycho-

diagnostischen und psychotherapeutischen Methoden wurden immer mehr ausgebaut. Heute ist die P. als Erfahrungswissenschaft in viele Einzeldisziplinen unterteilt, deren Spezialisierung weiter fortschreitet. Zahlreiche Teilgebiete, so z.B. Wirtschafts- und Sozialpsychologie, medizinische und pädagogische P., sind eng mit anderen Wissenschaften verbundene Grenzbereiche. Dabei ist die philosophische Grundlage der einstigen Seelenkunde weitgehend verloren gegangen, was jedoch von den Befürwortern dieser Entwicklung als ein Gewinn an wissenschaftlicher Objektivität betrachtet wird. An Universitäten und wissenschaftlichen Hochschulen ist die P. als Fachgebiet vertreten.
Um der zunehmenden Ausweitung des psychologischen Forschungs- und Aufgabenbereichs gerechter zu werden, bestehen an vielen Universitäten und wissenschaftlichen Hochschulen mehrere Ordinariate für P. Die wissenschaftliche Ausbildung als psychologische Fachkraft ist nach einer Diplomprüfung abgeschlossen. Danach kann der Grad eines Dr. erworben werden. An pädagogischen und sozialen Fachschulen ist P. verbindlicher Bestandteil des Lehrplans.

**psychologische Pädagogik:** → pädagogische Psychologie

**Psychometrie:** Allgemeine Bezeichnung für die quantitativen Methoden der Psychologie bzw. für die Messung psychischer Vorgänge und Zustände oder auch für das Forschungsgebiet, das sich mit solchen Messungen befaßt.

**Psychomotorik:** → Motorik und → Carpenter-Effekt

**Psychoneurosen:** → Organneurosen

**Psychopathie:** Ungenaue Sammelbezeichnung für alle krankhaft abnormen psychischen Vorgänge und Zustände mit Ausnahme der → Psychosen.

**Psychopathologie:** Für die → Psychiatrie grundlegende und mit der → Neurologie eng verbundene Wissenschaft von den geistig-seelischen Störungen und Erkrankungen, insbesondere von den → Psychopathien und → Psychosen. Die modernen Methoden und Forschungsergebnisse der P. sind auch für die Psychologie von Bedeutung.

**Psychopharmaka:** Sammelbezeichnung für natürliche und synthetische Stoffe, die das psychische Leben beeinflussen, insbesondere Verhaltens- und Erlebensveränderungen bewirken. Mit der Erforschung der P. und deren Wirkungen beschäftigen sich vor allem die Psychopharmakologie bzw. → Pharmakopsychologie und die Pharmakopsychiatrie. Während die Pharmakopsychologie die psychischen und physiologischen Wirkungen untersucht, konzentriert sich die Pharmakopsychiatrie vorwiegend auf die Behandlungsmöglichkeiten bei Neurosen und Psychosen. Die Behandlung von psychischen Störungen und Erkrankungen mit P. bezeichnet man als → Pharmakotherapie (Vergl. → Psychotherapie).
Zwar sind die Hauptwirkungen der P. weitgehend bekannt, aber ihr Wirkungsmechanismus ist erst unzulänglich erforscht. Das Wissen über mögliche langfristige physiologisch (Vergl. → physiologische Psychologie) - motorische

(Vergl. → Motorik) und psychische Nebenwirkungen der P. ist noch sehr unzuverlässig. Außerdem können diese Stoffe individuell sehr unterschiedlich wirken und oft besteht auch die Gefahr der Medikamentenabhängigkeit und Sucht. Deshalb muß vor dem Mißbrauch mit P. immer wieder eindringlich gewarnt werden. Wegen ihrer beeinflussenden Wirkung auf die psychischen Vorgänge werden die P. auch psychotrope Substanzen genannt. Dementsprechend bezeichnet man die Pharmakopsychologie auch als Psychotropie.

Es gibt für diese Substanzen verschiedene Ordnungsprinzipien. Im allgemeinen werden folgende Hauptgruppen unterschieden: Die → Neuroleptika oder Neuroplegika mit dämpfender Wirkung bei Erregungs- und Angstzuständen u.a., die → Tranquillantien oder Sedativa mit beruhigender, entspannender Wirkung bei Streß und neurotischen Zuständen, die → Hypnotika oder Schlafmittel, die → Antidepressiva oder Thymoanaleptika mit stimmungshebender, antriebssteigernder Wirkung bei Angst- und Spannungszuständen und Depressionen, die oft den Antidepressiva zugerechneten Stimulantien mit belebender und leistungssteigernder Wirkung bei Konzentrationsschwäche, Erschöpfung, akutem Leistungsdruck und depressiven Zuständen, die → Analeptika mit krampflösender, anregender und belebender Wirkung vor allem auf Herz und Kreislauf und die Psychodysleptika oder Psychotomimetika bzw. → Drogen mit psychoseartigen Wirkungen, Halluzinationen, Euphorie und Angstzuständen zur Erzeugung experimenteller Psychosen oder Modellpsychosen.

**Psychopharmakologie:** → Pharmakopsychologie

**Psychophysik:** Um die Mitte des 19. Jahrhunderts von → Weber und → Fechner begründete Forschungsrichtung der → experimentellen Psychologie. Die P. untersuchte zunächst vor allem die Beziehungen zwischen Empfindungsintensität und Stärke der äußeren Reize und entwickelte dazu die sogenannten psychophysischen Methoden (→ Konstanz und → Grenzmethode). Grundlage dieser Forschungsrichtung, deren experimentelle und statistische Methoden heute auch auf vielen anderen Gebieten der Psychologie eingesetzt werden, ist das Weber-Fechnersche-Gesetz.

Im weitesten Sinne versteht man heute unter P. das → Leib-Seele-Problem, die Erforschung der Zusammenhänge zwischen psychischen und physischen Vorgängen und Zuständen.

Das psychophysische Niveau ist nach → Köhler die sich im Bereich des Zentralnervensystems, vor allem in der Hirnrinde vollziehende Phase des Wahrnehmungsvorgangs, in der das wahrgenommene Objekt anschaulich-gegenständlich bewußt wird.

**Psychophysiologie:** → physiologische Psychologie

**Psychosen:** Sammelbezeichnung für Geisteskrankheiten mit mehr oder weniger starkem Persönlichkeitszerfall. Die systematische Einteilung der verschiedenen Psychoseformen ist je nach psychiatrischer Lehrmeinung unterschiedlich. Grundlegende Einteilungen und Erklärungen lieferten vor allem → Kraepelin und → Bleuler. Generell wird zwischen →

endogenen und exogenen P. unterschieden. Die endogenen P. sind vorwiegend erblich bedingt bzw. nicht auf äußere Ursachen zurückführbar. Bei den exogenen P. überwiegen äußere Krankheitsursachen. Zu den endogenen P., die in manchen Fällen fließende Grenzen zu den → Neurosen haben und schwer eindeutig zu bestimmen sind, rechnet man die vielfältigen Formen von → Schizophrenie und manisch-depressivem Irresein (→ Manie), → Epilepsie, → Paronioa (Vergl. → Wahn) und verschiedene Arten des → Schwachsinns. Exogene P. sind Folgen von Erkrankungen oder Verletzungen des → Gehirns bzw. des → Nervensystems, von Infektionen und Vergiftungen und von endokrinen Drüsenstörungen (→ Drüsen) u.a.
Ursachen, Verlaufsformen und Heilungsmöglichkeiten der P. werden vor allem von der → Psychiatrie untersucht.

**Psychosomatik:** Im weiteren Sinne jede Betrachtungsweise und Forschungsrichtung, die von einer physisch-psychischen Ganzheit ausgeht (Vergl. → Leib-Seele-Problem) und die Beziehungen zwischen körperlichen und seelischen Vorgängen untersucht. Im engeren Sinne ein Teilgebiet der Medizin und Psychologie, das die Lehre von den Zusammenhängen zwischen organischen und psychischen Prozessen (Vergl. → physiologische Psychologie) auf Diagnostik und Therapie überträgt und dazu neue Untersuchungs- und Heilmethoden entwickelt. Das gilt besonders für die sogenannten psychosomatischen Störungen, d.h. für somatische Erkrankungen (Vergl. → Soma), die psychogene Grundlagen haben oder zumindest durch psychische Vorgänge beinflußt sind. Dazu gehören vor allem Magen- und Darmstörungen, Herz- und Kreislaufstörungen, Atmungsstörungen wie z.B. Asthma, Hautstörungen und Eßstörungen wie → Anorexie und → Bulimie (Vergl. → Allergie).
Die Forschungsergebnisse und Behandlungsmethoden (Vergl. → Entspannungstechniken) der P. sind für die → Psychotherapie von Bedeutung.

**Psychotechnik:** → Industriepsychologie

**Psychotherapie:** Die Theorie und Praxis psychologischer Behandlungsmethoden zur Heilung bzw. Milderung psychischer Störungen ( Vergl. →Entwicklungsstörungen, → Neurosen und → Perversionen) sowie organischer Störungen auf psychogener Grundlage (Vergl. → Psychosomatik). Die Funktion des Psychotherapeuten darf nicht mit der des Psychiaters (→ Psychiatrie) oder des Neurologen (→ Neurologie) verwechselt werden. Der Psychiater ist Arzt und befaßt sich vor allem mit den psychischen Erkrankungen, die organische Grundlagen haben oder zumindest durch organische Schäden beeinflußt sind (Vergl. → Psychosen). Der Neurologe ist ebenfalls Arzt und behandelt Nervenstörungen und Nervenkrankheiten.
Die auf der Grundlage diagnostischer Erhebungen (Vergl. → Psychodiagnose) zur Anwendung kommenden psychotherapeutischen Methoden sind jeweils dem speziellen Fall angepaßt, aber auch nach psychologischer Richtung unterschiedlich. Zu den wichtigsten therapeutischen Verfahren gehören die verschiedenen

Maßnahmen der → Psychoanalyse, der → Beratung und → Gesprächstherapie, der → Verhaltenstherapie, → Gruppentherapie, → Beschäftigungs-, → Spiel- und Musiktherapie (Vergl. → Musikpsychologie) sowie zahlreiche → Entspannungstechniken. Mitunter wird auch die → Hypnose als selbständige Methode oder als unterstützende Maßnahme im Zusammenwirken mit anderen psychotherapeutischen Techniken eingesetzt. Dagegen gehört die → Pharmakotherapie ebenso wie die sogenannte Schocktherapie (→ Schock) vorwiegend in den Bereich der Psychiatrie.
Von besonderer Bedeutung ist die P. für die → medizinische und → klinische Psychologie, → Psychagogik und → Psychohygiene, aber auch für → Heilpädagogik und → Kriminalpsychologie u.a. In der psychiatrischen Praxis erfüllen psychotherapeutische Techniken wichtige ergänzende Funktionen.

**psychotrope Substanzen:** → Psychopharmaka

**Psychotropie:** → Psychopharmaka

**Pubertät:** Zwischen Kindheit (Vergl. → Kinderpsychologie) und → Adoleszenz liegende jugendliche (Vergl. → Jugendalter und → Jugendpsychologie) → Entwicklungsphase, die beim männlichen Jugendlichen ungefähr zwischen dem 12. und 14. und beim weiblichen Jugendlichen zwischen dem 11. und 13. Lebensjahr liegt. Die psychischen Merkmale setzen meistens früher ein als die körperlichen und dauern auch länger an (Vergl. → Flegeljahre und → Teenagerzeit). Verlauf und zeitliche Begrenzung der P. sind individuell, aber auch nach Klima, Volkszugehörigkeit, Milieu und Erziehung oft sehr unterschiedlich (Vergl. → Akzeleration). Während der P., die mit der Erreichung der Geschlechtsreife bzw. Zeugungsfähigkeit abgeschlossen ist (Vergl. → Menstruation), bilden sich die sekundären Geschlechtsmerkmale aus: Behaarung, Fettablagerungen bzw. Ausprägung der körperlich-figürlichen Unterschiede zwischen Mann und Frau, Stimmwechsel.
Zu den auffälligsten psychischen Merkmalen der P., während der sich nicht nur die körperlich-sexuelle Reifung, sondern auch die Entwicklung zur geistig-seelisch selbständigen Persönlichkeit (Vergl. → Ablösung) vollzieht, gehören vor allem allgemeine Unausgeglichenheit, schnelle Erregbarkeit, starke Stimmungs- und Gefühlsschwankungen zwischen aggressiver Rechthaberei und schüchterner Gehemmtheit, übersteigerte Phantasie und Überbewertung einzelner Erlebnis- und Gefühlskomplexe und Denkinhalte.
Unter pubertas praecox versteht man eine abnorm frühzeitige und unter pubertas tarda eine verspätete P.

**Pubertätsmagersucht:** → Anorexie

**Puerilismus:** 1. Kindlichkeit, psychischer → Infantilismus. Eine dem tatsächlichen Lebensalter nicht mehr entsprechende Jugendlichkeit wird durch Kleidung, verbale Ausdrucksweise, oberflächliche Zerstreuungs- und Vergnügungssucht usw. äußerlich betont. Das Verlangen, um jeden Preis jung bleiben zu wollen, ist in den letzten Jahrzehnten zu einem sozialpsychologischen Phänomen geworden, das eng mit der negativen gesellschaftlichen Einschät-

zung des Alters zusammenhängt.
2. In der Psychiatrie versteht man unter P. den Rückfall in Verhaltensweisen eines Kleinkindes bei Altersabbau und Persönlichkeitszerfall, bei hysterischen Reaktionen (Vergl. → Hysterie) und labilen Charakteren in extrem belastenden Situationen.

**Purposivismus:** → Tolman

**Pykniker:** →Typus

**Pyromanie:** Krankhafter (Vergl. → Manie) Drang zur Brandstiftung und zur Betrachtung von Feuer bzw. von brennenden Gegenständen.

**Pyrophobie:** Krankhafte Angst vor Feuer.
Vergl. → Phobie.

# Q

**Qualität:** Eigenart, Beschaffenheit. Die unterscheidbaren Eigenschaften von Wahrnehmungen, Erlebnisinhalten und Gefühlen. So z.B. rot, viereckig, schmal, hart, lustig, aufgeregt usw.
Vergl. → Quantität.

**Quantität:** Menge, Größe, Intensität. Die meßbaren Eigenschaften psychischer Vorgänge und Zustände als Grundlage aller quantitativen Methoden der Psychologie, insbesondere der mathematischen und statistischen Verfahren.
Vergl. → Qualität.

**Querschnittsuntersuchung:** Ein Verfahren der Psychologie, mit gleichbleibenden Methoden für die Gesamtbevölkerung bzw. für die Aufgabenstellung der jeweiligen Qu. repräsentative Personen oder Personengruppen verschiedener Altersstufen zu untersuchen, um die Abhängigkeit bestimmter → Fähigkeiten vom Entwicklungs- bzw. Altersprozeß oder auch vom sozialen Milieu u.a. zu ermitteln.
Vergl. → Längsschnittuntersuchung.

**Q-Technik:** Vor allem der Persönlichkeitsforschung (Vergl. → Charakter) dienendes Verfahren der → Faktorenanalyse zur Ermittlung von → Ähnlichkeiten bei Versuchspersonen, die sich einer Untersuchung mit den gleichen Tests unterzogen haben.

# R

**Radikale:** Von der Wurzel, vom Grund aus, übergründlich, extrem. Dementsprechend versteht man unter Radikalen soviel wie → Primäreigenschaften, → Grundeigenschaften und → Grundfunktionen, jedoch ohne den von → Lersch u.a. gesetzten erbbiologischen Akzent.

**Rangordnung:** 1. Statistische Bezeichnung für den Platz einer einzelnen Person oder eines Sachverhalts, einer Eigenschaft oder Leistung usw. innerhalb einer nach bestimmten Gesichtspunkten geordneten Reihenfolge.
2. In der Tierpsychologie versteht man unter R. eine durch Instinkte

und Triebe, aber auch durch kräftemessende Auseinandersetzungen bzw. Kampf geschaffene soziale Ordnung innerhalb einer Tierart (Vergl. → Hackordnung).
3. In der Sozialpsychologie hat der Begriff die Bedeutung einer sozialen Stufung, einer aus Traditionen, Gewohnheiten und Institutionen, aber auch aus Wettstreit, Auseinandersetzung und Kampf entstandenen Gruppenhierarchie, die dem Einzelnen nach den Kriterien der jeweiligen Gruppe eine bestimmte Stellung bzw. einen Rang zuweist.

**Rapport:** Bezeichnung für unmittelbaren und intensiven Kontakt zwischen zwei Personen. In der → Hypnose die besondere Art der Beziehung zwischen Hypnotiseur und Hypnotisiertem. In der → Psychoanalyse die als Ergebnis der → Übertragung erfolgende enge und vertrauensvolle emotionale Bindung des Patienten an den Analytiker, die zum Schluß der Behandlung wieder gelöst werden muß (Vergl. → Ablösung).

**Rating:** Aus dem Englischen übernommene Bezeichnung für Schätzung, Beurteilung. Eine subjektive Methode zur qualitativen oder auch quantitativen Bestimmung von → Eigenschaften oder anderen → Merkmalen durch Schätzung, nicht durch Messung. Das Verfahren wird von geübten Begutachtern oder auch durch Selbstbeurteilung mit Hilfe einer verbal oder durch Zahlen in verschiedene Grade eingeteilten Skala ausgeführt, der sogenannten Ratingskala.

**Rationalisierung:** 1. Sinnvollere, produktivere, energie-, zeit- und materialsparende Gestaltung von Arbeitsprozessen und sonstigen Leistungsabläufen sowie der Arbeitsbedingungen und des Arbeitsplatzes. Mit Problemen der R. befassen sich vor allem die → Arbeits- und → Betriebspsychologie.
2. In der → Psychoanalyse Bezeichnung für einen → Abwehrmechanismus, wobei irrationale Verhaltensweisen und Einstellungen rational, d.h. vernunftmässig, logisch-schlüssig begründet und damit gerechtfertigt werden. So werden z.B. Unsicherheit und Hemmungen hinter der rationalen Begründung verborgen, den Lärm, die schlechte Luft oder die räumliche Enge nicht vertragen zu können und deshalb Gesellschaften meiden zu müssen, obwohl man sonst gern an ihnen teilnehmen würde.

**Rausch:** Ekstatischer Zustand (Vergl. → Ekstase) mit Bewußtseinstrübung bzw. Bewußtseinsstörungen (Vergl. → Bewußtsein), → Halluzinationen, Sprech- und Gleichgewichtsstörungen u.a., der durch Rauschmittel (Vergl. → Drogen), aber auch durch intensives Erleben bzw. → Affekte hervorgerufen wird.

**Rauschmittel:** → Drogen

**Reaktion:** Rückwirkung, Antwort. Aus Veränderungen im Organismus bestehendes Antwortverhalten auf → Reize. Bei der sogenannten Kettenreaktion handelt es sich um eine Reihe miteinander verbundener Reaktionen auf mehrere gleichzeitige Reize.
Als Reaktionszeit oder → Latenz bezeichnet man die zwischen einsetzendem Reiz und erfolgender R. liegende Zeitspanne.
Reaktionspotential ist nach →

Hull die hypothetische Tendenzstärke zu bestimmten Reaktionen. Unter dem biologischen Begriff der Reaktionsnorm versteht man die weitgehend ererbte Weise, in der ein Organismus auf bestimmte Reize reagiert.
Vergl. → Behaviorismus, → Reflexe und → Lernen.

**Realitätsprinzip:** Nach → Freud das Funktionsprinzip des → Ich, das die auf unmittelbare Triebbefriedigung gerichteten unbewußten Impulse des → Es dem bewußten Denken unterwirft, das Verhalten kontrolliert, sinnvolle Beziehungen zur Außenwelt herstellt und zwischen Es und → Über-Ich vermittelt.

**Rechtshändigkeit:** Der bei den meisten Menschen übliche bevorzugte Gebrauch der rechten → Hand. Da jedoch der Zwang zur R. psychische Störungen verursachen kann, sollten Neigungen zur → Linkshändigkeit, insbesondere zum linkshändigen Schreiben, in der Kindheit nicht durch Erziehung gewaltsam unterdrückt werden. Der Ausprägungsgrad von Rechts- und Linkshändigkeit ist individuell verschieden. Mitunter können beide Hände gleichwertig benutzt werden. Die psychische Bedeutung der R. oder Linkshändigkeit oder auch Beidhändigkeit (Vergl. → ambidexter) ist noch weitgehend ungeklärt.

**Reduktion:** Nach logischen Gesetzen aufgebaute Methode der Erkenntnisgewinnung. Methodische Zurückführung von Einzelerkenntnissen auf grundlegende Prinzipien. Zurückgehen auf das Wesentliche, auf den Grundgehalt. Reduzierung der Erkenntnis auf ihren objektiven Gehalt durch Ausschaltung subjektiver, unwesentlicher Details.
Vergl. → Deduktion und → Induktion.
Reduktionssprachen sind vereinfachte, reduzierte Sprachen, die vor allem von Angehörigen verschiedener Sprachräume in Kolonial- bzw. Grenzgebieten entwickelt werden, so z.B. das Pidgin-Englisch zwischen Weißen und Gelben oder das Afrikaans zwischen Holländern und Südafrikanern. Bei psychischen Erkrankungen wie Schizophrenie u.a. sind Sprachreduktionen sehr häufig.

**Redundanz:** → Informationstheorie

**Reflexe:** Direkte und unmittelbare → Reaktionen auf innere und äußere → Reize. Wie die Instinkthandlungen (Vergl. → Instinkt und → Kettenreflex), so sind auch die aufeinander abgestimmten und der Erhaltung lebenswichtiger elementarer Funktionen dienenden R. vom bewußten Wollen unabhängig. Die Reize werden durch Erregung der afferenten (→ sensorisch) Nerven an das Zentralnervensystem vermittelt, über Reflexzentren auf efferente (→ motorisch) Nervenbahnen umgeschaltet und an die Erfolgsorgane weitergeleitet. Dieser Nervenweg wird heute oft als → Regelkreis beschrieben.
Es gibt zahlreiche R. und Teilreflexe, einfache und komplizierte R., die viele vegetative und motorische (Vergl. → Motorik) Prozesse regulieren, so z.B. Blutdruck, Atmung, Verdauung u.a., zu denen immer wieder neue entdeckt werden. Im Unterschied zu den natürlichen, unbedingten oder unkonditionierten R. bezeichnet man die erworbenen, durch Gewöhnung

entstandenen, erlernten (Vergl. → Lernen) R. als künstliche, konditionierte oder → bedingte R. In diesem erweiterten Sinne spielen die R. in der Psychologie eine große Rolle und werden z.B. von der → Reflexologie und vom → Behaviorismus zur Erklärung aller seelischen Prozesse herangezogen.

**Reflexion:** Zurückwendung des Bewußtseins bzw. des Denkens auf das → Ich. Abwendung von äußeren Erlebnissen und Erfahrungen und Hinwendung zu bewußter innerer Verarbeitung, zu Überlegen, Überdenken, Nachdenken, Erwägen, Planen.

**Reflexkette:** → Kettenreflex

**Reflexologie:** Von → Pawlow und dem russischen Psychiater und Neurologen Wladimir Bechterew (1857-1927) begründete Lehre, die alle psychischen Prozesse, das gesamte menschliche und tierische Verhalten auf Reflextätigkeit zurückführt. Bechterew, der diese Theorie als → objektive Psychologie bezeichnete, unterschied dabei grundsätzlich zwischen unbedingten → Reflexen und → bedingten Reflexen. Vor allem der → Behaviorismus und die → Lerntheorie sind von der Reflexlehre bzw. von der Reiz-Reaktions-Theorie (Vergl. → Reize und → Reaktionen) maßgeblich beeinflußt.

**Regelkreis:** Selbstregulierung. Das Prinzip, innerhalb eines Funktionssystems einen konstanten Zustand zu erhalten, in dem durch laufende Prüfung bzw. Rückkoppelung (→ Feedback) alle Istwerte bzw. Abweichungen vom Sollwert selbsttätig festgestellt und ausgeglichen werden. Nach diesem Prinzip der Selbstregulierung vollziehen sich auch viele physiologische Funktionen (→ Homöostase). Im übertragenen Sinne lassen sich auch psychische Prozesse nach diesem Modell beschreiben.
Vergl. → Informationstheorie, → Kommunikation und → Reflexe.

**Regression:** Rückschritt, Rückfall, Zurückgehen, Zurückgreifen.
1. Das besonders bei starker seelischer Belastung, bei psychischen Störungen und Erkrankungen bzw. bei Persönlichkeitsabbau auftretende Zurückgehen auf frühere Entwicklungsphasen. Dabei entsprechen Einstellungen, Verhaltensweisen usw. nicht mehr dem bereits erreichten Entwicklungsstadium, sondern werden primitiv und infantil.
Vergl. → Atavismus, → Infantilismus und → Puerilismus.
2. Begriff der → Psychoanalyse für einen zu den → Abwehrmechanismen zählenden Rückfall in Verhaltensweisen einer bereits überwundenen früheren Entwicklungsphase bei starker → Frustation und sexuellen Entwicklungsstörungen.
3. Statistische Bezeichnung für die Voraussage eines unbekannten Wertes durch Zurückgreifen auf einen bekannten Wert, vorausgesetzt, daß der bekannte mit dem unbekannten Wert korreliert (Vergl. → Korrelation).

**Rehabilitation:** Medizinischer Begriff für möglichst weitgehende Wiederherstellung der körperlichen und seelischen Leistungsfähigkeit nach Krankheiten. Im weiteren Sinne das Bemühen um die Wiedereingliederung körperlich und geistig Behinderter in das berufliche und soziale Leben. Insbesondere die durch Krankheiten bzw. Behinderungen auftretenden psychischen Störungen gehören in den therapeutischen, fürsorgerischen und seelsorgerischen Aufgabenbereich der psychischen R.

**Reife:** Das mittlere Lebensalter nach → Pubertät und → Adoleszens, in dem die körperliche Reifung abgeschlossen und eine psychische Stabilität erreicht ist, die das Individuum emotional, geistig und sozial zur Selbständigkeit und Eigenverantwortlichkeit befähigt. In diesem Lebensabschnitt hat der Mensch sein → Ich gefunden, befindet sich im Vollbesitz seiner körperlichen und psychischen Leistungsfähigkeit und konzentriert sich vorwiegend auf die Erfüllung seiner Lebensaufgaben.
Vergl. → Entwicklung und → Entwicklungsphasen.

**Reïnkarnation:** Wiedergeburt, Wiederverkörperung. Der an die sogenannte Seelenwanderung gebundene Glaube, daß nach dem körperlichen Tod die Seele in neuer Verkörperung zu erneutem individuellen irdischen Leben wiedergeboren wird. Nach dieser Annahme wird die Seele so lange immer wieder in neuer Verkörperung geboren, bis sie den höchsten Grad der Läuterung und Vollkommenheit erreicht hat. Oft wird die R. mit → Déjà-vu-Erlebnissen begründet.

**Reiz** (Stimulus): Umfassende Bezeichnung für außerhalb und auch im Organismus auftretende Energie, die über Reizempfänger (→ Rezeptoren) und über das → Nervensystem → Reflexe bzw. → Reaktionen, → Empfindungen und → Wahrnehmungen auslöst. Die Fähigkeit, auf Reize zu reagieren, die sogenannte Reizbarkeit ist kennzeichnend für Organismen. Die Reizempfindlichkeit des Menschen ist nicht auf allen Sinnesgebieten (Vergl. → Sinneswahrnehmungen) gleichmäßig ausgebildet und nicht konstant, sondern individuell verschieden und begrenzt von der jeweiligen Aufmerksamkeit bzw. Reizeinstellung und anderen Faktoren abhängig. Da Reize nur ab einer bestimmten Stärke empfunden werden und ab einer bestimmten Intensität Schmerzempfindungen auslösen, bezeichnet man die Grenze, von der an ein R. nicht nur unterschwellig wirksam ist, sondern empfunden wird, als untere Reizschwelle, während die obere Reizschwelle oder Reizhöhe dann gegeben ist, wenn der R. eine Stärke erreicht, die keine adäquate Empfindung mehr zuläßt und nur noch Schmerz bewirkt (Vergl. → Grenzmethode). Der Reizbereich zwischen unterer und oberer Reizschwelle ist der Reizumfang.
Unter Reizgeneralisierung versteht man den Umstand, daß eine gelernte Reaktion (Vergl. → bedingte Reflexe) auf einen bestimmten R. auch bei ähnlichen Reizen eintreten kann.
Reizüberflutung ist ein Problem der modernen Zivilisation, die den Menschen einer Fülle unnötiger Reize und zugleich übermäßigen Reizintensitäten aussetzt. Da diese qualitative und quantitative Reizüberflutung nicht angemessen geordnet und verarbeitet werden kann, kommt es immer häufiger zu mehr oder weniger schweren psychischen und auch physischen Störungen und Erkrankungen. Ebenso führt Reizmangel bzw. Reizentzug (Vergl. → Deprivation) zu beträchtlichen Schädigungen.
Die Erforschung der Beziehungen zwischen R. und Reaktion steht im

Mittelpunkt der → Elementenpsychologie und der → objektiven Psychologie bzw. → Reflexologie sowie des → Behaviorismus und seiner → Lerntheorie.

**Reiz-Reaktions-Psychologie:** → Reiz, → Reflexologie, → objektive Psychologie, → Elementenpsychologie und → Behaviorismus

**Relaxation:** Entkrampfung, Lokkerung. Ein Verfahren der → Psychotherapie, mit Hilfe verschiedener → Entspannungstechniken und kathardischer Methoden (→ Katharsis) → Entspannung, Ruhigstellung und → Abreaktion zu erreichen und damit zur Überwindung psychischer Konflikte und Störungen beizutragen.
Relaxantien sind spannungslösende → Psychopharmaka.

**Reliabilität:** Zuverlässigkeit, Genauigkeit eines Tests. Das Maß für den Genauigkeitsgrad der R. bezeichnet man als Reliabilitätskoeffizienten.
Vergl. → Konsistenz.

**Religionspsychologie:** Spezielles Forschungsgebiet der Psychologie, das in enger Zusammenarbeit mit Religionsphänomenologie und Religionsoziologie die vielgestaltigen Erscheinungsformen des religiösen Erlebens und Verhaltens von Individuen, Gruppen und Massen untersucht. Dazu gehören vor allem Gotteserlebnisse und Zustände und Verhaltensweisen der Frömmigkeit; die psychischen Prozesse des Glaubens, des Zweifels und der Bekehrung, der Sünde, Reue und Vergebung; die religiösen Suggestionsphänomene wie das kultische Ritual, das Gebet und die Gnaden- und Wallfahrtsorte; aber auch die religiösen Wunder und sonstigen Ausnahmephänomene wie → Askese, → Besessenheit, → Ekstase, → Exorzismus, → Flagellantismus, → Prophetie und → Visionen u.a.
Die Religionspsychopathologie erforscht die krankhaften religiösen Zustände und Vorgänge wie z.B. die religiösen Wahnvorstellungen und den religiösen → Fanatismus.

**REM-Phase:** Abkürzung der englischen Bezeichnung rapid eye movements für das Rollen der Augäpfel hinter geschlossenen Lidern während der sogenannten Traumphase im Schlaf. Nach den Ergebnissen der modernen physiologischen Traumforschung verläuft der nächtliche Normalschlaf in vier bis fünf Phasen, wobei Tiefschlaf und Traumphase ständig abwechseln. In der Traumphase setzt eine rege Hirntätigkeit ein, Blutdruck und Pulswerte, Atemfrequenz und Sauerstoffverbrauch steigen. Während im Tiefschlaf die Augen sich kaum bewegen, gehen in der Traumphase die Augäpfel hin und her, auf und ab. Vermutlich wird im Tiefschlaf und in der R.-P. geträumt, doch die Träume der R.-P. scheinen häufiger, länger, intensiver und psychologisch bedeutsamer zu sein.
Vergl. → Traum und → Traumpsychologie.

**Reminiszenz:** 1. Erinnerung. Unvermitteltes Wiederauftreten von Gedächtnisinhalten ohne ersichtlichen Grund.
2. In der Lerntheorie Bezeichnung für einen Anstieg der Gedächtnisleistung nach einer Pause zwischen Lernvorgang und Erinnerung. Nach einer Ruhepause wird Gelerntes besser erinnert als unmittelbar nach dem Lernen, wäh-

rend später das Gedächtnis wieder ungenauer wird.

**Retardation** (Retardierung): Verlangsamung, Verzögerung, Entwicklungshemmung.
1. Im Gegensatz zur → Akzeleration eine allgemeine Spätentwicklung, eine Verlangsamung des gesamten Entwicklungstempos, insbesondere die Verlängerung des → Jugendalters durch psychische und physische Spätreife (Vergl. → Reife).
2. Das Zurückbleiben in der geistigen Entwicklung im Vergleich zur normalen Entwicklung Gleichaltriger. Als Hemmung der Intelligenzentwicklung ist R. vor allem die Folge physischer Schädigungen und psychischer Schäden durch das soziale → Milieu.
Vergl. → Entwicklungsstörungen.

**Rezeptoren:** Empfangsorgane, Reizempfänger, Nervenzellen der Sinnesorgane (Vergl. → Sinneswahrnehmungen), der Haut und der Eingeweide u.a., die jeweils durch spezifische → Reize erregt werden und diese Erregungsimpulse an das → Nervensystem weiterleiten.

**Ribot, Théodule:** Geb. 18.12.1839 in Guingamp/Bretagne, gest. 9.12.1916 in Paris; französischer Psychologe und Physiologe. Er wirkte als Professor am Còllege de France in Paris und begründete eine eigenständige französische Richtung der Psychologie auf physiologischer Grundlage. Er stützte sich dabei auf experimentelle (Vergl. → Experiment), selbstbeobachtende (Vergl. → Beobachtung) und vergleichende Methoden (Vergl. → Methoden der Psychologie) und wies u.a. nach, daß sich der Gedächtnisabbau in umgekehrter Reihenfolge wie der Aufbau vollzieht, d.h. späte Gedächtnisinhalte werden zuerst, frühe zuletzt abgebaut. Zu seinen bekanntesten Werken, die auch in deutscher Sprache erschienen sind, gehören: »La psychologie allemande contemporaine« 1879, »Les maladies de la mémoire« 1881, »Psychologie de l'attention« 1888, »Psychologie des sentiments« 1896 und »L'imagination eréatrice« 1900.

**riechen:** Bezeichnung für Wahrnehmungen durch den Geruchssinn, → Sinneswahrnehmungen.

**Rigidität:** Starrheit, Unbeweglichkeit, weitgehendes Unvermögen, die individuellen Vorstellungen und Verhaltensweisen zu nuancieren und auf veränderte oder neue Situationen angemessen zu reagieren. Mit zunehmendem Alter oft immer stärker ausgeprägte Unfähigkeit zur Anpassung. Der Gegensatz ist → Flexibilität.
Vergl. → Perseveration.

**Rohracher, Hubert:** Geb. 24.4.1903 in Lienz/Tirol, gest. 18.12.1972 in Wien; österreichischer Psychologe und Philosoph. Er wirkte als Professor in Innsbruck und Wien und wurde 1952 zum Mitglied der Österreichischen Akademie der Wissenschaften und 1960 zum Präsidenten des Österreichischen Forschungsrates ernannt. Er vertrat eine naturwissenschaftlich-physiologisch orientierte Richtung der Psychologie und lieferte vor allem der modernen charakterkundlichen Forschung wesentliche Anregungen. Zu seinen wichtigsten Schriften, die in zahlreichen Auflagen erschienen und internationale Verbreitung fanden, gehören u.a.: »Persönlichkeit und

Schicksal« 1926, »Theorie des Willens auf experimenteller Grundlage« 1932, »Kleine Charakterkunde« 1934, »Einführung in die Psychologie« 1950 und »Die Arbeitsweise des Gehirns und die psychischen Vorgänge« 1960.

**Rollenverhalten:** Das erlernte soziale Verhalten (Vergl. → Interaktion) eines Individuums, das je nach gesellschaftlicher Situation bzw. nach Struktur und Normen der → Gruppe, in der sich das betreffende Individuum gerade befindet, ebenso unterschiedlich sein kann, wie bei einem Schauspieler die jeweils darzustellende Rolle. So sind beispielsweise die Unterschiede zwischen Familienrolle, Betriebsrolle und Vereinsrolle oft sehr gravierend. Das jeweilige R. des Einzelnen richtet sich weitgehend nach der Rollenerwartung der Gruppe. Rollenerwartung und R. ergeben sich aus der Rolle, d.h. aus Position und Status des Individuums in der Gesellschaft bzw. in der Gruppe. Das R. bringt zwar, wenn auch in ritualisierter und institutionalisierter Form, die Individualität zum Ausdruck, aber mit der ganzen Persönlichkeit ist es nur selten deckungsgleich.

**Rorschach, Hermann:** Geb. 8.11. 1884 in Zürich, gest. 2.4.1922 in Herisau; Schweizer Psychiater und Psychologe. Er studierte Medizin, arbeitete dann als Psychiater in verschiedenen Heil- und Pflegeanstalten und beschäftigte sich im Züricher Kreis um → Jung und → Bleuler auch mit → Psychoanalyse. Bei dem nach ihm benannten Persönlichkeitstest handelt es sich um ein → Klecksdeute-Verfahren, mit dessen Hilfe vor allem Intelligenz, soziale Einstellung und affektive Disposition ermittelt werden. Er veröffentlichte »Psychodiagnostik« 1920 und »Gesammelte Aufsätze« (postum) 1965.

**Rothacker, Erich:** Geb. 12.3.1888 in Pforzheim, gest. 10.8.1965 in Bonn; deutscher Kulturphilosoph und Psychologe. Er wirkte als Professor in Bonn, widmete sich zunächst den Grundlagen der Geisteswissenschaften, wandte sich dann der Psychologie und Anthropologie zu und hatte maßgeblichen Anteil am Ausbau der → Schichtenlehre. Auch die moderne → anthropologische Psychologie verdankt ihm wichtige Anregungen. Zu seinen erfolgreichsten Veröffentlichungen gehören u.a.: »Die Schichten der Persönlichkeit« 1938, »Probleme der Kulturanthropologie« 1942, »Philosophische Anthropologie« 1963 und »Zur Genealogie des menschlichen Bewußtseins« (postum) 1966.

**Rückenmark** (Medulla spinalis): Im Wirbelsäulenkanal liegender Strang von Nervenfasern und Nervenzellen, der durch das verlängerte Mark (→ Medulla oblongata) mit dem → Gehirn verbunden ist. Gehirn und R. bilden das Zentralnervensystem (→ Nervensystem). Aus den vom R. abgehenden Nerven bestehen die Stränge des peripheren Nervensystems mit afferenten (→ sensorisch) und efferenten (→ motorisch) Nerven.

# S

**Sadismus:** Ein nach dem französischen Schriftsteller Marquis de

Sade (1740-1814) benanntes → Sexualverhalten. Anderen körperliche und seelische Schmerzen zuzufügen, schafft Lustgefühle und Lustbefriedigung. Der S., dessen Praktiken von mehr symbolischen Strafen und verhältnismäßig leichten Demütigungen und Quälereien bis zu schweren Mißhandlungen reichen können, ist das Pendant zum → Masochismus. Die Auffassungen über Entstehung und Beurteilung gehen auseinander, aber zumindest bei ausgeprägtem S. handelt es sich um eine mit Persönlichkeitsstörungen zusammenhängende → Perversion. Vergl. → Aggression, → Algolagnie, → Flagellantismus und → Sadomasochismus.

**Sadomasochismus:** Der Begriff ist weitgehend identisch mit → Algolagnie, bezeichnet aber vor allem das Vorkommen sadistischer und masochistischer Neigungen in einer Person, so daß die Erduldung körperlicher und seelischer Schmerzen (→ Masochismus) ebenso Lustgefühle und Lustbefriedigung schafft wie die Schmerzzufügung (→ Sadismus).

**Sander, Friedrich:** Geb. 19.11. 1889 in Greiz, gest. 29.11.1971 in Bonn, deutscher Psychologe, namhafter Vertreter der → Ganzheits- und → Gestaltpsychologie. Er wirkte als Professor in Leipzig, Gießen, Jena, Berlin und Bonn und gehört neben → Krueger zu den Begründern der zweiten → Leipziger Schule. Im Hinblick auf → Phylogenese und → Ontogenese prägte er für das Entwicklungsprinzip der Gestaltwerdung den Begriff der → Aktualgenese. Von seinen zahlreichen Veröffentlichungen sind hervorzuheben: »Experimentelle Ergebnisse der Gestaltpsychologie« 1928, »Kindes-und Jugendpsychologie als genetische Ganzheitspsychologie« 1933, »Zur neueren Gefühlslehre« 1937, »Funktionale Struktur, Erlebnisganzheit und Gestalt« 1942, »Das Menschenbild in der neueren Psychologie« 1958 und »Ganzheitspsychologie« 1962.

**sanguinisch** (Sanguiniker): → Temperament und → Typus

**Scham:** → Gewissen und → Schuldgefühle

**Schichtenlehre:** Verschiedene Theorien bzw. Modellvorstellungen der Psychologie, Neurologie und Hirnforschung, die von einem Schichtenaufbau der psychischen Vorgänge und der Persönlichkeit ausgehen. Bei diesen anschaulichen Hilfsvorstellungen sind die verschiedenen seelischen Funktionsbereiche in übereinanderliegenden Schichten gedacht. Dabei setzt zwar jede höhere Schicht die darunterliegende voraus, bildet aber einen selbständigen Bereich mit eigenen Strukturen. Meistens gelten die tieferen Schichten als stammesgeschichtlich älter und umfassen das Trieb- und Instinktleben sowie die primitiven Affekte, während in den höheren, biologisch jüngeren Schichten die bewußten Vorgänge und Steuerungsprozesse lokalisiert werden. So geht z.B. → Freud mit seiner Lehre vom Persönlichkeitsaufbau des → Es, → Ich und → Über-Ich von einer Schichtentheorie aus, aber auch bei → Klages, → Lersch und vor allem → Rothacker u.a. spielt die Sch. eine wesentliche Rolle.

**Schicksalsanalyse:** Eine von dem ungarischen Psychiater Leopold

Szondi (*1893) auf der Grundlage des familiären → Unbewußten entwickelte besondere tiefenpsychologische Richtung. Ähnlich der Existenz- und → Daseinsanalyse wird der Lebensverlauf gründlich analysiert. Dabei finden Abstammung, Familienverhältnisse, Freundes- und enger Bekanntenkreis, Beruf und Krankheiten besondere Berücksichtigung.

**Schilddrüse** (glandula thyreoidea): Sogenannte Schilddrüsenhormone bildende endokrine → Drüse am Kehlkopf, deren Funktion durch die → Hypophyse gesteuert wird.

**schizoid:** Nicht deutlich abgrenzbare Bezeichnung für eine Persönlichkeitsstruktur zwischen → Schizothymie und → Schizophrenie.

**Schizophrenie:** Spaltungsirresein. Früher Dementia praecox (Vergl. → Dementia), seit → Bleuler Sch. genannt. Eine große Gruppe von Geisteskrankheiten bzw. endogenen → Psychosen mit vorwiegend geistigem Zerfall der Persönlichkeit, mit → Ambivalenz und → Depersonalisation, mit Auseinanderklaffen, Gespaltensein von Fühlen und Denken, Wirklichkeit und Wahnvorstellungen. Spezielle Formen der Sch. sind → Hebephrenie, → Katatonie und paranoide Sch. (Vergl. → Paranoia und → Paraphrenie).

**Schizothymie:** Nach → Kretschmer ein Persönlichkeitstyp mit Erlebens- und Verhaltensweisen, die der → Schizophrenie nahestehen, aber noch in den Bereich des Normalen gehören.
Vergl. → Typus.

**Schlaf:** Ein lebensnotwendiger Zustand zur Erhaltung des Nervensystems, bei dem Atmung und unwillkürliche Körperfunktionen fast unverändert erhalten bleiben, Bewußtsein, Erregbarkeit des Nervensystems und Tätigkeit der Skelettmuskulatur jedoch stark reduziert sind. Der 24-Stunden-Rhythmus des menschlichen Lebens fordert nach 14-16 Stunden Wachsein 10-8 Stunden Sch. Da sich der Organismus durch das Wachsein verbraucht, bedarf er der Entspannung und Regeneration. Das Signal, diesen Ruhezustand herbeizuführen, ist die Müdigkeit. Der → Traum ist das deutlichste Zeichen dafür, daß der Sch. kein todesähnlicher Zustand, sondern auch psychisch eine Lebensform ist. Nach neuesten physiologischen Schlaf- und Traumforschungen verläuft der nächtliche Normalschlaf in vier bis fünf Phasen (Vergl. → REM-Phase), wobei Tiefschlaf und Traumphase ständig abwechseln.

**Schlaflosigkeit** (Agrypnie, Asomnie): Eine durch physische und psychische Ursachen bedingte Schlafstörung. Besonders bei starken körperlichen Schmerzen und nervösen Zuständen, bei intensiver geistiger Anspannung und seelischer Belastung, in Konfliktsituationen und bei neurotischen Prozessen sind Schlafstörungen wie → Pavor nocturnus und Sch. sehr häufig.
Bei anhaltenden Schlafstörungen ist eine Untersuchung und Behandlung durch den Arzt oder einen Psychotherapeuten in jedem Falle sinnvoller als längerer Gebrauch von Schlafmitteln.

**Schlaftherapie:** Hilfsmittel der medizinischen und psychotherapeutischen Behandlung von Hirnverletzungen und psychotischen Zuständen u.a. Mit → Psychopharmaka wird ein Dämmer- oder Heilschlaf erzeugt, der den Grundumsatz herabsetzt und dazu beiträgt, Erregungs-, Spannungs- und Verkrampfungszustände zu lösen.

**Schlüsselreiz:** Bezeichnung der Tierpsychologie und Verhaltensforschung für einen äußeren → Reiz mit signalähnlichem → Aufforderungscharakter, der ein angeborenes Instinktverhalten auslöst.
Vergl. → Appetenz, → Auslöser, → Instinkt und → Leerlaufreaktion.

**schmecken:** Bezeichnung für Wahrnehmungen durch den Geschmackssinn, → Sinneswahrnehmungen.

**Schock:** Heftiger Schreck, starke Erschütterung, plötzlicher Stoß oder Schlag überwiegend physischen oder psychischen Ursprungs. Physischer Sch. wie z.B. bei größeren Verletzungen bzw. Unfall oder nach einer Überdosis von Medikamenten hat auch psychische Auswirkungen, so z.B. vorübergehendes Aussetzen des sinnvollen Verhaltens, Orientierungs- und Gedächtnisverlust (→ Amnesie), Übererregtheit oder Depression. Umgekehrt ist ein seelischer Sch. oder Nervenschock auch mit physischen Begleiterscheinungen wie Schweißausbruch, Gliederzittern oder Schrecklähmung, Erbrechen, Magen- und Darm-, Herz- und Kreislaufstörungen, Ohnmacht usw. verbunden. Da der Sch. tief in die Persönlichkeitsstruktur eingreift, wird er zur Behandlung von Psychosen mit Injektionen oder als Elektroschock mit elektrischem Strom künstlich erzeugt. Durch die Entwicklung moderner → Psychopharmaka ist jedoch die Schocktherapie stark in den Hintergrund getreten.
Vergl. → Trauma.

**schöpferisches Denken:** → Denken und → Kreativität

**Schrecksekunde:** Bezeichnung für die zwischen Erschrecken, d.h. Wahrnehmung einer tatsächlichen oder auch nur vermeintlichen plötzlichen Gefahr, und Einsetzen abwehrender Reaktionen liegende Zeitspanne, in der das normale, sinnvolle Verhalten durch den Schreck mehr oder weniger blockiert ist. Die Zeitspanne beträgt im Durchschnitt etwa 0,6 bis 1,5 Sekunden, ist aber individuell ebenso verschieden wie die Neigung zum Erschrecken.

**Schriftdeutung:** → Graphologie

**Schub:** Bezeichnung für eine nicht gleichmäßig, sondern ruckweise verlaufende Entwicklung, wobei auf eine kontinuierliche Entwicklungsphase in unregelmäßigem Zeitabstand ein sich plötzlich steigerndes bzw. veränderndes akutes Stadium folgt. Schubentwicklungen sind bei verschiedenen Krankheitsverläufen, insbesondere bei → Schizophrenie typisch.

**Schüchternheit:** Im Unterschied zur Zurückhaltung und Bescheidenheit handelt es sich bei ausgeprägter Sch. um seelische → Hemmungen, die häufig mit → Minderwertigkeitsgefühlen, → Schuldgefühlen und Kontaktschwierigkeiten (→ Kontakt) zusammenhängen.

**Schuldgefühle:** Aus dem → Gewissen erwachsende → Gefühle unrechten Denkens und Handelns, des Versagens und schuldhaften Verhaltens. Bei eingebildeter Schuld und stark übertriebenen Schuldgefühlen stehen die Neigungen zur Selbstbestrafung und Selbstbemitleidung in engem Zusammenhang mit masochistischen Tendenzen der Selbstquälerei und Selbstzerstörung und sind Ausdruck einer Persönlichkeitsstörung bzw. eines neurotischen Prozesses.

**Schulpsychologie:** → Entwicklungspsychologie und → pädagogische Psychologie

**Schwachsinn** (Oligophrenie): Im Unterschied zu den erworbenen Intelligenzschäden (→ Dementia), die im Verlaufe des späteren Lebens entstehen, bezeichnet man als Sch. die ererbte bzw. angeborene oder durch Geburtsschäden und nachgeburtliche Gehirnkrankheiten oder Gehirnverletzungen entstandene geistige Behinderung bzw. Geistesschwäche, die in den meisten Fällen schon in früher Kindheit erkennbar ist. Der Sch. bleibt jedoch nicht auf geistige Deffekte begrenzt, sondern ist in der Regel mit anderen psychischen und physischen Störungen verbunden und schädigt die Gesamtpersönlichkeit beträchtlich. Man unterscheidet drei Grade von Sch.: 1. → Debilität als leichteren Grad, 2. Imbezillität als schweren Grad, 3. Idiotie als schwersten Grad.

**Schwelle** (Schwellenwert): Bezeichnung für den Grenzwert eines Reizes, der erforderlich ist, damit eine Empfindung entstehen kann. Reize unter dem Grenzwert bleiben unbemerkt und wirken nur unterschwellig. In diesem Sinne versteht man unter Bewußtseinsschwelle die Grenze, an der ein Inhalt voll ins Bewußtsein tritt. Alles unter diesem Grenzwert liegende ist unterbewußt.
Als Unterschiedsschwelle bezeichnet man den Unterschiedswert zwischen zwei Reizen, der erreicht sein muß, um zwei unterscheidbare Empfindungen auszulösen. Vergl. → Grenzmethode.

**Schwererziehbarkeit:** Nicht genau umrissener Begriff für verschiedene Erziehungsprobleme, die sich u.a. aus mangelnder Lernfähigkeit, Konzentrationsschwäche, Kontaktschwierigkeiten, Labilität, Leistungs- und Verhaltensstörungen, Verwahrlosung und Kriminalität ergeben. Sch. ist teilweise anlagebedingt, so z.B. bei → Schwachsinn, kann aber auch durch Fehlerziehung, Milieuschädigung und psychische Störungen entstehen. Vorübergehende Sch. tritt mitunter auch nach schweren körperlichen Erkrankungen oder in krisenhaften Entwicklungsphasen auf, insbesondere während der → Pubertät.

**Schwermut:** → Depression

**Score:** Maßzahl, Punktwert, Zahlenwert. Aus dem Englischen übernommene Bezeichnung für den in Zahlen übertragenen Wert einer Leistung, insbesondere bei Testergebnissen.

**sechster Sinn:** Volkstümliche Bezeichnung für → außersinnliche Wahrnehmungen.

**Sedativa:** → Psychopharmaka und → Tranquillantien

**Seele:** → Psyche

**Seelenblindheit:** → Agnosie

**Seelentaubheit:** → Agnosie

**Seelenwanderung:** → Reinkarnation

**sehen:** Bezeichnung für Wahrnehmungen durch den Gesichtssinn, → Sinneswahrnehmungen.

**Sekretion:** → Drüsen

**sekundäre Geschlechtsmerkmale:** → Pubertät

**Sekundärgruppe:** → Gruppe

**Sekundärtriebe:** → Primärtriebe

**Selbst:** → Ich und → Individuation

**Selbstanalyse** (Autobiographie): Schriftliche oder mündliche Darstellung des eigenen Lebensverlaufs durch den Probanden bzw. Patienten. Ein Verfahren der Charakterforschung (Vergl. → Charakter), → Psychodiagnose und → Psychotherapie, das vor allem im Rahmen der biographischen Methode (→ Biographie, → Fallstudie, → Lebenslauf und → Exploration) Verwendung findet.

**Selbstbefriedigung:** → Masturbation

**Selbstbeherrschung:** Willensmäßige Kontrolle und Steuerung des Selbst bzw. → Ich durch → Vernunft und → Gewissen; Beherrschung der → Affekte und → Triebe.

**Selbstbeobachtung:** → Beobachtung

**Selbstbewußtsein:** Erkennen des Selbst; → Bewußtsein des eigenen → Ich. Ein eng mit → Geltungsbedürfnis zusammenhängendes Selbstwertgefühl, das der Persönlichkeit dazu verhilft, sich durch Willensakte in sinnvolle Beziehungen zur Umwelt zu bringen, sich anzupassen, durchzusetzen und zu verwirklichen. Bei übersteigertem oder unterentwickeltem S. spricht man von Überheblichkeit oder → Minderwertigkeitsgefühlen.
Vergl. → Anpassung.

**Selbstentfremdung:** → Entfremdung

**Selbsterhaltungstrieb:** Sammelbegriff für alle → Antriebe zu Verhaltensweisen, die der unmittelbaren Erhaltung der persönlichen Gesundheit und des Lebens dienen. Einige Psychologen schließen dabei auch Handlungen zur Bewahrung des persönlichen Selbstwertgefühls ein.
Vergl. → Trieb.

**Selbsthypnose:** → Autosuggestion und → Hypnose

**Selbstsucht:** → Egoismus

**Selbstverwirklichung:** Von den verschiedenen psychologischen Richtungen unterschiedlich definierter Begriff für den wesentlichen → Antrieb des menschlichen Lebens, sich selbst zu erkennen und zu verstehen, durch Selbsterziehung zu vervollkommnen und die Bedürfnisse des Selbst bzw. → Ich möglichst weitgehend zu befriedigen. Nach → Jung ist S. das eigentliche Lebensziel des Menschen, das auf dem Wege der → Individuation, d.h. der Persönlichkeitsbildung zu individueller Ganzheit und Geschlossenheit angestrebt wird.

**Semantik:** Lehre von den Zeichen,

Symbolen und Signalen und ihrer Bedeutung. Das gilt für die natürlichen und konstruierten Kommunikationssysteme (→ Kommunikation und → Informationstheorie), für Sprachen sowie für Zeichensysteme und künstliche Sprachen (Vergl. → Metasprache). Im engeren Sinne versteht man unter S. die Erforschung der Ursprünge, Anwendungsmöglichkeiten und Auswirkungen von Zeichen, Symbolen und Signalen in Beziehung auf das menschliche Verhalten einschließlich der kommunikativen Verbesserungsmöglichkeiten. Sie ist u.a. für die → Sprachpsychologie, die → Sozialpsychologie und die → Ausdruckspsychologie von Bedeutung und stützt sich vor allem auf mathematisch-statistische Methoden.
Vergl. → Kybernetik, → mathematische Pychologie, → Statistik und → Faktorenanalyse.

**semantisches Differential:** → Polaritätsprofil

**Senilität:** Greisenhaftigkeit. Im hohen Alter, oft aber auch verfrüht eintretender Abbau von Gedächtnis, Intelligenz und Charakter.
Vergl. → Altersdemenz, → Alterspsychologie und → Dementia.

**Sensibilität:** Empfänglichkeit, Empfindlichkeit, Feinfühligkeit gegenüber → Reizen. Dementsprechend bedeutet Sensibilisierung, die Empfindungsfähigkeit steigern, Empfindlichkeit und Feinfühligkeit erhöhen.

**Sensitivität:** Überempfindlichkeit, übersteigerte Empfindsamkeit und Reaktionsbereitschaft, übermäßige seelische Verletzbarkeit oder auch besondere Empfänglichkeit für → außersinnliche Wahrnehmungen.
Das sogenannte Sensivitätstraining ist eine Methode der → Psychagogik, mit Hilfe zwangloser Gruppengespräche (Vergl. → Gesprächstherapie) erstarrte Einstellungs- und Verhaltensmuster (→ Rigidität) aufzulösen.

**sensorisch:** Die Weiterleitung von Impulsen bzw. Wahrnehmungen durch die Sinnesorgane. Sensorische bzw. afferente, sensible oder zentripetale Nerven vermitteln Impulse von den Organen bzw. von der Peripherie an das Zentralnervensystem. Der Gegensatz ist afferent bzw. → motorisch.

**Sensualismus:** Die Auffassung, daß Erkenntnisse nur durch Sinneswahrnehmungen gewonnen werden können.

**Set:** Zur Unterscheidung von der → Attitüde als langdauernde bzw. anhaltende → Einstellung wird die kurzzeitige bzw. vorübergehende Einstellung oder Ausrichtung, die vorwiegend der Umweltorientierung dient und eine Verhaltensänderung bewirkt, S. genannt.

**Sexualerziehung:** Die weit verbreitete Annahme, daß sexuelle Aufklärung die Hauptaufgabe der S. sei, ist irrig, denn die Vermittlung von Informationen über Sexualität ist noch keine Erziehung, sondern nur eine von vielen notwendigen Maßnahmen im Rahmen der sexuellen Erziehung. Die gesamte S. fängt bereits beim Kleinstkind an und schließt vor allem die Erziehung zu gesunder Reinlichkeit und unbefangenem Körperbewußtsein, zu vorurteilsfreier Einstellung zum eigenen und zum anderen Geschlecht, zu natürlichem

Selbstwertgefühl und verantwortungsbewußter sozialer Kommunikation ein. Sexuelle Störungen sind → Entwicklungsstörungen, die weniger als Folge fehlender oder mangelhafter sexueller Aufklärung, sondern durch falsche Gesamterziehung und fehlerhafte Persönlichkeitsbildung entstehen.

**Sexualpsychologie** (Sexualwissenschaft): Teilgebiet der Psychologie, das sich mit den psychischen Erscheinungsformen und Auswirkungen der Sexualität, mit den Trieben, Einstellungen und Verhaltensweisen befaßt, die sich bei Mann und Frau aus dem Sexualleben ergeben. Dabei sind alle Konflikte, Störungen und krankhaften Erscheinungen eingeschlossen. Als erster machte → Freud auf die tiefgreifende Bedeutung der Sexualität in körperlicher und psychischer, individueller und sozialer Hinsicht aufmerksam und lieferte mit seiner → Psychoanalyse den entscheidenden Anstoß zu ihrer wissenschaftlichen Erforschung. Zwar hat Freud die Auswirkungen früher Kindheitserlebnisse auf das spätere Sexualverhalten überschätzt und teilweise fehlinterpretiert, aber die Bedeutung der Sexualität für das gesamte psychische Leben und die engen Zusammenhänge zwischen Entwicklung, Erziehung, Persönlichkeitsbildung und Sexualität wurden von der modernen S. bestätigt. Besonders die empirische Erforschung des Sexualverhaltens unserer Zeit, die durch den auf über 20.000 Befragungen gestützten Report des amerikanischen Zoologen Alfred Kinsey (1894-1956) ausgelöst wurde, sowie die Untersuchungen über die sexuelle Erregungskurve (Vergl. → Orgasmus) haben maßgeblich dazu beigetragen, die allgemeine Einstellung zur Sexualität zu verändern, Vorurteile abzubauen und durch den Nachweis der großen Variabilität des Sexualverhaltens und der Häufigkeit scheinbar ungewöhnlicher Verhaltensweisen die bis dahin allzu engen Vorstellungen von → abnorm bzw. pervers (→ Norm und → Perversionen) und von krankhaft zu revidieren bzw. den veränderten gesellschaftlichen Verhältnissen anzupassen.
Vergl. → Sexualerziehung und → Sexualverhalten.

**Sexualverhalten:** Das menschliche S. ist entweder heterosexuell (→ Heterosexualität) auf das andere Geschlecht oder homosexuell (→ Homosexualität) auf das gleiche Geschlecht bezogen oder umfaßt bisexuell (→ Bisexualität) beide Möglichkeiten. Nur in relativ seltenen Fällen ist das S. so extrem, daß bei → Autoerotik bzw. → Narzißmus und → Masturbation oder auch bei → Fetischismus und → Voyeurismus völlig und freiwillig auf jede Partnerbeziehung verzichtet wird. Während der eigentliche Geschlechtsverkehr, d.h. die Einführung des männlichen Gliedes in die weibliche Scheide, nur bei heterosexuellen Beziehungen möglich ist, finden sich die meisten anderen Praktiken wie Masturbation bzw. Partnermasturbation, → Oralverkehr, → Sadismus, → Masochismus (Vergl. → Algolagnie und → Sadomasochismus), → Exhibitionismus, Voyeurismus, Fetischismus, Gruppensex, → Analerotik und → Verbalerotik den physischen Gegebenheiten entsprechend bei Heterosexualität und Homosexualität. Oft werden solche Verhaltensweisen bis zum → Orgasmus ausgeübt oder sind

nur mehr oder weniger ausgeprägte Bestandteile eines umfassenderen Liebesspiels. Die Auffassungen, welche Verhaltensweisen grundsätzlich oder ab welchem Ausprägungsgrad zu den → Perversionen zu zählen sind, gehen auseinander. Im allgemeinen wird davon ausgegangen, daß es sich nur dann um eine sexuelle Störung handelt, wenn keine Partnerbeziehung gesucht wird, wenn sich ein ungewöhnliches S. so verselbständigt, daß nur noch auf diese Weise sexuelle Befriedigung gefunden werden kann, wenn das Verhalten gegen den Willen des Partners durchgesetzt wird oder den Partner ernstlich gefährdet oder wenn die eigenen sexuellen Neigungen verurteilt werden und zu Leidenszuständen führen.
Das S. ist Ausdruck der → Persönlichkeit. Sexuelle Störungen sind → Entwicklungsstörungen der Persönlichkeit. Mit Ausnahme körperlicher Mißbildungen bzw. organischer Schädigungen und Erkrankungen sind alle sexuellen Störungen einschließlich → Nymphomanie, → Frigidität und → Impotenz psychogenen Ursprungs.
Vergl. → Sexualerziehung und → Sexualpsychologie.

**Signal:** Ein mit Bedeutung versehenes Zeichen (→ Informationstheorie) bzw. ein → Schlüsselreiz, der eine Verhaltensfolge oder Instinkthandlungen auslöst (→ Instinkt und → Auslöser).

**Signifikanz:** Bedeutung, Bedeutsamkeit. In der Statistik Bezeichnung für Ergebnisse, deren Wahrscheinlichkeit, daß es sich um Zufall handelt, genügend geprüft ist, d.h. weniger als höchstens 5 % ausmacht.

**Sinne:** Der Aufnahme und Weiterleitung von → Reizen der Umwelt und des eigenen Körpers dienende Sinnesorgane bzw. → Rezeptoren. Zur Unterscheidung von den Sinnesempfindungen (→ Empfindung), d.h. den Reizen, die nicht bewußt wahrgenommen, sondern nur empfunden werden, spricht man bei den bewußt erlebten Reizen von → Sinneswahrnehmungen. Während sich die Sinnesphysiologie mehr mit den Empfindungen bzw. mit den Funktionen der Rezeptoren und mit der Weiterleitung der Reize durch elektrische Impulse in den Nervenbahnen (→ Nervensystem) befaßt, konzentriert sich die Psychologie (Vergl. → physiologische Psychologie) stärker auf das bewußte Wahrnehmen und Erleben der durch die Sinnesorgane aufgenommenen Reize sowie auf die psychische Reizverarbeitung (Vergl. → Reaktion).

**Sinnestäuschungen:** Bei den auf allen Sinnesgebieten vorkommenden Täuschungen der → Sinne handelt es sich entweder um falsche Verarbeitung tatsächlicher → Sinneswahrnehmungen (→ Illusion) oder um eingebildete Sinneswahrnehmungen ohne entsprechende äußere Reize (→ Halluzination).

**Sinneswahrnehmungen:** Die menschlichen S. werden nach verschiedenen Prinzipien eingeteilt. Am bekanntesten ist die Ordnung in sechs Sinnesgebiete nach den jeweiligen Empfindungen und Wahrnehmungen, die durch das reizempfangende Sinnesorgan und dessen → Rezeptoren entstehen.
1. Gesichtssinn bzw. sehen durch das Auge,

2. Gehörsinn bzw. hören durch das Ohr,
3. Geruchssinn bzw. riechen durch die Nase,
4. Geschmackssinn bzw. schmekken durch Zunge und Gaumen,
5. Druck- oder Berührungsempfindungen bzw. fühlen oder tasten durch die Tastorgane und Hautsinne (→ Haptik),
6. Bewegungs- und Körperlageempfindungen u.a. durch das Gleichgewichtsorgan im inneren Ohr (→ Kinästhesie).
Vergl. → Sinne.

**Skalierung** (Skala): Eine Skala ist ein Normensystem, eine Reihen- oder Stufenfolge, ein Bewertungs- bzw. Beurteilungsmaßstab oder Standard zum Messen bzw. zur Charakterisierung psychischer Erscheinungen und Merkmale. Unter S. versteht man:
1. Die Schaffung einer Skala, so z.B einer Testskala oder Empfindungsskala (Vergl. → Psychophysik).
2. Die Anwendung bereits vorhandener Skalen zum Messen, d.h. zum Vergleichen und Charakterisieren von Erscheinungen oder Objekten mit Hilfe eines Maßstabs oder Standards.

**Skotophobie:** Übersteigerte Angst vor Dunkelheit.
Vergl. → Phobie.

**Sodomie:** → Zoophilie

**Soma:** Körper, Leib. Dementsprechend bezeichnet man, im Gegensatz zu → psychisch, alle den Körper betreffenden Vorgänge und Zustände als somatisch und, im Gegensatz zu → psychogen, alle auf körperliche Ursachen zurückgehenden Phänomene, insbesondere die physisch-organischen Störungen und Erkrankungen, als somatogen. Die Flucht vor starken seelischen bzw. psychischen Belastungen und Konflikten in körperliche bzw. somatische Störungen wird Somatisierung genannt.
Vergl. → Psychosomatik.

**Somnambulismus:** Nacht- oder Schlafwandeln, Mondsucht, Lunatismus. Ein spontan auftretender oder auch in → Hypnose erzeugbarer tiefer Schlafzustand, in dem der Somnambule von motorischer Unruhe (→ Motorik) erfaßt wird, nachtwandelt und auch einfache Tätigkeiten ausübt, ohne sich nach dem Erwachen daran erinnern zu können. Obwohl der Mond die psychische Erregbarkeit bzw. die Stimmungen beeinflussen kann, ist ein Zusammenhang zwischen S. und dem Mondlicht bzw. den Mondphasen bisher nicht zweifelsfrei nachgewiesen.

**Somnolenz:** Leichte Bewußtseinstrübung, Schläfrigkeit, krankhafte Benommenheit oder auch Anfangsstadium der Hypnose.
Vergl. → Koma und → Sopor.

**Sonderling:** → Außenseiter

**Sopor:** Krankhafte Benommenheit und Schläfrigkeit, mittlerer Grad eingeschränkten Bewußtseins zwischen → Somnolenz und → Koma.

**Soziabilität:** Aus dem Englischen übernommene Bezeichnung für Kontaktfreudigkeit und ausgeprägte soziale Anpassungsfähigkeit.

**soziale Distanz:** 1.Das Ausmaß kultureller bzw. sozialer Unter-

schiede zwischen einzelnen → Gruppen.
2. Der Grad an Vorbehalten einer Gruppe gegenüber Angehörigen einer anderen Gruppe.

**soziale Interaktion:** → Interaktion

**soziale Kohäsion:** Das Ausmaß an Zusammenhalt einer sozialen → Gruppe.

**soziale Kommunikation:** → Kommunikation und → Interaktion

**soziale Mobilität:** Der Grad sozialer Veränderungen und Veränderungsmöglichkeiten innerhalb einer bestimmten Gesellschaft und Kultur im Sinne eines Aufstiegs oder Abstiegs Einzelner von einer → Gruppe in eine ander Gruppe.

**soziale Wahrnehmung:** Die Beeinflussung der individuellen → Wahrnehmung durch soziale Faktoren; die Anpassung an soziale Normen und Gruppenmeinungen. Vergl. → Gruppenbewußtsein und → Konformität.

**Sozialpsychologie:** Der Soziologie sehr nahestehendes und nicht immer eindeutig von ihr abgrenzbares Teilgebiet der Psychologie, das die psychischen Phänomene sozialer Schichten und Gruppen (→ Gruppe und → Gruppenpsychologie) untersucht und nach deren Gesetzmäßigkeiten forscht. Dabei steht die Untersuchung der Entwicklung und Modifizierung des individuellen Erlebens und Verhaltens im Rahmen sozialer → Interaktion im Mittelpunkt (Vergl. → Rollenverhalten). Das gilt für das Zusammenleben in der Familie, in Schulklassengemeinschaften, Berufs- und Betriebsgruppen usw. bis zur → Massenpsychologie und → Völkerpsychologie. Auch zwischen S. und → anthropologischer Psychologie bestehen enge Beziehungen.
Zu den wichtigsten Aufgabengebieten der S. gehören u. a. die Erforschung der psychischen Motivationen des sozialen Lebens und der Dynamik ihrer Veränderungen, die Untersuchung des umfangreichen und vielseitigen Themenbereichs der Entstehung, Entwicklung und Wirkung sozialer Einstellungen und Normen sowie der Forschungskomplex der Beeinflussung des Einzelnen durch soziale Gegebenheiten (Vergl. → soziale Wahrnehmung) und der sozialen Anpassung.
Zu den speziellen Methoden der S. gehören vor allem die → Soziometrie und die → Feldstudie (→ Feld).

**Soziogramm:** Schaubild. Graphisches Darstellungsverfahren der → Soziometrie.

**Soziometrie:** Eine von dem amerikanischen Psychiater Jacob L. Moreno (1892-1974) entwickelte Testmethode der → Sozialpsychologie bzw. → Gruppenpsychologie zur Ermittlung der sozialen → Interaktion und → Kommunikation innerhalb einer → Gruppe. Das graphische Darstellungsergebnis ist das Soziogramm.

**Spaltungsirresein:** → Schizophrenie

**Spätentwickler:** → Entwicklungsalter und → Entwicklungsstörungen

**Spearman, Charles:** Geb. 10.9.1863 in London, gest. 17.9.1945 in London; englischer Psychologe und Mitbegründer der → Faktorenanalyse. Er war Schüler von → Wundt und wirkte als Professor in London und in den USA. Als Repräsentant der neuen → Englischen Schule hat er mit mathematisch-statistischen Untersuchungsmethoden der modernen → experimentellen Psychologie, insbesondere der Intelligenzforschung wesentliche Anregungen geliefert. Zu seinen wichtigsten Veröffentlichungen gehören: »The theory of two factors« 1914, »The nature of intelligence and the principles of cognition « 1923, »The abilities of man« 1927, »The creative mind« 1931 und »Psychology down the ages« 1937.

**Spiel:** Eine zweckfreie geistig-körperliche Tätigkeit, die vor allem der Lustgewinnung und der → Abreaktion überschüssiger Energien dient, aber auch die → Phantasie und → Kreativität, das konstruktive, gestaltende Denken und Handeln anregt und damit spielerischen Übungscharakter für die Ernstfälle der Lebensbewältigung hat. Vor allem für die Entwicklung des Kindes, aber auch für Jugendliche und Erwachsene ist das S. von Bedeutung und findet im Rahmen pädagogischer und psychologischer Aufgabenstellungen entsprechende Beachtung. Als Testmethode wird das S. zur Ermittlung von Persönlichkeitsdiagnosen, Begabungen, Interessen usw. herangezogen. Als direktive und nichtdirektive Einzel- und Gruppentherapie trägt es zur Erhellung psychischer Konflikte bei und hilft als sogenannte Spieltherapie, Spannungen abzureagieren ( Vergl. →Katharsis), die → Soziabilität zu erhöhen sowie Verhaltensstörungen und neurotische Zustände abzubauen.

**Spiritismus:** Die okkultistische Lehre (Vergl. → Okkultismus), daß mit dem Tode nur die körperliche, aber nicht die geistig-seelische Existenz erlischt und diese geist-seelische Existenzform dann ein Eigenleben führt, das sich im → Spuk äußert. Außerdem lassen sich die Geistseelen Verstorbener auch beschwören. Das geschieht vor allem in Form von Séancen wie Gläser- und Tischrücken oder durch sogenannte Medien, die mit den Geistern in Verbindung treten und deren Botschaften empfangen.
Die spiritistische Geisterauffassung steht im Gegensatz zu der animistischen (→ Animismus) Annahme von bisher unbekannten psychischen Wirkungskräften des → Unbewußten.

**Spökenkieken:** → Zweites Gesicht

**Sportpsychologie:** Teilgebiet der → angewandten Psychologie, das die vielfältigen individuellen und sozialen psychischen Aspekte des Sport und des sporttreibenden Menschen untersucht. Das umfangreiche und sich in neuerer Zeit immer stärker differenzierende Aufgabengebiet umfaßt Bewegungsanalysen, Untersuchungen über sportliche Leistungen, Motivationen, Leistungsgrenzen, Streß, Trainings- und Betreuungsmethoden sowie über den Persönlichkeitsaufbau des Sportlers und reicht mit Gruppen- bzw. Mannschaftsproblemen, sozialer → Interaktion und den Massenphänomenen bei sportlichen Großveranstaltungen und Wettkämpfen u.a. in den Forschungsbereich der → Massenpsychologie und → Sozialpsychologie hinein.

**Sprachpsychologie** (Psycholinguistik): Als wichtigstes Mittel der → Kommunikation und → Interaktion, als verbales Erleben und Verhalten gehört die Sprache auch in den Forschungsbereich der Psychologie. Neben Untersuchungen über Sprach- und Sprechentwicklung des Einzelnen und der Völker, über die Zusammenhänge zwischen Kultur, Gesellschaft und Sprache und über die ausdruckskundliche (Vergl. → Ausdruckspsychologie) Bedeutung der Sprache bilden u.a. die semantischen (→ Semantik) Probleme der Beziehungen zwischen dem Wort als Symbol und dem damit gemeinten Objekt, die je nach individueller Sprachbehandlung und Sprechdiktion sowie nach sozialer Gruppe und Situation sehr vieldeutig sein können, ein wichtiges Aufgabengebiet der S. Ebenso gehören die psychogen bedingten Sprach- und Sprechstörungen in den Forschungsbereich der S., während die Heilbehandlung durch die → Logopädie oder im Rahmen psychotherapeutischer Maßnahmen erfolgt.

**Spranger, Eduard:** Geb. 27.6.1882 in Groß-Lichterfelde/Berlin, gest. 17.9.1963 in Tübingen; deutscher Philosoph, Pädagoge und Psychologe. Er wirkte als Professor in Leipzig und Berlin und ab 1946 als Ordinarius für Philosophie in Tübingen. Von → Diltheys → verstehender Psychologie ausgehend, die das geisteswissenschaftliche Verstehen dem naturwissenschaftlichen Erklären gegenüberstellte, strebte er eine → geisteswissenschaftliche Psychologie an, die vor allem der verstehenden und → beschreibenden Psychologie eine Fülle von Anregungen lieferte. Von seinen zahlreichen Veröffentlichungen beschäftigen sich vor allem die folgenden mit psychologischen und pädagogischen Problemen: »Lebensformen« 1914, »Psychologie des Jugendalters« 1924, »Kultur und Erziehung« 1925, »Die Frage nach der Einheit der Psychologie« 1926, »Magie der Seele« 1947 und »Das Gesetz der ungewollten Nebenwirkung in der Erziehung« 1960.

**Spuk:** Eine Reihe psychokinetischer Vorgänge (→ Psychokinese), die nach okkultistischer (→ Okkultismus) Auffassung auf bisher ungeklärte übersinnliche Weise entstehen und nach spiritistischer (→ Spiritismus) Überzeugung auf das Wirken von Geistern zurückzuführen sind. Die meisten Parapsychologen (Vergl. → Parapsychologie) neigen zu der Meinung, daß in den meisten Fällen natürliche Ursachen wie z.B. Ratten und arbeitendes Gebälk oder vorsätzliche Täuschungen und → Sinnestäuschungen anzunehmen sind, aber das ganze Gebiet der Spukerscheinungen noch so ungenügend erforscht sei, daß befriedigende Erklärungen derzeit noch nicht möglich sind.

**Spuren** (Spurenfeld): → Engramm und → Feldtheorie

**Stammeln:** → Paralalie

**Starrheit:** → Rigidität

**Statistik:** Teilgebiet der angewandten Mathematik und wichtiges Hilfsmittel der Psychologie (Vergl. → mathematische Psychologie). Es dient vor allem der wissenschaftlichen Auswertung empirisch gewonnener Daten mit Hilfe mathematischer Modelle und ermöglicht auch bei unvollständiger

→ Induktion signifikante (Vergl. → Signifikanz) Analysen. Da die Psychologie mit → Stichproben arbeiten muß, wird durch statistische Schätzverfahren geprüft bzw. die Wahrscheinlichkeit berechnet, ob die sich aus den Stichproben ergebenden Resultate bzw. → Hypothesen richtig oder falsch sind. Voraussetzung der statistischen Auswertung ist das Messen der Merkmale. Die dazu notwendigen Maßstäbe werden Skalen genannt. Die Schaffung und Anwendung solcher Skalen ist die → Skalierung.
Vergl. → Quantität, → Variable, → Korrelation, → Reliabilität und → Faktorenanalyse.

**stereotyp** (Stereotypie): Formal und inhaltlich erstarrte und mehr oder weniger sinnlos ständig wiederkehrende Redensarten und motorische (Vergl. → Motorik) Abläufe, die häufig Symptom nervöser Störungen oder einer Psychose sind.
In der Sozialpsychologie ist das Stereotyp Bezeichnung für festgelegte, starre, verhärtete Gruppenvorstellungen und vorgefaßte Überzeugungen bzw. für das Bild, das eine → Gruppe über sich selbst oder über andere Gruppen hat.

**Stern, William:** Geb. 29.4.1871 in Berlin, gest. 27.3.1938 in Poughkeepsie/USA; amerikanischer Psychologe deutscher Herkunft. Er wirkte von 1916 bis 1933 als Professor in Hamburg und emigrierte dann in die USA. Er gehört zu den Mitbegründern des → Personalismus (Vergl. → Konvergenztheorie), lieferte wichtige Beiträge zur Begabungsforschung und → Aussagepsychologie und gab der → experimentellen und der → forensischen Psychologie moderne Anregungen. Zu seinen bekanntesten Veröffentlichungen gehören: »Zur Psychologie der Aussage« 1902, »Person und Sache« 2 Bände 1906-1923, »Die Psychologie der Schülerauslese« 1920, »Die differentielle Psychologie« 1921, »Die Intelligenz der Kinder« 1923, »Probleme der Schülerauslese« 1926, »Jugendliche Zeugen« 1926, »Sittlichkeitsvergehen an höheren Schulen« 1928, »Studien über Personalwissenschaft« 1930 und »Allgemeine Psychologie auf personalistischer Grundlage« 1938.

**Sthenie:** Stärke, Kraft, Tatendrang; sthenisches Eigenmachtgefühl. Der Gegensatz von S. ist → Asthenie.

**Stheniker:** → Typus.

**Stichprobe:** Bezeichnung der → Statistik für eine möglichst repräsentative Teilmenge bzw. Teilerhebung aus einer Gesamtheit bzw. Population, wobei die S. verbindliche Informationen über die Gesamtheit liefern soll.

**Stimmung:** Gefühlslage, Gemütszustand. Eine relativ länger anhaltende individuelle psychische Gestimmtheit wie Fröhlichkeit, Zuversichtlichkeit, Ärgerlichkeit, Ängstlichkeit, Niedergeschlagenheit, Traurigkeit usw., die den ganzen Menschen erfaßt und das Erleben und Verhalten beeinflußt. Die S. ergibt sich aus äußeren und inneren Vorgängen und wechselt je nach seelisch-körperlicher Gesamtverfassung mehr oder weniger häufig, bringt jedoch nach → Lersch mit der Neigung zu bestimmten Grundstimmungen ein verhältnismäßig konstantes persönliches Lebensgefühl (Vergl. → Gefühl) zum Ausdruck.

**Stimulantien:** → Antidepressiva und → Psychopharmaka

**stochastische Prozesse:** Stochastik ist die Wahrscheinlichkeitslehre, eine von Wahrscheinlichkeitsgesetzen ausgehende Untersuchungsmethode. Dementsprechend sind s. P. Vorgänge, deren Verlauf nur mit Wahrscheinlichkeit voraussagbar ist. Vor allem in der Psychologie und in den Sozialwissenschaften wird den s.P. zunehmende Aufmerksamkeit gewidmet. Zur Erforschung der Gesetzmäßigkeiten, die den s.P. zugrunde liegen, gibt es zahlreiche wahrscheinlichkeitstheoretische Verfahren.
Vergl. → Statistik.

**Stottern:** Weit verbreitete und vor allem bei Kindern häufig vorkommende Sprechstörung, die in den meisten Fällen psychogene Grundlagen hat. Stotternde Kinder haben oft Konflikte mit den Eltern oder einem Elternteil, werden zu streng erzogen und sind zu hohen Leistungsansprüchen ausgesetzt. Meistens steht diese neurotische Störung mit Hemmungen, Kontaktschwierigkeiten und Ängsten (Vergl. →Phonophobie) in Verbindung, so daß möglichst frühzeitige psychotherapeutische Behandlung bzw. → Logopädie anzuraten ist.

**Strafe:** Unangenehme Empfindungen auslösender Reiz wie z.B. Tadel, mißbilligende Abwendung, Schmerzzufügung oder Entzug von Annehmlichkeiten und persönlichen Rechten, durch dessen Androhung und Anwendung ein unerwünschtes Verhalten unterlassen bzw. verlernt und ein angepaßtes (Vergl. → Anpassung), richtiges Verhalten erzeugt werden soll. Im Tierexperiment und in der Dressur entwickelt sich aus Erfolg und Mißerfolg bzw. → Belohnung und Bestrafung das richtige konditionierte (Vergl. → bedingte Reflexe) Verhalten. Viele Psychologen und Pädagogen glauben jedoch, daß durch S. nur zeitweilige Unterdrückung des Fehlverhaltens und ein Verhalten der Strafvermeidung, aber keine dauerhafte Verhaltensänderung bewirkt werden kann, betonen zugleich die möglichen unerwünschten psychischen Nebenwirkungen und lehnen deshalb die S. als Mittel der Erziehung mehr oder weniger grundsätzlich ab. Dagegen betrachten andere angemessene Strafen als notwendige und wirksamste Unterstützung der Lernprozesse, insbesondere der sozialen Anpassung.
Auch im strafrechtlichen Sinne ist S. kein Akt der Vergeltung, sondern eine Erziehungsmaßnahme, die abschrecken, bessere Einsichten wecken und eine Verhaltensänderung bewirken soll. Deshalb wird im Strafvollzug durch Hilfsmaßnahmen der Gefangenenbetreuung und Resozialisierung eine erzieherische Dauerwirkung der S. angestrebt.

**Streß:** Im allgemeinen Sprachgebrauch Bezeichnung für jede überdurchschnittliche körperliche und seelische Belastung. Im engeren Sinne eine durch Überanstrengung, Überforderung, Spannungen, Konflikte, anhaltende Affekte und zivilisatorische Einflüsse wie Reizüberflutung usw. entstehende extreme Belastungssituation, die der Organismus zur Wiederherstellung des psychosomatischen Gleichgewichts mit der sogenannten → Notfallreaktion und mit anderen Funktionsumstellun-

gen beantwortet, die noch nicht genügend erforscht sind.
Da geistig-seelische und körperlische Anspannungen und Anstrengungen bis zu einem gewissen Grad und über einen kürzeren Zeitraum zur Erhaltung der Spannkraft und Leistungsfähigkeit erforderlich sind, sollte nur bei echter Überforderung und ernsthafter Erschöpfungsgefahr, deren Eintreten individuell sehr unterschiedlich ist, von S. gesprochen werden.

**Struktur:** In der Psychologie ein komplexes Gefüge und Funktionsganzes, das aus sich gegenseitig beeinflussenden und voneinander abhängigen Einzelteilen besteht. In der → Ganzheitspsychologie und → Gestaltpsychologie ist S. Synonym für Ganzheit und → Gestalt.

**Stupor:** Betäubungsähnlicher Zustand mit Bewußtseinstrübung und Bewegungseinschränkung oder Bewegungslosigkeit bei Erschöpfungszuständen, Schwachsinn und Psychosen u.a.

**Sublimierung:** Verfeinerung, Vergeistigung. In der → Psychoanalyse ein → Abwehrmechanismus, der dazu dient, tatsächliche oder auch vermeintliche niedere Wünsche und Neigungen, insbesondere sexuelle Triebkräfte, unbewußt auf höhere Ziele bzw. allgemein anerkannte Aufgaben umzuleiten, d.h. die Energien für ein Wirken auf wissenschaftlichem, künstlerischen, religiösen oder einem anderen Gebiet einzusetzen.
Vergl. →Askese.

**Substitution:** Ersatz, Austausch.
1. In der → Psychoanalyse ein → Abwehrmechanismus, bei dem ein Affekt auf ein Ersatzobjekt übertragen wird; so z.B. wenn eine Aggression gegenüber dem Vorgesetzten nicht möglich bzw. nicht ratsam ist und deshalb an einem Untergebenen als Ersatzobjekt abreagiert wird.
2. Synonym für einen konditionierten bzw. bedingten oder künstlichen Reiz.
3. Das Ersetzen von Symbolen durch andere Zeichen.

**Sucht:** Im weitesten Sinne jeder über längere Zeit anhaltende zwanghafte Drang zur Befriedigung eines Bedürfnisses. Dabei wird mangelnde Bedürfnisbefriedigung als unerträglich empfunden und schafft abnorme Spannungs- und Unruhezustände. Jedes ursprünglich normale Bedürfnis kann zur S. entarten. Meistens entwickelt sie sich langsam aus gelegentlichen, mäßigen Anfängen und führt dann, besonders bei schweren Krisen und labilen Personen, zur Gewöhnung mit immer stärkerer Dosierung und schließlich zur → Abhängigkeit.
Im engeren Sinne versteht man unter S. die zu erheblichen organischen und psychischen Schädigungen führende Abhängigkeit von Rausch- oder Genußmitteln, Medikamenten (Vergl. → Psychopharmaka) und → Drogen.

**Suggestibilität:** Die individuelle Ansprechbarkeit auf suggestive Einflüsse. → Suggestion.

**Suggestion:** Ein bisher noch nicht ausreichend erforschter Vorgang der psychischen Beeinflussung auf kommunikativer Grundlage (Vergl. → Kommunikation), der das individuelle Denken, Fühlen und Verhalten im Sinne einer → Anpassung weitgehend unbewußt verändert. Die S. geschieht als → Autosuggestion durch das eigene Ich, als Fremdsuggestion durch andere Personen oder als Massensuggestion (Vergl. → Massenpsychologie) durch massenpsychologische Phänomene (Vergl. → psychische Infektion) und ist offensichtlich von → Labilität, → Phantasie und anderen Persönlichkeitsmerkmalen (→ Eigenschaften) sowie von sozialen Zwängen und anderen Umweltfaktoren abhängig. Der Grad der → Suggestibilität ist individuell sehr verschieden.

Die S. ist ein wesentlicher Faktor aller zwischenmenschlichen Beziehungen und in Erziehung, Politik, Werbung und Verkauf u.a. von großer Bedeutung. Vor allem in der → Sozialpsychologie, der → Wirtschaftspsychologie und in der → Werbepsychologie wird den Suggestionsphänomenen große Aufmerksamkeit gewidmet. Da nicht nur alle psychischen Vorgänge, sondern auch die organischen Funktionen suggestiv beeinflußbar sind, spielen suggestionstherapeutische Maßnahmen und Methoden in der → medizinischen Psychologie, insbesondere in der → Psychotherapie und in der → Psychosomatik eine wichtige Rolle.

Eine gesteigerte Form der Suggestions- oder Suggestivtherapie zur selbständigen oder unterstützenden Behandlung psychischer und psychosomatischer Störungen ist die → Hypnose.

**Symbol:** Sinnbild, Bedeutungszeichen, das einen Inhalt indirekt zum Ausdruck bringt und oft uralte Überlieferungen (Vergl. → Archetypus) zurückgeht oder auch neugeschaffen ist. Von der unbewußten Wirkung (Vergl. → Unbewußtes) bis zum völlig klaren Verständnis sind alle Bewußtseinsgrade (Vergl. → Bewußtsein) individuellen Symbolerlebens möglich. Bereits das Ausdrucksverhalten (Vergl. → Ausdruck) und die Konventionen des gesellschaftlichen Lebens haben häufig Symbolcharakter. Ihre höchste Entwicklungsstufe erreicht die menschliche Symbolwelt in der Sprache und in den wissenschaftlichen Zeichensystemen. Die Symbolforschung gehört vor allem in den Aufgabenbereich der → Semantik. Das Sprach- bzw. Wortsymbol ist ein bildhaftes Wort mit doppelter Bedeutung. Es bezeichnet eine sinnliche Erscheinungsform und veranschaulicht gleichzeitig einen abstrakten Begriff. So gilt die Bezeichnung z.B. einem Tier oder einer Pflanze und die bildhafte Veranschaulichung einem übersinnlichen Begriff wie Ehre, Treue, Unschuld. Selbst wenn der abstrakte Begriff im individuellen Bewußtsein nicht klar umrissen ist, werden durch die bildhafte Symbolwirkung Vorstellungen und Empfindungen ausgelöst, die mit der Symbolbedeutung zusammmenhängen und ihr zumindest nahekommen. Diese aus unmittelbarer sinnlicher Anschaulichkeit und gleichzeitiger übersinnlicher Bedeutung entstehende Spannung und Wirkung machen das S. zu einem wesentlichen Ausdrucksmittel. In diesem Sinne untersucht die → Psychoanalyse den Bedeutungsgehalt der Symbole im individuellen Erleben und Verhalten und macht diese Erkenntnisse diagnostisch und therapeutisch (Vergl. → Psychodiagnose und → Psychotherapie) nutzbar. Dabei geht sie davon aus, daß sich verdrängte psychische Inhalte unbewußt in Traumbildern bzw. Traumsymbolen (→ Traum und → Traumpsychologie) optisch artikulieren.

**Sympathie:** Aus Gefühlen der Zuneigung, des Verständnisses und der Gleichgestimmtheit entstehende positive gefühlsmäßige Einstellung gegenüber anderen, die oft auf Mitempfinden, Mitgefühl und Miterleben, auf Verwandtschaft der Gefühle, Erlebensweisen und Anschauungen beruht, oft aber auch rational nicht ausreichend erklärbar ist und mit individueller Reizempfänglichkeit für bestimmte Gestalt- und Ausdruckswahrnehmungen u.a. zusammenhängt. Der Gegensatz ist Antipathie.

**Sympathikus:** Sogenanntes sympathisches → Nervensystem, von dem man früher annahm, daß es für die sympathischen Gefühle, für Sympathie und Liebe zuständig sei. Zusammen mit dem antagonistisch wirkenden → Parasympathikus bildet der S. das vegetative oder autonome Nervensystem. Während der Parasympathikus vorwiegend hemmend wirksam ist, erfüllt der S. vor allem erregende, beschleunigende Funktionen.

**Symptom:** Im weitesten Sinne jedes auf etwas hinweisende Anzeichen bzw. Kennzeichen. So z.B. eine Eigenschaft oder Verhaltensweise, die auf einen bestimmten psychischen Zustand oder Vorgang schließen läßt. Im engeren Sinne ein auf eine bestimmte Erkrankung oder Störung hinweisendes Merkmal.
Vergl. → Syndrom.

**Synästhesie:** Die gleichzeitige Wirkung eines bestimmten Sinnesreizes auf ein anderes Sinnesorgan. So z.B. Farbensehen bei akustischen Reizen oder das Hören von Tönen bei Farbwahrnehmungen.

**Syndrom:** Symptomkomplex; eine Gruppe zusammengehörender → Symptome, die für eine bestimmte Krankheit oder Störung charakteristisch sind. So z.B. das → Korsakow-Syndrom.

# T

**Tabu:** Das Unberührbare, Unantastbare. Auf religiösen, kulturellen und sozialen Normen beruhendes Gebot, bestimmte Dinge zu meiden bzw. zu unterlassen. So handelt es sich z.B. bei sexuellen Tabus um sexuelle Anschauungen und Verhaltensweisen, die von der herrschenden → Moral nicht gebilligt werden und zu denen man sich deshalb nicht bekennen darf. Aus individueller Neigung vollzogene oder auch nur drohende Tabu-Verletzungen sind Grundlage vieler Gewissenskonflikte (Vergl. → Gewissen), → Schuldgefühle und neurotischer Zustände. Verstöße gegen die Tabu-Gebote haben oft Gegenreaktionen der → Gruppe, die diese Tabus hütet, oder sogar allgemeine gesellschaftliche Ächtung zur Folge.

**Tadel:** → Strafe

**Tagtraum:** Eine dem → Traum nahestehende Phantasietätigkeit (Vergl. → Phantasie) im Wachzustand, bei der das Realitätsbewußtsein und das Wahrnehmungsvermögen von Umweltreizen stark reduziert sind. Der Tagträumer setzt sich über die Wirklichkeit hinweg, überläßt sich seinen Wunsch- und Angstvorstellungen und malt sich mehr oder weniger irreale Erlebnisse und Situationen aus, die seinen Sehnsüchten und Befürchtungen entsprechen. Besonders bei unausgefülltem bzw. unbefriedigendem beruflichen und privaten Leben, bei Kontakthemmungen, Überforderung, schweren Konflikten und sexuellen Problemen u.a. sind Tagträume als Erlebnisersatz und Flucht aus der Realität ein Kompensationsbemühen (Vergl. → Kompensation), das auf erhebliche psychische Störungen hinweist (Vergl. → Autismus).

**Talent:** Weitgehend mit → Begabung bedeutungsgleiche Bezeichnung für eine angeborene → Fähigkeit bzw. → Anlage auf einem bestimmten Gebiet, insbesondere im kreativen (Vergl. → Kreativität) bzw. künstlerischen Bereich, die zwar überdurchschnittlich stark ausgeprägt, aber nicht so überragend ist wie → Genialität.

**tasten:** Bezeichnung für Tastwahrnehmungen, d.h. Druck- bzw. Berührungsempfindungen, die durch die Hautsinne bzw. Tastorgane vermittelt werden.
Vergl. → Haptik, → fühlen und → Sinneswahrnehmungen.

**Taxis** (Taxien): → Tropismus

**Team:** Produktions-, Arbeits-, Interessengemeinschaft. → Gemeinschaft und → Gruppe.

**Teenagerzeit:** Neuerer volkstümlicher Ausdruck für die → Entwicklungsphase weiblicher Jugendlicher kurz vor und während der → Pubertät, die durch starke Stimmungsschwankungen gekennzeichnet ist. Die früher in dieser Phase Backfische genannten Mädchen neigen zu gefühlvollem Überschwang und nüchterner Schroffheit, sind einmal anlehnungsbedürftig und dann wieder abweisend auf ihre Selbständigkeit bedacht. Der T. entsprechen bei Jungen die → Flegeljahre.

**Telekinese:** Begriff des → Okkultismus für den psychokinetischen (Vergl. → Psychokinese) Vorgang sogenannter Fernbewegung, wobei sich Gegenstände ohne die Wirkung einer uns bekannten physikalischen Energie und ohne irgendeinen physikalischen Kontakt auf unerklärliche Weise bewegen. Häufig steht die T. mit → Levitation in Verbindung.
Nach okkultistischerAuffassung entstehen diese Phänomene auf bisher ungeklärte übersinnliche Weise, nach spiritistischer (Vergl. → Spiritismus) Überzeugung sind sie auf das Wirken von Geistern (Vergl. → Spuk) zurückzuführen. Dagegen vertreten die meisten Parapsychologen (Vergl. → Parapsychologie) die Meinung, daß bei diesen den Naturgesetzen widersprechenden Vorgängen in den meisten Fällen vorsätzliche Täuschung oder Sinnestäuschung anzunehmen ist, aber das ganze Gebiet der Psychokinese noch so ungenügend erforscht sei, daß befriedigende Erklärungen derzeit noch nicht möglich sind.

**Telenkephalon:** Großhirn. → Gehirn

**Telepathie:** Die weitgehend unbewußte und absichtslose Übertragung von Gedanken, Gefühlen, Erlebnissen und unbewußten In-

halten durch einen aktiven Partner, der gewissermaßen sendet, zu einem passiven Partner, der fast gleichzeitig oder kurz darauf empfängt. Die auf unbekannten Wegen übertragenen Gedanken erreichen den Empfänger als spontane Eingebung, als Vision oder auch im Traum. Dabei scheint es unwesentlich zu sein, ob sich die betreffenden Personen räumlich nahe sind oder weit voneinander entfernt befinden. Nach Auffassung der → Parapsychologie, die diese Form der → außersinnlichen Wahrnehmung für wissenschaftlich erwiesen hält, kommt es vor allem in Notsituationen, bei großem Schreck, tiefgreifender Angst, schwerer Krankheit und Todesgefahr, aber auch in alltäglichen Situationen zu Gedankenübertragungen. Auch das Sterben und der Tod werden außersinnlich wahrgenommen, wobei jedoch schwer zu entscheiden ist, ob es sich noch um T. oder schon um → Hellsehen oder → Prophetie handelt. Die Grenzen sind fließend.
Eine besondere Übergangsform von der spontanen zur beabsichtigten oder provozierten T. ist das Gedankenlesen. Dabei wird der Empfänger aktiv, indem er in den passiven Sender eindringt und ihn durchforscht, um dessen Gedanken zu erfahren.

**Temperament:** Die psychische Grundgestimmtheit und Antriebsstärke (Vergl. → Antrieb) eines Menschen, die Grundstruktur des individuellen Trieb- und Gefühlslebens, die vorherrschenden Verlaufsformen des → Ausdrucks und des Verhaltens.
Bei der antiken griechischen Unterscheidung von vier Temperamenten, von Sanguiniker, Choleriker, Melancholiker und Phlegmatiker, handelt es sich ebenso wie bei → Kretschmers Konstitutionslehre und anderen modernen Temperamentslehren, die Temperamentseigenschaften mit körperlichen Grundmerkmalen in Verbindung bringen, um eine Einteilung der Menschen in Grundtypen. → Typenlehre und → Typus.
Nach der antiken Temperamentslehre ist der Sanguiniker ein unbeständiger, von wechselnden Stimmungen abhängiger Mensch, der Choleriker leicht erregbar, lebhaft und heftig, der Melancholiker schwärmerisch und verträumt mit Neigung zu Grübelei und Schwermut, der Phlegmatiker zurückhaltend, vorsichtig, kühl und langsam.

**Test:** Diagnostisches Verfahren zur Untersuchung von Persönlichkeitsmerkmalen und deren individuellem Ausprägungsgrad. Im Unterschied zum → Experiment, das vorwiegend allgemeine Gesetzmäßigkeiten ermittelt, kann beim T. zwischen mehreren Personen differenziert und quantitativ verglichen werden. Als wesentlicher Bestandteil der → experimentellen Psychologie ist der T. für die → differentielle Psychologie von gleicher Bedeutung wie das Experiment für die → allgemeine Psychologie. Da jeder T. immer nur einige Aspekte erfassen kann, dienen kombinierte Testverfahren, sogenannte Testbatterien, der Vervollständigung der Analyse. Zu den wichtigsten Kriterien der Wissenschaftlichkeit eines Tests unter kontrollierbaren bzw. kontrollierten Bedingungen gehören → Objektivität, → Reliabilität und → Validität. Allerdings entsprechen viele Tests, die in Zeitschriften und Illustrierten popularisiert und in der Personalauswahl der

Wirtschaft u.a. verwendet werden, diesen Anforderungen nicht oder nur unzureichend, so daß die Testergebnisse oft sehr unzuverlässig sind. Im Zusammenhang mit der allgemeinen Vulgarisierung psychologischer Methoden und Erkenntnisse ist der Schaden unwissenschaftlicher Testverfahren größer als der Nutzen. Überhaupt sind Testverfahren ohne Hinzuziehung anderer diagnostischer Methoden kein Universalmittel der → Psychodiagnose, obwohl sie sich längst vom ursprünglichen Intelligenzprüfverfahren zum Spezialgebiet mit weitreichenden und vielgestaltigen Aufgaben entwickelt haben. Der modernen Testpsychologie, die mathematisch-statistische Methoden (Vergl. → Statistik) einbezieht und mit besonderen Bezeichnungen und Begriffen arbeitet, steht heute eine unübersehbare Fülle von Tests zur Verfügung. Besondere Bedeutung haben Test u.a. im Schulleben, in der Erziehungs- und Berufsberatung, bei Eignungsprüfungen, in der Wirtschaft und in der Psychotherapie.
Nach Art der zu untersuchenden Merkmale und nach Zielsetzung werden meistens drei Hauptgruppen unterschieden: Intelligenztests, Leistungstests und Persönlichkeitstests.

**Teufelsaustreibung:** → Exorzismus

**Thalamus:** Paariges Nervengewebe des Stammhirns, das mit dem → Hypothalamus das Zwischenhirn bildet und vor allem als Schaltzentrum für sensorische und motorische Impulse zum Großhirn dient. Vergl. → Gehirn und → Nervensystem.

**Therapie:** Heilbehandlung eines Krankheitszustandes nach vorliegender → Diagnose. Im Bereich der psychologischen T. spricht man von → Psychotherapie.

**Thorndike, Edward Lee:** Geb. 31.8.1874 in Williamsburg/USA, gest. 10.8.1949 in Montrose/New York; amerikanischer Psychologe und Verhaltensforscher. Er war als Professor an der Columbia Universität in New York tätig und wurde vor allem durch seine Tierversuche mit dem sogenannten Problemkäfig bekannt. Dieser Experimentierkäfig dient der Erforschung der Lernfähigkeit von Tieren und ist so konstruiert, daß sich das Öffnen des Ausgangs sowie der Futter- und Trinkbehälter u.a. nur durch Versuch und Irrtum (→ Lernen) lernen läßt. Ebenso wie das → Labyrinth wurde auch der Problemkäfig zur Untersuchung der Reiz-Reaktions-Theorie bzw. → Lerntheorie des → Behaviorismus herangezogen (Vergl. → Effektgesetz), findet aber auch in der Tierpsychologie und → Verhaltensforschung Verwendung. Th. war auch am Ausbau der → Faktorenanalyse maßgeblich beteiligt. Er veröffentlichte »Mental social measurements« 1904, »Animal intelligence« 1911, »Psychologie der Erziehung« 3 Bände 1913-1914, deutsch 1928, »The measurement of intelligence« 1926, »The fundaments of learning« 1932, »The psychology of wants, interests and attitudes« 1935, »Human nature and the social order« 1940 und »Man and his work« 1943.

**Thurstone, Louis Leon:** Geb. 29.5.1887 in Chicago, gest. 29.9.1955 in Chapel Hill/N.C.; amerikanischer Psychologe. Er wirkte als Professor in Washington, Chicago und Nord-Carolina, hatte maßgeblichen Anteil am Ausbau der → Faktorenanalyse und organisierte in beiden Weltkriegen die Intelligenzprüfungen der amerikanischen Armee. Er veröffentlichte u.a.: »The learning curve equation« 1918, »The nature of intelligence« 1924, »The measurement of attitude« 1929, »The vectors of mind« 1935, »Primary mental abilities« 1938, »A factorial study of perception« 1944 und »Multiple factor analysis« 1947.

**Thymoanaleptika:** → Antidepressiva

**Thymose:** 1. Thymos ist eine aus dem griechischen übernommene Sammelbezeichnung für Seele und Herz im Sinne von Gemüt, Gefühl. Thymologie ist die Lehre von den Gefühls- und Gemütsbewegungen.
2. Nach → Hellpach ist Th. eine an → Noëse und → Eidese anschließende kindlich-jugendliche → Entwicklungsphase. Während in der Noëse-Phase die Entfaltung des Verstandeslebens und in der Eidese-Phase die Entwicklung der Vorstellungskraft bzw. Phantasie im Vordergrund steht, ist die Thymose-Phase von den für die → Pubertät charakteristischen Erregungen und Schwankungen des → Gemüts beherrscht.
3. In der Persönlichkeitslehre von → Lersch ist der endothyme Grund mit den Gefühlen und Erlebnissen die tragende Schicht des seelischen Lebens, das Fundament für den noëtischen Oberbau.

**Tiefenpsychologie:** → Psychoanalyse

**Tierkreiszeichen:** Die zwölf Zeichen des astrologischen Tierkreises (Vergl. → Astrologie), die nach den zwölf Sternbildern der Ekliptik benannt sind, der Bahn, die von der Sonne im Verlauf eines Jahres durch unseren Sternenhimmel beschrieben wird. Seit rund 2000 Jahren sind jedoch die astrologischen Zeichen des Tierkreises mit den realen Sternbildern der Ekliptik nicht mehr deckungsgleich, so daß heute zwischen den astronomischen Sternbildern und den gleichnamigen astrologischen T. unterschieden werden muß. Außerdem tragen nicht alle zwölf Sternbilder Tiernamen, da sie jedoch insgesamt zum Tierkreis gehören, gelten sie im astrologischen Sinne als T. Das erste Zeichen ist der Widder. Darauf folgen Stier, Zwillinge, Krebs, Löwe, Jungfrau, Waage, Skorpion, Schütze, Steinbock und Wassermann. Das letzte Zeichen des Tierkreises, mit dem das astrologische Jahr abschließt, sind die Fische. Der Widder ist das Frühlingszeichen, der Krebs das Sommerzeichen, die Waage das Herbstzeichen, der Steinbock das Winterzeichen. Deshalb werden diese vier T. auch Haupt- oder Kardinalzeichen genannt.
Jedes Zeichen des Tierkreises symbolisiert bestimmte Wirkungskräfte, die das Wesen und Verhalten des Menschen schicksalhaft beeinflussen. Nach astrologischer Überzeugung ist jeder Mensch in seiner psychischen und körperlichen Grundstruktur so beschaffen und lebt so, wie es vom Geburtsort aus gesehen die T. seines Geburtstages und Geburtsmonats und seiner Geburtsstunde, also das Geburts- oder Monatszeichen und der sogenannte Aszendent, sowie die übrigen Sternkonstellationen seines Horoskops angeben. In diesem Sinne handelt es sich bei den zwölf T. um eine Art

astrologischer → Typenlehre, die den Menschen temperamentsmäßig (Vergl. → Temperament) und körperlich in zwölf Grundtypen (Vergl. → Typus) einteilt.

**Tierpsychologie:** Spezialgebiet der Psychologie, das die psychischen Prozesse und das Verhalten der Tiere untersucht. Dabei wurde früher vor allem nach Vergleichen mit dem menschlichen Erleben geforscht, was eine allzu große Vermenschlichung in der Interpretation des tierischen Verhaltens zur Folge hatte. Die Tierexperimente der → objektiven Psychologie bzw. der → Reflexologie und des → Behaviorismus, insbesondere die Forschungen von → Pawlow, → Thorndike und → Köhler u.a. über die Lernprozesse bei Tieren lieferten dann den entscheidenten Anstoß, die modernen Erkenntnisse der T. für die gesamte Psychologie nutzbar zu machen. In diesem Sinne ist die T. heute weitgehend mit der → Verhaltensforschung identisch, die sich nur mit dem objektiv feststellbaren Verhalten der Tiere befaßt und die psychischen Vorgänge möglichst ausklammert, weil dafür die Erkenntnisgrundlage zu unsicher ist. Vor allem die vergleichende Psychologie verdankt der modernen T. bzw. Verhaltensforschung viele wichtige Anregungen.

**Todestrieb:** Nach → Freud ein der → Libido bzw. dem → Lebenstrieb entgegenwirkender menschlicher Grundtrieb. Der von Freud auch Thanatos genannte T. ist nach außen oder auch nach innen gerichtet und zielt auf Destruktion, Aggression und Vernichtung oder auch auf Selbsthaß und Selbstzerstörung. Später hat Freud den T. meistens als Aggressions- oder → Destruktionstrieb bezeichnet. Zwischen Lebenstrieb und T. besteht nach Freud eine → Fusion, wobei der eine oder andere Grundtrieb mehr oder weniger dominiert. Beide Triebe äußern sich sehr differenziert in mehreren → Partialtrieben.

**Tolman, Edward Chace:** Geb. 14.4.1886 in Mewton/Mass., gest. 19.11.1959 in Berkeley/Kalifornien; amerikanischer Psychologe und Verhaltensforscher. Er wirkte als Professor in Berkeley und wurde vor allem durch seine Versuche mit Albinoratten zur Erforschung der Lern- und Unterscheidungsfähigkeit (→ Lerntheorie) von Tieren bekannt. Er gilt als Hauptvertreter des Purposivismus, einer besonderen Richtung der amerikanischen vergleichenden → Verhaltensforschung, die im Gegensatz zum Behaviorismus das Instinktverhalten der Tiere als Zielstreben interpretiert. Von seinen Schriften sind hervorzuheben: »Purposive behavior in animals and men« 1932, »Collected papers« 1951 und »Principles of purposive behavior« 1959.

**topologische Psychologie:** Von → Lewin aus der → Gestaltpsychologie entwickelte mathematisch ausgerichtete → Feldtheorie, die mit topologischen Begriffen und mit dem Begriff des → Vektors arbeitet. Das psychologische → Feld im Sinne Lewins ist der → Lebensraum. Vektoren sind gerichtete und dynamische Größen.

**Topophobie:** Ortsangst. Übersteigerte Angst vor bestimmten Örtlichkeiten.
Vergl. → Phobie.

**Torpor:** Trägheit, Erstarrung, Reaktionslosigkeit, Stumpfsinn.

**Totalgefühl:** Aus Teil- oder → Partialgefühlen zusammengefügter Gefühlskomplex.

**Toxikophobie:** Übersteigerte Angst vor Vergiftung.
Vergl. → Phobie.

**Trägheit:** Die Tendenz, einen bestehenden Zustand nicht zu verändern. Ein der → Perseveration und → Rigidität verwandtes Bedürfnis zur Aktionslosigkeit. Verschiedene neuere Untersuchungen deuten auf einen Trägheitsfaktor des Organismus hin.

**Trance:** Entrückung. Bei Suggestiverlebnissen, Hypnose und Hysterie u.a. auftretender schlafähnlicher Zustand mit Bewußtseinstrübung und vorherrschenden → Automatismen sowie stark reduzierter Ansprechbarkeit auf Umweltreize und herabgesetzter Entscheidungsfähigkeit.

**Tranquillantien** (Tranquilizer): Psychotrope Substanzen (→ Psychopharmaka) wie z.B. die sogenannten → Ganglienblocker, Valium und Librium zur Spannungslösung und Beruhigung bei affektiver und motorischer Erregung. T., auch Sedativa oder Attraktika genannt, werden hauptsächlich zur Behandlung von Belastungs- und Spannungszuständen sowie von neurotischen Störungen eingesetzt.

**Transfer:** Aus dem Englischen übernommener Begriff für die Übertragung bestimmter Vorgänge des Lernens von einer Lernleistung auf eine nachfolgende, bzw. für den Einfluß einer früheren Lernleistung auf eine spätere. Die verstärkende oder hemmende Wirkung ist u.a. von der zwischen den Lernprozessen liegenden Zeit sowie von Ähnlichkeit oder Unterschiedlichkeit der Lerninhalte abhängig. Bei verstärkender Wirkung spricht man von positivem T., bei hemmender Wirkung von negativem T.

**Transvestitismus:** Das besonders bei Männern anzutreffende Bedürfnis, die Kleidung des anderen Geschlechts zu tragen. T. ist meistens mit Homosexualität verbunden. Ist das Bedürfnis nach Übernahme von Attributen des anderen Geschlechts so ausgeprägt, daß man überhaupt die Rolle des anderen Geschlechts übernehmen bzw. dem anderen Geschlecht angehören möchte, dann wird das als Transsexualismus oder Transsexualität bezeichnet.

**Traum:** Halluzinationsähnliche Vorstellungen im Schlaf sowie bei → hypnagogen und hypnopompen Zuständen, die neben visuellen, bildhaften Eindrücken auch mit anderen Sinneserlebnissen verbunden sein können. Obwohl der T. zu den zentralen Phänomenen gehört, die der Menschheit seit Jahrtausenden Rätsel aufgeben und immer wieder zu neuen Erklärungsversuchen herausfordern, ist das gesicherte Wissen über Entstehung, Funktion und Bedeutung des Traums trotz zahlreicher neuerer Forschungen und verschiedener umfassender Theorien bis heute sehr lückenhaft. Nach den Erkenntnissen der modernen physiologischen und psychologischen Schlaf- und Traumforschung scheint festzustehen, daß jeder Mensch, unabhängig davon, ob er sich nach dem Erwachen daran erinnern kann oder nicht, jede Nacht mehrere Träume hat. Geträumt wird vor allem in der sogenannten → REM-Phase. Die Traumdauer liegt etwa zwischen 10-40 Minuten. Der T. besteht vorwiegend aus Bildern, die mit der Deutlichkeit von Sinneswahrnehmungen erlebt werden. Das Bild ist das charakteristischste, wenn auch nicht das einzige Merkmal des Traums. Alle Sinne sind am Träumen beteiligt. Wir sehen nicht nur, sondern hören, riechen, schmecken und tasten auch im T., wenn dies auch weitgehend in Bilder umgesetzt ist. Manchmal wird auch gedacht und gesprochen. Im allgemeinen glaubt jedoch der Träumende, zu erleben, nicht zu denken. Der T. halluziniert. Der Trauminhalt wird wahrscheinlich vorwiegend von Erlebnissen des vergangenen Tages, den sogenannten Tagesresten, sowie von Reizen wie Geräusche, Druck- und Schmerzempfindungen, Kälte und Hitze usw. bestimmt, die während des → Schlafs wirksam werden. Ob es darüber hinausgehende Inhalte gibt, durch deren Analyse individuelle psychische Vorgänge und Zustände erschlossen werden können, ist ungewiß. → Freuds und → Jungs Lehren vom → Unbewußten beruhen jedoch zu einem wesentlichen Teil auf dieser Annahme.

Das Grundmaterial der Traumsprache ist das Bild, das offenbar nach eigenen Traumgesetzen in ein Sinnbild bzw. → Symbol verwandelt wird. Im Sinne der → Psychoanalyse bedeutet psychologische Traumdeutung vor allem Entschlüsselung und sinnvolles Ordnen dieser Traumsymbole im Rahmen genauer Kenntnis der Persönlichkeitsstruktur des Träumenden. → Traumpsychologie.

Obwohl die verschiedenen Auffassungen über Funktion und Bedeutung des Traums insgesamt hypothetisch sind, haben neueste Forschungen bewiesen, daß träumen lebensnotwendig ist und auf die Funktion des Nervensystems wesentlichen Einfluß hat. Versuchspersonen, die man am Träumen hinderte, in dem man sie zu Beginn jeder REM-Phase weckte, reagierten schon nach verhältnismäßig kurzer Zeit mit starken körperlichen und psychischen Erschöpfungserscheinungen. Das Gedächtnis ließ nach, die Bewegungen wurden unsicher und Sinnestäuschungen stellten sich ein. Offensichtlich ist der T. zur Erhaltung des seelischen Gleichgewichts und der Gesundheit unerläßlich.

Zum Thema Traum und Traumsymbolik siehe auch Günter Pössiger »Traumbuch«, Humboldt-Taschenbuch Nr. 226.

**Trauma:** Schwerer seelischer → Schock

**Traumpsychologie:** Von der Annahme ausgehend, daß der → Traum unmittelbarer Ausdruck des unbewußten psychischen Lebens (Vergl. → Unbewußtes) sei und daher bei richtiger Deutung wesentliche Hinweise auf die individuellen psychischen Vorgänge und Zustände liefern könne, sind viele psychologische Richtungen, insbesondere die → Psychoanalyse, um eine wissenschaftliche Traumanalyse bemüht, die als Hilfsmittel der → Psychodiagnose und → Psychotherapie einsetzbar ist.

Die entscheidenden Anregungen zur modernen T. gingen zu Anfang unseres Jahrhunderts von → Freud aus. Er betrachtete den

Traum als besonders geeignete Möglichkeit zur Erforschung des Unbewußten, als Schlüssel zum Verständnis der Gesamtpersönlichkeit. Wenn im Traum auch häufig zufällige und bedeutungslose Reize wirksam werden, so ist doch der Traum als Ganzes nicht zufällig und bedeutungslos, sondern als Produkt des Träumenden ein Spiegel individueller psychischer Beschaffenheit. In jahrelanger Arbeit trug er grundlegende Daten über die Funktion des Unbewußten und dessen Beziehungen zum Bewußtsein sowie über Traumfunktion und Traumbedeutung zusammen und verknüpfte dieses Material zu einem psychoanalytischen System. Sein Werk über den Traum und die psychoanalytische Methode der Deutung wurde dann für die moderne T. bahnbrechend. Schüler, Nachfolger und Kritiker sind auf diesem Weg weitergegangen und haben notwendige Verbesserungen und Korrekturen vorgenommen, insbesondere Freuds Überbetonung des Sexualtriebs (Vergl. → Libido) und seiner Theorie, daß jeder Traum eine Wunschanmeldung sei, zum rechten Maß verholfen. Das gilt vor allem für A. → Adlers → Individualpsychologie, die das Machtstreben als primären Trieb bewertet, und für → Jung, der mit seinen Archetypen (Vergl. → Archetypus) Freuds individuelles Unbewußtes mit dem kollektiven Unbewußten ergänzte, sowie für mehrere neuere Psychologen, die von der physiologischen Erkenntnis ausgehen, daß der Traum an der Funktionsfähigkeit des Gehirns bzw. des Nervensystems beteiligt ist, und annehmen, daß der Traum das Vergessen unwichtiger und die Einordnung wesentlicher Erlebnisse in den Erfahrungsschatz des Gedächtnisses reguliert, wobei im Traum aktuelle Eindrücke mit oft sehr weit zurückliegenden Erfahrungen verglichen werden.

Bei aller weitreichenden Unterschiedlichkeit der Interpretationsprinzipien ist man sich doch grundsätzlich darüber einig, daß der Traum an der Regulierung des psychischen Lebens beteiligt ist. Nach psychoanalytischer Auffassung verarbeitet er vor allem unbewältigte Eindrücke, gleicht Spannungen aus, entschärft Konflikte, öffnet Freuden und Ängsten ein Ventil und signalisiert übermächtig werdende physische und psychische Probleme. Je konfliktreicher die individuelle Situation ist, umso dramatischer und quälender werden die Träume.

Nach Freud besteht der Traum aus zwei Schichten, aus dem latenten Traumgedanken und dem manifesten Trauminhalt. Der Traumgedanke ist das hintergründige Motiv, die wesentliche Traumaussage. Der Trauminhalt ist das vordergründige tatsächliche Traumgeschehen. Der latente Traumgedanke ist mehr oder weniger hinter dem manifesten Trauminhalt verborgen. Der Trauminhalt ist eine Art Übersetzung des Traumgedankens in eine Geheimsprache, deren wichtigstes Element das Symbolbild ist. Den Prozeß der Übersetzung nennt Freud Traumarbeit, deren Ergebnis die Traumentstellung ist. Die Traumarbeit verbirgt den Traumgedanken hinter einem scheinbar wirren Traumgeschehen. Den Vorgang der Entstellung des Traumgedankens durch die Traumarbeit, die in der Form des Traumgeschehens eine bis zur Unkenntlichkeit redigierte und verharmloste Traumfassung liefert,

hat Freud damit erklärt, daß der Mensch sich in jeder Hinsicht ausleben möchte, aber sittlichen und sozialen Normen verpflichtet ist, die seinen Wünschen Grenzen setzen. Dieses Dilemma spiegelt sich im Traum wieder und lebt sich dort zugleich aus. Der Traum ist ein Ventil, das Triebstauungen verhindert oder sie immer wieder meldet, wenn sie nicht mehr auszugleichen sind. Im allgemeinen erfüllt der Traum jedoch die bewußten und unbewußten Wünsche, die in der Realität versagt sind. Die Traumentstellung dient der Beruhigung unseres Gewissens, das Freud als Traumzensur bezeichnet. Die Traumzensur hat die beschwichtigende Aufgabe, die Ausgleichsfunktion des Traums in eine Form zu bringen, die für den Träumenden annehmbar ist.
Zum Thema der Psychologie des Träumens siehe auch Günter Pössiger »Traumbuch«, Humboldt-Taschenbuch Nr. 226.

**Trieb:** Von den verschiedenen psychologischen Richtungen unterschiedlich definierter Begriffe für einen starken → Antrieb, eine → Motivation, einen Drang zu einer bestimmten Bedürfnisbefriedigung. Triebkräfte entwickeln sich ohne bewußtes Wollen und können das klare Denken sowie das Wahrnehmungsvermögen beeinträchtigen. Stärke und Intensität der Triebenergie sind individuell verschieden. Meistens wird zwischen primären bzw. angeborenen Trieben, die weitgehend mit → Instinkten identisch sind, und sekundären bzw. erworbenen Trieben unterschieden. Zu den primären bzw. angeborenen Trieben gehören die Triebe der Art- und Selbsterhaltung wie z.B. Sexualtrieb, Nahrungstrieb, Pflegetrieb. Einige psychologische Schulen führen das psychische Leben auf einen Grundtrieb zurück, so z.B. → Freud auf die → Libido und A. → Adler auf das Machtstreben.
Den Begriff Triebfedern führte → Klages in die Charakterkunde ein. Er verstand darunter Richtungseigenschaften, persönliche Bedürfnisse, Interessen.
Vergl. → Tropismus.

**Tropismus:** Die Richtungsorientierung des Pflanzenwachstums an physikalischen Reizquellen. Je nach Art der Reizquelle spricht man z.B. bei Orientierung zur Sonne von Heliotropismus, zum Licht von Phototropismus, zur Erde von Geotropismus. Im erweiterten und mit dem biologisch-zoologischen Begriff Taxis bzw. Taxien gleichbedeutenden Sinne versteht man unter T. die Orientierung von Zellen, Organen und Organismen an physikalischen Reizen oder chemischen Stoffen. Die Zuwendung zur Reizquelle bezeichnet man als positiven, die Abwendung als negativen T.
Der ungarische Psychiater Leopold Szondi (*1893), der mit seiner → Schicksalsanalyse eine spezielle Richtung der → Psychoanalyse vertritt, führte den Begriff des T. in die Psychologie bzw. in die Triebforschung ein. Unter Geno-Tropismus versteht er die durch gleiche oder ähnliche Genfaktoren wirkende zwischenmenschliche Kraft der Anziehung und unter Triebtropismus die Aufhebung der genealogischen Bindung der Triebe. Nach dieser am T. orientierten psychoanalytischen Triebhehre kann sich die Triebstruktur in der Wahl des sexuellen Partners (Libido-Tropismus), des Freundes (Idealo-Tropismus), des Be-

rufs (Opero-Tropismus) oder der Todesart (Thanato-Tropismus) u.a. äußern. Mißlingt die im Sinne des Geno-Tropismus geeignete Partnerwahl, kann sich die Triebrichtung ändern und auf andere Objekte oder Gebiete verlagern. Oft wirkt sich dann die individuelle Triebstruktur unbewußt auch auf die Berufswahl und sonstigen Interessen aus, denn es werden Arbeits- und Interessenbereiche gewählt, die reale oder symbolische Befriedigung umbewußter Triebbedürfnisse ermöglichen und wo man es im Sinne des Libido- und Idealo-Tropismus mit verwandten Menschen zu tun hat.

**Trotzalter:** Kindlich-jugendliche → Entwicklungsphase, die erstmals zwischen dem dritten und vierten Lebensjahr einsetzt. Das zweite T. steht im Zusammenhang mit den → Flegeljahren der → Pubertät. Dieser entwicklungsbedingte Trotz äußert sich in Widerstandsleistungen wie Nörgelei, Dickköpfigkeit und Rechthaberei, schnelles Beleidigtsein, Schmollen und direkte Gehorsamsverweigerungen und kann sich bis zu Wutausbrüchen steigern. Grundlage dieser psychischen Verfassung ist das Ringen um Eigenwertgefühl und Selbständigkeit, das sich in überbetontem Eigenwillen und in Abgrenzungs- und Selbstbehauptungsbemühungen ausdrückt. Hält das T. über die entwicklungsbedingte Situation hinaus an, wird es chronisch oder treten solche ausgeprägten Trotzphasen bei Erwachsenen auf, dann handelt es sich um eine Persönlichkeits- bzw. → Entwicklungsstörung.

**Typenlehre** (Typologie): Die Einteilung der Menschen nach vorherrschenden Persönlichkeitsmerkmalen in psychophyische oder psychische Grundtypen. Das typologische Denken beruht auf Modellvorstellungen und ist vor allem in der Charakterkunde (Vergl. → Charakter) und Anthropologie (Vergl. → anthropologische Psychologie) von Bedeutung. Allerdings sind die verschiedenen Typengruppen nicht eindeutig abgrenzbar, denn reine Typen sind ein → Konstrukt. Typeneinteilungen kommen zwar dem Bedürfnis nach Katalogisierung und Etikettierung entgegen, berücksichtigen aber die individuelle Eigenart der Persönlichkeit nur unzulänglich.
Eine besonders volkstümliche Typeneinteilung ist die astrologische Ordnung der zwölf nach den Sternzeichen des Tierkreises benannten Typen (→ Tierkreiszeichen). Auch die antike Einteilung in die vier Temperamentstypen (→ Temperament) des Sanguinikers, Cholerikers, Melancholikers und Phlegmatikers ist allgemein bekannt.
Die moderne Typologie arbeitet mit wissenschaftlichen Methoden und unterscheidet generell Einteilungen nach Funktionstypen und nach Ganzheits- oder Strukturtypen. Unter Funktionstypen versteht man Aufmerksamkeits-, Gedächtnis- und Phantasietypen u.a. Bei Ganzheits- oder Strukturtypen ergeben körperliche und psychische Merkmale oder auch temperamentsmäßige und geistige Grundhaltungen ein charakterologisches Gesamtbild. Das gilt z.B. für → Kretschmers Konstitutions- bzw. Körperbautypen, für → Sprangers Typen der → Lebensformen, → Jungs Typen der → Extraversion und → Introversion, → Jaenschs Integrationstypen (→ Integration) und → Pfahlers Grundfunktionstypen (→ Grundfunktio-

nen) der festen und fließenden Gehalte.
Vergl. → Typus.

**Typus:** Eine Gruppe von Menschen mit bestimmten gemeinsamen Merkmalen oder auch ein einzelner Mensch, der viele Merkmale einer Gruppe vereinigt und damit für diese Gruppe besonders typisch ist. So z.B. der T. des Deutschen, des Geschäftsmannes, des Intellektuellen, des Cholerikers, des Introvertierten usw. Die → Typenlehre kennt viele verschiedene Einteilungen in Typengruppen und dementsprechend zahlreiche Typenbezeichnungen von den zwölf astrologischen Typen des Tierkreises (→ Tierkreiszeichen) und der antiken Lehre von den vier Temperamentstypen ( →Temperament) des Sanguinikers, Cholerikers, Melancholikers und Phlegmatikers bis zu den wissenschaftlichen Typologien der modernen Psychologie, insbesondere der Charakterkunde bzw. Persönlichkeitsforschung.
Zu → Sprangers Typenlehre siehe → Lebensformen, zu → Jaenschs Integrationstypen siehe → Integration, zu → Pfahlers Grundfunktionstypen der festen und fließenden Gehalte → Grundfunktionen und zu → Jungs Typenauffassung → Introversion und → Extraversion.
Von den neueren Typologien, die von Grundformen des Körperbaus ausgehen, wobei dem jeweiligen Körperbautypus ein entsprechender Temperaments- und Charaktertypus zugeordnet ist, sind vor allem die Konstitutionstypen → Kretschmers und des amerikanischen Konstitutionsforschers Wiliam Herbert Sheldon (1899) zu nennen. Kretschmer unterscheidet die drei Grundtypen des Leptosomen, Pyknikers und Athletikers, denen Sheldons Grundkomponente Ektromorphie, Endomorphie und Mesomorphie entsprechen. Dem mageren, schmalen Leptosomen ist der nach innen lebende, wirklichkeitsferne schizothyme T., dem untersetzten, rundlichen Pykniker der umwelt-und gegenwartsbezogene zyklothyme T. und dem kräftigen, muskulösen Athletiker der schwerfällige, ausdauernde und zähe ixothyme bzw. visköse T. zugeordnet. Außer diesen drei Grundtypen des Körperbaus mit ihren temperamentsmäßigen Entsprechungen unterscheidet Kretschmer noch zahlreiche Varianten. So z.B. der Anästhetiker, der dem Leptosomen nahestehende übermäßig schmalwüchsige Astheniker und dessen Gegensatz, der Stheniker.
Eine weniger wissenschaftliche Typologie ist die allzu vergröbernde Einteilung nach dem Sinnesgebiet, dessen Wahrnehmungsvermögen besonders stark ausgeprägt ist. So spricht man von einem optisch-visuellen und einem akustischen T., seltener auch von einem Geruchstypus, einem Geschmackstypus, einem kinästhetischen (→ Kinästhesie) und haptischen (→ Haptik) T.

# U

**Überempfindlichkeit:** → Allergie und → Idiosynkrasie

**Über-Ich** (Super-Ego): Nach → Freud neben dem → Ich und dem

→ Es eine der drei Persönlichkeitsinstanzen. Das weitgehend mit dem → Gewissen identische Ü.-I. ist die Kontrollinstanz des Ich, das seinerseits zwischen Es und Ü.-I. vermittelt. Die Aufgabe des Ü.-I. besteht vor allem darin, aus den moralischen und anderen gesellschaftlichen Normen, die von frühester Kindheit an von der Persönlichkeit aufgenommen werden, durch → Identifikation ein individuelles Wertsystem zu schaffen und darüber zu wachen, daß sich die Einstellungen und Verhaltensweisen an diesem Wertsystem orientieren. Das Ü.-I. unterliegt dem Moralitätsprinzip (Vergl. → Moral), während das Ich nach dem → Realitätsprinzip und das Es nach dem Lustprinzip (Vergl. → Lust) arbeitet. Aus Konflikten zwischen Ich und Ü.-I. entstehen nach Freud → Verdrängungen und entwickeln sich viele psychische Störungen und neurotische Zustände.

**Überkompensation:** → Kompensation

**Übersprunghandlung:** Bezeichnung der vergleichenden → Verhaltensforschung für tierische Handlungen, die nicht zu dem ausgelösten Instinktverhalten (Vergl. → Instinkt) gehören und keinen sinnvollen Bezug zur gegebenen Situation haben. Es wird angenommen, daß in einer Konfliktsituation zwischen zwei divergierenden Instinkten oder bei aus äußeren Gründen verhindertem vollständigen Ablauf des Instinktverhaltens die freigesetzte und auf Entladung drängende Energie auf andere Handlungen überspringt.
Im übertragenen Sinne spricht man bei nervösen Verlegenheitshandlungen des Menschen wie z.B. hüsteln, am Ohr zupfen, am Kopf kratzen oder an der Nase zupfen ebenfalls von Übersprunghandlungen.

**Übertragung:** Begriff der → Psychoanalyse für die im Verlaufe einer psychotherapeutischen Behandlung erfolgende positive oder auch negative Affektbindung des Patienten an den Therapeuten, die am Ende der Behandlung wieder rückgängig gemacht werden muß. → Ablösung und → Rapport.
In der Lernpsychologie ist Ü. mit der heute gebräuchlicheren Bezeichnung → Transfer gleichbedeutend.

**Umfrage:** → Meinungsforschung

**Umwelt:** → Milieu

**Unbewußtes:** Im weitesten Sinne alle individuellen psychischen Vorgänge und Zustände einschließlich der physiologischen Prozesse, insbesondere der Nervenerregungen und Hormonausschüttungen, die nicht bewußt erlebt werden bzw. nicht wahrgenommen werden können. Im engeren Sinne der → Psychoanalyse alle seelischen Beschaffenheiten (ohne die physiologischen Vorgänge), die nicht bewußt sind oder aus dem → Bewußtsein verdrängt (→ Verdrängung) wurden, aber die Einstellungen und Verhaltensweisen beeinflussen. Vor allem muß das Streben der ins Unbewußte verdrängten Inhalte nach Bewußtwerdung durch ständigen → Widerstand abgewehrt werden.
Als Region der unbewußten Triebregungen und Bedürfnisse, der verdrängten, vergessenen und unbemerkten Inhalte, aber auch als schöpferischer Nährboden des Bewußtseins hat das die bewußten

Prozesse mitbestimmende Unbewußte am individuellen psychischen Leben entscheidenden Anteil.
Nach → Freud, der von den drei Persönlichkeitsinstanzen des → Es für das Unbewußte, des → Ich für das Bewußtsein und des → Über-Ich für das → Gewissen ausgeht, hat das Unbewußte ausschließlich individuellen Charakter. Dieses persönliche Unbewußte wurde von → Jung mit dem allen Menschen gemeinsamen kollektiven Unbewußten ergänzt, das die Urerfahrungen der Menschheit bewahrt und sich in sogenannten → Archetypen ausdrückt. Mit seiner → Schicksalsanalyse entwickelte der ungarische Psychiater Leopold Szondi (1893) außerdem ein familiäres U. Im übrigen gehen die Auffassungen über das Unbewußte je nach psychologischer Richtung auseinander.
Mitunter wird auch der meistens synonym gebrauchte Begriff des Unterbewußten zur Differenzierung und Abgrenzung herangezogen, um unterschwellige psychische Vorgänge zu bezeichnen, die durch ihre geringe Intensität nicht bewußt werden, aber der Bewußtseinsschwelle nahe sind. Nach → Lersch sind die sinnvollen, aber nicht vom personellen Oberbau gesteuerten Prozesse des endothymen Grundes unterbewußt.

**Unlust:** → Lust und → Gefühl

**Unterbewußtsein:** → Unbewußtes

**Unterschiedsschwelle:** → Grenzmethode und → Schwelle

**unwillkürlich:** Ohne Absicht, nicht willentlich, vom bewußten Wollen unabhängig. Unwillkürliche Prozesse sind die vegetativen Vorgänge (Vergl. → Nervensystem), die → Reflexe, viele Ausdruckserscheinungen (Vergl. → Ausdruck) sowie die → Automatismen.
Den Gegensatz bilden die willkürlichen, d.h. absichtlichen, willentlich gesteuerten, vom bewußten Wollen abhängigen Prozesse.

**Urangst:** → Angst und → Geburtstrauma

# V

**Valenz:** Wertigkeit, Gültigkeit. Der Stellenwert einer Eigenschaft innerhalb einer Struktur.
In der Testpsychologie bezeichnet man mit V. bzw. → Validität die psychologische Bedeutung eines Tests.
In der vergleichenden Verhaltensforschung ist V. gleichbedeutend mit → Aufforderungscharakter.

**Validität:** Die Gültigkeit bzw. Wertigkeit von Meßinstrumenten und Meßverfahren. Der psychologische bzw. diagnostische Wert eines Tests.

**Variable:** Als Variabilität bzw. Veränderlichkeit bezeichnet man die Häufigkeit von Variationen, d.h. von Abweichungen von einer Norm oder einem Mittel- bzw. Durchschnittswert. Für Lebensformen ist Variabilität eine kennzeichnende Eigenschaft. So variieren auch psychische Merkmale von Mensch zu Mensch, aber auch beim gleichen Individuum.

Im Gegensatz zur Konstante (Vergl. → Konstanz) ist die V. eine veränderliche Größe, eine → Quantität, die sich messen läßt. Im Experiment gilt die V., die systematisch variiert wird, als unabhängige V., während es sich bei der abhängigen V. um eine Art Funktion der unabhängigen V. handelt. So ist z.B. die unabhängige V. ein Reiz und die abhängige V. die Reaktion. Intervenierende V. sind dazwischentretende Erscheinungen mit unkontrolliertem Einfluß. Oft läßt sich jedoch die Wirkung einer unabhängigen auf eine abhängige V. nur durch intervenierende V. erklären.

**Varianz:** Das Quadrat der Standartabweichung. Als Varianzanalyse bezeichnet man die Analyse des Streuungsquadrats, so z.B. von Testergebnissen.

**Vasomotorik:** Gefäßbewegung, Verengung oder Erweiterung der Blutgefäße durch Steuerung des vegetativen → Nervensystems. Auch die Regulierung des Blutdrucks.

**Vaterbindung:** → Mutterbindung

**vegetatives Nervensystem:** → Nervensystem

**Veitstanz:** → Chorea

**Vektor:** Eine mathematische Größe; das Maß für eine in eine Richtung wirkende Kraft. Die Vektorenrechnung ist in der Psychologie vor allem für die → Faktorenanalyse und die → Skalierung von Bedeutung.
Vektoren-Psychologie ist die → Feldtheorie von → Lewin, die sogenannte → topologische Psychologie.

**Verdrängung:** In der → Psychoanalyse Bezeichnung für einen → Abwehrmechanismus, dessen Funktion darin besteht, vom → Gewissen mißbilligte Triebwünsche und die entsprechenden Vorstellungen und Verhaltensweisen zu vergessen, zu verdecken, zu überlagern, d.h. aus dem → Bewußtsein ins → Unbewußte zu verdrängen. Dadurch ist sich der Betreffende dieser Triebregungen nicht bewußt und leugnet sie. Da jedoch die V. keine Verarbeitung und Bewältigung des Konflikts zwischen → Trieb und Gewissen bzw. zwischen → Es und Über-Ich ist, bleiben die verdrängten Inhalte ohne Wissen des Betreffenden wirksam und äußern sich in veränderter Form im → Traum, als → Fehlleistungen und Fehlanpassungen (Vergl. → Anpassung) und sind häufig die Ursache von → Ersatzhandlungen und neurotischen Zuständen, insbesondere von → Phobien.

**Vererbung:** → Erbpsychologie

**Verfolgungswahn:** Die Zwangsvorstellung, von mißgünstigen, böswilligen und feindlichen Menschen umgeben zu sein bzw. verfolgt zu werden.
Vergl. → Wahn und → Paranoia.

**Vergessen:** Völliges oder teilweises Schwinden von Bewußtseinsinhalten aus dem → Gedächtnis, so daß sie sich gar nicht mehr oder nur noch ungenau und unvollständig in → Erinnerung bringen lassen. Eine gesicherte Erklärung für diese Gedächtnisstörung liegt bisher nicht vor. An Faktoren, die wesentlich am V. beteiligt sind, werden neben physiologischen Prozessen vor allem die Zeit, die Sinnenhaftigkeit und die individuelle

Bedeutung des Bewußtseinsinhaltes, Hemmungsvorgänge (Vergl. → Hemmungen) und Abwehrtendenzen (Vergl. → Abwehrmechanismen) bzw. → Verdrängungen genannt.

**Verhalten:** Ursprünglich Bezeichnung für jede physische Aktivität lebender Organismen, die beobachtbar und meßbar ist. Durch den → Behaviorismus, der das V. in den Mittelpunkt der psychologischen Forschung stellte und im Sinne der → Reflexologie als → Reaktion auf → Reize auffaßt, wurde der Begriff erweitert und schließt heute auch das innere V., die psychischen Vorgänge, so z.B. die Denkabläufe, ein.

**Verhaltensforschung** (Ethologie): Moderne Richtung der → Tierpsychologie, die nicht mit der Verhaltenslehre des → Behaviorismus verwechselt werden darf. Im Gegensatz zur älteren Tierpsychologie konzentriert sich die V. auf die Untersuchung des objektiv feststellbaren physiologischen Verhaltens der Tiere und klammert dabei die vermenschlichende Interpretation psychischer Vorgänge möglichst weitgehend aus, weil dafür die Erkenntnisgrundlage zu unzuverlässig ist. Gleichzeitig lehnt die V. die starre Reiz-Reaktions-Theorie des Behaviorismus ab, weil sie die Spontaneität des tierischen Verhaltens nicht genügend berücksichtigt, und setzt an die Stelle der unnatürlichen behavioristischen Tierexperimente die systematische Tierbeobachtung unter natürlichen Umweltbedingungen.
Hauptaufgabe der modernen V. ist vor allem die verhaltensphysiologische Untersuchung der tierischen Anpassungsmechanismen an Umwelt, Artgenossen und andere Tierarten, d.h. die Erforschung der stammesgeschichtlich (Vergl. → Phylogenese) erworbenen und vererbten und der erlernten Verhaltensweisen und des Sozialverhaltens sowie der entsprechenden physiologischen Grundlagen einschließlich vergleichender Untersuchungen verschiedener Tierarten. Darüberhinaus versucht die V., ihre Erkenntnisse zur Erklärung des menschlichen Verhaltens heranzuziehen. Viele Psychologen lehnen diese vergleichenden Theorien als unzulässige Verallgemeinerungen ab. Dennoch hat die vergleichende V. der psychologischen Forschung über Instinktverhalten, Aggressions- und Sozialverhalten u.a. wertvolle Anregungen geliefert.
Zu den namhaftesten Vertretern der modernen V. gehören u.a. der Holländer Nikolaas Tinbergen (geb. 1907 in den Haag), der sich mit Untersuchungen über das angeborene Verhalten von Insekten, Fischen und Vögeln einen Namen machte, und → Lorenz.
Vergl. → Instinkt, → Appetenz, → Übersprunghandlung, → Schlüsselreiz, → Auslöser, → Aufforderungscharakter, → Leerlaufreaktion, → Fluchtverhalten, → Hackordnung, → Rangordnung und → Kindchenschema.

**Verhaltenslehre:** → Behaviorismus

**Verhaltensmuster:** Ein Komplex von Einzelreaktionen, die in einer bestimmten Weise miteinander verbunden sind und gleichzeitig oder in einer bestimmten zeitlichen Folge gemeinsam auftreten. In gleicher Bedeutung wird auch der aus dem Englischen übernommene Begriff → Pattern gebraucht.

**Verhaltenstherapie:** Auf den Forschungsergebnisssen der behavioristischen → Lerntheorie aufbauendes modernes Teilgebiet der → Psychotherapie, das sich mit der Behandlung psychischer Störungen und neurotischer Zustände (Vergl. → Neurosen) befaßt, so z.B. mit → Phobien, sexuellen Störungen (Vergl. → Perversionen), Zwangsvorstellungen und Zwangs handlungen (Vergl. → Zwang). Im Unterschied zu den psychoanalytischen Therapiemethoden (Vergl. → Psychoanalyse) ist die V. an den Lernvorgängen (Vergl. → Lernen) orientiert und geht davon aus, daß psychische Störungen und Erkrankungen weitgehend auf erlerntes unangepaßtes Verhalten (Vergl. → Anpassung) zurückzuführen sind, das durch Lernhilfe abgebaut und durch richtiges Verhalten ersetzt werden kann. Dementsprechend wird mit Hilfe verschiedener Methoden das unangepaßte Verhalten gelöscht (Vergl. → Löschung) und angepaßtes Verhalten gelernt bzw. konditioniert (Vergl. → bedingte Reflexe).

**Verkaufspsychologie:** Eng mit der → Marktpsychologie und der → Werbepsychologie zusammenhängendes Teilgebiet der → angewandten Psychologie. Zu den Hauptaufgaben der V. gehört vor allem die Entwicklung wirksamer Verkaufsmethoden insbesondere für den direkten Kundenkontakt des Verkaufspersonals in den Handelsgeschäften. Dabei sind die vielfältigen Probleme der Einrichtung von Verkaufsräumen, der Warenauslage und Dekoration usw. eingeschlossen. Leider werden die Erkenntnisse der modernen Verkaufs- und Werbepsychologie von der Wirtschaft zunehmend mißbraucht.

**Verkehrspsychologie:** Teilgebiet der → angewandten Psychologie, das sich mit der Erforschung der psychologischen Probleme aller Verkehrsbereiche, insbesondere des Straßenverkehrs, sowie mit der praktischen Anwendung psychologischer Erkenntnisse befaßt. Grundlage dieser vielgestaltigen Aufgabenstellung ist die Anpassung des Menschen an den Verkehr und die Anpassung des Verkehrs an den Menschen. Dabei stehen die Untersuchungen und Maßnahmen im Vordergrund, die der Verkehrssicherheit dienen und dazu beitragen, einen unfallfreien und reibungslosen Verkehr zu schaffen. Das gilt vor allem für die Bereiche der Verkehrserziehung und des Verkehrsverhaltens aller Verkehrsteilnehmer einschließlich der Fußgänger sowie für die Probleme der Verkehrsregelung, der Straßen-, Fahrbahn- und Verkehrsmittelgestaltung und für zahlreiche Einzelfragen des Fahrverhaltens und der Fahrtauglichkeit u.a., so für die Gestaltung der Fahrprüfung, für Untersuchungen über Ermüdungserscheinungen, Reaktionsverhalten (Vergl. → Reaktion und → Schrecksekunde), Trunkenheit am Steuer (Vergl. → Alkoholismus), Schockwirkungen (Vergl. → Schock), Medikamentenbeeinflussung usw.

**Vernunft:** Die geistige Fähigkeit zur → Einsicht. Als sinnvoll-zweckgerichtet steuerndes Prinzip des → Ich über dem → Verstand stehendes Erkenntnisvermögen.

**Verstärkung** (Bekräftigung): Bezeichnung der → Lerntheorie für Maßnahmen, die → Reaktionen bzw. konditionierte oder → bedingte Reflexe durch zusätzliche → Reize verstärken und stabilisieren. Eine echte V. ist allerdings nur dann möglich, wenn der bekräftigende Reiz, so z.B. → Belohnung, der Befriedigung eines Triebs oder eines Bedürfnisses dient.

**Verstand:** Die weitgehend mit → Intellekt bedeutungsgleiche Fähigkeit zur Auffassung, zum → Denken und Urteilen, zur → Einsicht und → Vernunft, zur geistigen Verarbeitung von Wahrnehmungen und Erlebnissen sowie zu sinnvollem, zweckgerichteten Handeln.
Schwach entwickelte Verstandesfähigkeit bezeichnet man als → Schwachsinn.

**verstehende Psychologie:** Von → Dilthey angeregte und vor allem von → Spranger weiterentwickelte geisteswissenschaftliche Richtung der Psychologie, die dem naturwissenschaftlichen Erklären das Verstehen gegenüberstellt. Die v.P. ist weitgehend mit der → geisteswissenschaftlichen Psychologie identisch und bedient sich vorwiegend deskriptiver Methoden der → beschreibenden Psychologie. Insbesondere die moderne Charakterkunde (Vergl. → Charakter) verdankt der deskriptiven Darstellung komplexer seelischer Sachverhalte wesentliche Anregungen.

**Versuch und Irrtum:** → Lernen

**Vigilanz:** Grad der Wachheit, Bewußtheit, Aufmerksamkeit, Beobachtungsleistung und Reaktionsbereitschaft.

**Vision:** Optische Wahrnehmungstäuschung bzw. → Halluzination. Das visuelle Erlebnis von Erscheinungen, die mitunter als irrational erkannt, oft aber auch als Realität empfunden werden. Visionen treten bei Menschen mit starker Phantasie und Vorstellungskraft, insbesondere bei Eidetikern (Vergl. → Eidetik), Künstlern, leidenschaftlichen Religionsanhängern u.a. in Zuständen starker Erregung und reduzierten Bewußtseins auf, so z.B. in → Ekstase.
Vergl. → zweites Gesicht.

**visueller Typ:** → Typus

**Vitalität:** Lebenkraft, Intensität des Lebensgefühls, Antriebsstärke (Vergl. → Antrieb). Der Grad der Energie, die ein Mensch in den verschiedenen psychischen und physischen Bereichen verfügbar hat bzw. zum Einsatz bringt.

**Völkerpsychologie** (Ethnopsychologie): Eng mit der → anthropologischen Psychologie und der → Kulturpsychologie verknüpfte Forschungsrichtung, die sich mit den Mythen, Religionen, Sprachen, Sitten, Moral- und Rechtsauffassungen, Kunstleistungen usw. der Stämme, Völker und Kulturkreise befaßt und aus dem Vergleich zwischen primitiven und höher entwickelten Kulturen Aufschlüsse über elementare psychische Entwicklungsprozesse des sozialen Lebens zu gewinnen versucht. Wesentliche Anregungen erhielt die V. von → Wundt, der die Erforschung der psychischen Vorgänge forderte, die an das von gleicher Abstammung und räumlicher Nähe geprägte Zusammenleben der Menschen gebunden sind.

**Vollzugszwang** (Erfüllungszwang): Die Voraussage eines erwünschten oder befürchteten Ereignisses kann durch Erwartungsfreude oder Erwartungsangst (Vergl. →

Erwartung) das Verhalten unbewußt so stark beeinflussen, daß zwanghaft (Vergl. → Zwang) eine Erfüllung bzw. ein Vollzug der Voraussage angestrebt und mitunter auch bewirkt wird. V. ist ein Phänomen der → Autosuggestion und Symptom eines neurotischen Zustandes oder einer Psychose.

**Voluntarismus:** → Wundt

**Vorahnung:** Ein nicht auf wissenschaftlichen Erfahrungen und Berechnungen und logischen Schlüssen beruhendes, sondern intuitives, gefühlsbetontes, spontanes Voraussehen kommender Ereignisse. In der → Parapsychologie wird die V. als zeitliches → Hellsehen oder → Prophetie den sogenannten → außersinnlichen Wahrnehmungen zugeordnet.
Vergl. → Intuition.

**Vorbild:** → Leitbild

**Vorstellungen:** Wieder ins Bewußtsein tretende Sinneseindrücke, die entweder direkt auf frühere Wahrnehmungen zurückgehen oder als sogenannte Phantasievorstellungen sich aus Erinnerungen an verschiedene Eindrücke zusammensetzen. Von den Wahrnehmungen unterscheiden sich die V. durch verminderte Deutlichkeit und Anschaulichkeit und fehlende äußere Reize. Die Eindrücke sind nicht gegenwärtig, sondern existieren nur in der Vorstellung. Der Grad der sinnlichen Anschaulichkeit und Intensität von V. ist individuell verschieden. Oft sind intensive V. kaum von → Halluzinationen zu unterscheiden. V. sind auf allen Sinnesgebieten möglich. Bei optischen bzw. visuellen V. spricht man auch von Vorstellungsbildern. Außerdem gibt es u.a. akustische V., Geruchs- und Geschmacksvorstellungen.

**Vorurteil** (Voreingenommenheit): Dem → Stereotyp verwandte, sachlich ungerechtfertigte, übertrieben positive oder negative Einstellung, die weniger auf Erfahrungen und echten Informationen beruht als vielmehr auf subjektiven Einbildungen, ungeprüfter Übernahme der Meinungen anderer und Pauschalisierungen. Vorurteile sind relativ konstant, lassen sich nur schwer korrigieren und haben als Bestandteil der Persönlichkeitsstruktur erheblichen Einfluß auf das Verhalten. In der Sozialpsychologie werden vor allem die persönlichkeitsbedingten und gruppendynamischen Faktoren der Bildung und Auswirkungen von Vorurteilen sowie die Einflüsse der Massenmedien untersucht.

**Voyeurismus:** Schautrieb. Sexuelle Lustempfindung bei heimlicher oder auch gebilligter Beobachtung sexueller Handlungen anderer Personen. Im Ansatz gehören Tendenzen des V. zum normalen → Sexualverhalten. In Extremfällen, wenn voyeuristische Praktiken mit → Masturbation mehr oder weniger ausschließlich an die Stelle des Geschlechtsverkehrs treten und einen echten Sexualpartner überflüssig machen, handelt es sich um eine ernsthafte sexuelle Störung bzw. → Perversion.

# W

**Wahn:** Geisteskrankheit. Zustand einer paranoiden (→ Paranoia) oder schizophrenen (→ Schizophrenie) → Psychose. Bei intaktem Wahrnehmungsvermögen verfälscht das Bewußtsein des Kranken die Wahrnehmungen und gibt der Realität eine der Vernunft und Erfahrung widersprechende Bedeutung. Diese unbegründbaren Einbildungen bzw. Wahnideen oder Wahnvorstellungen sind für den Kranken absolute Gewißheit und haben den Charakter unkorrigierbarer Überzeugungen. So z.B. bei → Beziehungswahn, → Größenwahn und → Verfolgungswahn.

**Wahnsinn:** → Dementia, → Psychosen und → Wahn

**Wahrnehmungen:** Allgemeine Bezeichnung für die je nach psychologischer Richtung unterschiedlich definierten Prozesse der bewußten und auch unbewußten Aufnahme und Verarbeitung von Umwelt- (äußere W.) und Körperreizen (innere W.). Wahrnehmungen werden vor allem durch die Sinnesorgane (→ Sinne und → Sinneswahrnehmungen) vermittelt, aber neben diesem physiologischen Aspekt der W. sind auch psychischen Faktoren der Modifizierung durch → Gefühle und Gedächtnisinhalte (Vergl. → Gedächtnis) wie → Erfahrungen und → Vorstellungen sowie das → Denken von entscheidender Bedeutung. → Empfindungen, Wahrnehmungen und Vorstellungen bilden die Grundlage des psychischen Lebens, wobei sich eines aus dem anderen ergibt. Die Vorstellungen sind von den Wahrnehmungen abhängig und die Wahrnehmungen von den Empfindungen. Äußere W. ist von individuellen physiologischen und psychischen Beschaffenheiten abhängiges subjektives Erfassen der objektiven Wirklichkeit. Die innere W. bzw. die → Organempfindungen bilden den fließenden Übergang zum Fühlen und zur körperlich-seelischen Grundstimmung (Vergl. → Stimmung).
Vergl. → Reiz, → Reaktion, → Reflexe und → Kettentheorie.

**Wahrnehmungstäuschungen:** → Sinnestäuschungen

**Wandertrieb:** Trotz zahlreicher neuer Untersuchungsergebnisse der Zoologie und Tierpsychologie ein bis heute noch nicht ausreichend erforschtes Phänomen des Trieb- bzw. Instinktverhaltens der Tiere, so z.B. der Vogelzug, die Wanderungen mancher Fischarten und Meeresschildkröten, Insekten und auch Säugetiere. Teilweise ist dieser ständige, periodische oder nur gelegentliche Wanderdrang kleiner und großer Gruppen, die oft riesige Entfernungen überwinden, witterungs- und ernährungsbedingt, außerdem sind jedoch Faktoren von Bedeutung, von denen wir bisher keine oder nur ungenügende Kenntnis haben.
Beim Menschen der modernen technischen Zivilisation hängt der W. heute vor allem mit Labilität, Zivilisationsüberdruß, schwach entwickeltem Sozialbewußtsein und psychischen Störungen und Erkrankungen zusammen. → Poriomanie und → Dromomanie.

**Waschzwang:** → Zwang und → Wiederholungszwang

**Weber, Ernst Heinrich:** Geb. 24.6.1795 in Wittenberg, gest. 26.1.1878 in Leipzig; deutscher Physiologe und Mitbegründer der → Psychophysik. Er war in Leipzig Professor für Anatomie und

Physiologie und trug mit seinen Forschungen maßgeblich zur Entwicklung der modernen Physiologie, insbesondere der Sinnesphysiologie, bei. Um 1834 entwickelte er aus Schwellenuntersuchungen (→ Grenzmethode und → Konstanz) über das Verhältnis zwischen Reizstärke und Empfindungsintensität das dann von → Fechner weiterentwickelte Weber-Fechnersche-Gesetz, nach dem die Empfindungsstärken in arithmetischer Reihe zunehmen, wenn die zugehörigen Reize in geometrischer Reihe wachsen. Die sich darauf beziehende Veröffentlichung »Der Tastsinn und das Gemeingefühl« erschien 1846 in Wagners »Handwörterbuch der Physiologie« Band 3. Außerdem schrieb er das grundlegende Werk »De pulsu, resorptione, auditu et tactu, Annotationes anatomicae et physiologicae« 1834.

**Weber-Fechnersches-Gesetz:** → Fechner, → Weber und → Psychophysik

**Wechseljahre:** → Entwicklungsphasen, → Klimakterium und → Midlife-Crisis

**Weckamine:** → Analeptika

**Wehrpsychologie:** Vor allem mit diagnostischen Methoden (Vergl. → Psychodiagnostik) arbeitendes Teilgebiet der → angewandten Psychologie, das sich besonders mit Eignungsuntersuchungen für die verschiedenen Waffensysteme und für spezielle militärische Aufgaben sowie für die Führungsauslese befaßt, aber auch an der Entwicklung moderner Ausbildungsmethoden und an Untersuchungen über die Anpassungsmöglichkeiten der Bedienung komplizierter Waffen an die menschliche Leistungsfähigkeit beteiligt ist. Außerdem beschäftigt sich die W. mit dem Gruppenleben in militärischen Verbänden und anderen sozialpsychologischen Problemen sowie mit der Erziehung zur Wehrbereitschaft des verantwortungsbewußten demokratischen Bürgers in Uniform.

**weinen:** Ein Ausdrucksverhalten (Vergl. → Ausdruck), das vom stillen, tränenlosen Weinansatz bis zum krampfartigen Weinanfall mit Tränenfluß und lautem Klagen sehr differenziert die Grunddisposition der Persönlichkeit und die jeweilige Stimmungslage spiegelt, denn nicht nur die Bereitschaft zum Weinen, die Motive und die Art des Weinens, sondern auch Intensität, Dauer, Nachwirkung usw. sind individuell sehr verschieden. Mitunter wirkt w. auch ansteckend im Sinne des → Carpenter-Effekts. Wahrscheinlich gehört das W. zu den angeborenen instinktiven Verhaltensweisen und hilft, affektive Spannungen abzubauen. Weinen ohne entsprechende Stimmungslage bzw. ohne Anlaß weist auf eine psychische Störung oder Erkrankung hin.

**Werbepsychologie:** Eng mit der → Marktpsychologie und der → Verkaufspsychologie zusammenhängendes Teilgebiet der → angewandten Psychologie, das die Wirksamkeit von Werbemaßnahmen jeder Art untersucht und damit wichtige Voraussetzungen für neue Werbemethoden und Werbemittel schafft. Das gilt neben der direkten Verkaufswerbung auch für die sogenannte Image-Werbung der Wirtschaft, der Politik, des Showgeschäfts usw. → Image.

**Wertheimer, Max:** Geb. 15.4.1880 in Prag, gest. 12.10.1943 in New York; tschechisch-amerikanischer Psychologe. Er wirkte zunächst als Professor in Berlin, dann in Frankfurt a. M. und nach seiner Emigration in New York. Als namhafter Vertreter der → Berliner Schule gehört er neben → Köhler und → Koffka zu den Mitbegründern der → Gestaltpsychologie. Er untersuchte vor allem Probleme der Wahrnehmung und des Denkens und veröffentlichte u.a.: »Untersuchungen zur Lehre von der Gestalt« in »Psychologische Forschung« 1921-1927, »Über Gestalttheorie« 1925 und »Produktives Denken« deutsch 1957.

**Wertsystem:** Bezeichnung für soziale Normen und Werte, die für ein Individuum oder eine Gruppe von besonderer Bedeutung sind. Die sich daraus ergebenden Einstellungen und Verhaltensweisen bezeichnet man als Wertorientierung oder Werthaltung.

**Wetterfühligkeit:** → Bioklimatik

**Wiederholungszwang:** Eine Zwangs handlung, bei der bestimmte Verhaltensweisen ständig wiederholt werden, so z.B. der → Waschzwang und der Zählzwang (→ Arithmomanie). Nach Auffassung der → Psychoanalyse entwickelt sich der neurotische W. aus dem starren Festhalten an bestimmten → Einstellungen, die immer wieder die gleichen Handlungen fordern.
Vergl. → Zwang.

**Wiener Schule:** 1. Die Gruppe der Psychoanalytiker (→ Psychoanalyse) um Sigmund → Freud.
2. Die → Individualpsychologie von A. → Adler.
3. Die Gruppe der Existenzanalytiker (→ Daseinsanalyse) um Viktor → Frankl (→ Logotherapie).
4. Der um eine moderne Weiterentwicklung der Kinder- und Jugendpsychologie bemühte Kreis um Charlotte Bühler.

**Wille** (Wollen): Die Fähigkeit, sich auf der Grundlage von Motiven (Vergl. → Motivation) bewußt und zielgerichtet zu einem bestimmten Verhalten zu entscheiden. Die zielorientierten Handlungen, die sich aus einer Willensentscheidung ergeben, bezeichnet man als Willenshandlungen.

**willkürlich:** → unwillkürlich

**Wirklichkeitsversuch:** Ein psychologisches Experiment, bei dem die Versuchspersonen nicht wissen, daß die sich entwickelnde Situation nicht spontan und natürlich, sondern geplant und der Wirklichkeit nur nachgestellt bzw. nachgespielt ist.

**Wirtschaftspsychologie:** Teilgebiet der → angewandten Psychologie, zu dem ursprünglich die → Arbeits- und → Betriebspsychologie sowie die → Markt-, → Werbe- und

→ Verkaufspsychologie gehörten. Da sich jedoch die Arbeits- und Betriebspsychologie zu sehr selbständigen Bereichen entwickelt haben, die oft unter der Bezeichnung Industriepsychologie oder Psychotechnik zusammengefaßt werden, konzentriert sich die W. heute vor allem auf die Markt-, Werbe- und Verkaufspsychologie.

**Wollen:** → Wille

**Wundt, Wilhelm:** Geb. 16.8.1832 in Neckarau/Baden, gest. 31.8.1920 in Großbothen/Leipzig; deutscher Physiologe, Philosoph und Psychologe. Er wirkte zunächst als Professor der Physiologie, dann der Philosophie und Psychologie in Heidelberg, Zürich und Leipzig. 1879 gründete er in Leipzig das erste Forschungsinstitut für → experimentelle Psychologie und vermittelte der modernen psychologischen Forschung neue Methoden und Hilfsmittel. Als Repräsentant einer dynamisch-voluntaristischen Richtung der Psychologie (Vergl. → dynamische Psychologie), die das Wollen als seelischen Grundantrieb des Denkens und Fühlens versteht, stellte er der assoziativen Auffassung des psychischen Lebens (Vergl. → Assoziationspsychologie) eine apperzeptive (Vergl. → Apperzeption) entgegen und vertrat die Meinung, daß zentrale Akte die seelischen Vorgänge bestimmen. Zugleich lieferte er der Völkerpsychologie wertvolle Anregungen und übte mit der Einführung exakter naturwissenschaftlicher Methoden in die psychologische Forschung auf bedeutende Psychologen verschiedener Richtungen großen Einfluß aus. Aus der Vielfalt seiner Veröffentlichungen ist hervorzuheben: »Vorlesungen über die Menschen- und Tierseele« 1863-1864, »Grundzüge der physiologischen Psychologie« 3 Bände 1874, »Grundriß der Psychologie« 1896, »Völkerpsychologie. Eine Untersuchung der Entwicklungsgesetze von Sprache, Mythos und Sitte« 10 Bände 1900-1920, »Elemente der Völkerpsychologie« 1912 und »Einführung in die Psychologie« 1913.

**Wunsch:** Die → Vorstellung eines bestimmten Begehrens mit dem Drang nach Erfüllung, wobei die Einsicht, in welchem Maße diese Wunschvorstellungen, Wunschbilder oder Wunschträume tatsächlich realisierbar sind, individuell sehr unterschiedlich ausgeprägt ist. Stark illusionistisches Wunscherleben, das in der Phantasie alle störenden, unerwünschten Sachverhalte möglichst weitgehend ausschaltet, bezeichnet man als Wunschdenken.
In der → Psychoanalyse ist W. Bezeichnung für jedes bewußte und unbewußte Verlangen, für → Motivation.

**Würzburger Schule:** Die von → Külpe begründete und von → Bühler u.a. weiterentwickelte → Denkpsychologie, die sich vor allem gegen die → Assoziationspsychologie richtete.

# Y

**Yoga:** Im alten Indien entwickelte Meditationspraxis des Hinduismus, die durch körperliche Übungen, Atemregelung, geistige Konzentration und → Meditation die Beherrschung von Leib und Seele anstrebt. Die meisten modernen → Entspannungstechniken sind am Y. orientiert und dienen vor allem der Persönlichkeitsbildung im Sinne körperlich-seelischer Ausgeglichenheit und Gesundheit. Methoden des Y. sind heute Bestandteil jeder → Psychotherapie.

# Z

**Zählzwang:** → Arithmomanie

**Zeichen:** Bezeichnung der → Informationstheorie, → Semantik und → Sprachpsychologie für deutlich unterscheidbare und mit Bedeutungsinhalten versehene Reize wie z.B. Zahlen und Buchstaben.
Vergl. → Signal und → Symbol.

**Zensur:** Nach → Freud die Kontrollfunktion des → Über-Ich, die unerwünschte Triebregungen verdrängt (Vergl. → Verdrängung) oder so entstellt, daß sie nicht ins Bewußtsein dringen, das → Gewissen nicht belasten und keine → Schuldgefühle verursachen können.

**Zentralnervensystem:** → Nervensystem

**Zerstörungstrieb:** → Destruktionstrieb und → Todestrieb

**Zeugenaussage:** → Aussagepsychologie und → forensische Psychologie

**zirkuläres Irresein:** Synonym für manisch-depressives Irresein. → Manie.

**Zoophilie** (Sodomie): Sexuelle Beziehungen zwischen Mensch und Tier, insbesondere → Oralverkehr oder auch Geschlechtsverkehr zwischen Mann und einem weiblichen Tier, wesentlich seltener Geschlechtsverkehr zwischen einer Frau und einem männlichen Tier. Zu den → Perversionen gehörende schwere psychische Störung.

**Zwang:** Eine äußere oder auch innere Kraft, die auf das Denken und Handeln des Menschen gegen dessen Willen Einfluß nimmt. So werden Zwangsvorstellungen und Zwangshandlungen wie z.B. → Waschzwang und Zählzwang (→ Arithmomanie) vom → Ich als unerwünschter, bedrohlicher Z. empfunden, der Angstzustände auslöst, sich aber trotz dieser willensmäßigen Ablehnung nicht korrigieren läßt. Zwangszustände sind Symptom einer schweren psychischen Störung, einer zu den Psychoneurosen (→ Organneurosen) gehörenden Zwangsneurose oder auch einer → Psychose.

**Zwei-Aspekten-Lehre:** → Leib-Seele-Problem

**Zweites Gesicht** (Spökenkieken): Die sippen- und gebietsweise häufiger vorkommende Fähigkeit, innere Bilder zu erzeugen und pla-

stisch im Raum zu sehen. Da diese Bilder über gegenwärtige, vergangene und zukünftige Ereignisse und Personen oft visionär-prophetischen Charakter haben, werden sie häufig als → Hellsehen zu den → außersinnlichen Wahrnehmungen gerechnet. Ob das Z.G. zu den eidetischen Phänomenen (→ Eidetik) gehört, ist umstritten.
Vergl. → Vision.

**Zwillingsforschung:** Spezialgebiet der Vererbungsforschung, das vor allem die Unterschiede zwischen eineiigen und zweieiigen Zwillingen untersucht. Danach sind die physischen und psychischen Ähnlichkeiten bzw. Erbgleichheiten bei eineiigen Zwillingen wesentlich größer als bei zweieiigen Zwillingen. Die Ergebnisse der modernen Z. liefern wichtiges Material zur Klärung der bisher noch ungelösten Frage nach dem Anteil des Erbgutes und der Umwelteinflüsse an der individuellen Entwicklung bzw. an der Persönlichkeitsbildung.

**Zwitter:** → Bisexualität

**Zyklothymie:** Die Neigung zu einer Grundstimmung, die zwischen → Erregung und → Depression mehr oder weniger häufig und unvermittelt wechselt. Die dieser psychischen Grundbeschaffenheit entsprechende Erkrankung ist das manisch-depressive bzw. zirkuläre Irresein (→ Manie).
Nach der Konstitutionslehre (Vergl. → Typenlehre) von → Kretschmer ist dem pyknischen Körperbautypus (Vergl. → Typus) ein zyklothymes Temperament zugeordnet, das durch Aufgeschlossenheit und Gegenwartsbezogenheit, Kontaktfreudigkeit und Geselligkeit gekennzeichnet ist und zwischen heiteren und niedergeschlagenen Grundstimmungen schwankt.